CHRISTIAN MORIN
avec l'amicale complicité
de Jean-François Pitet

J'AI TANT DE CHOSES À VOUS RACONTER

XO
EDITIONS

ISBN : 978-2-37448-885-1

Ce livre est dédié, par ordre d'apparition à l'antenne :

à Jean et Hélène,

à Julien,

à Bénédicte.

« Nous sommes ici-bas pour rire.
Nous ne le pourrons plus
au purgatoire ou en enfer.
Et, au paradis, ce ne serait pas
correct. »

JULES RENARD

« Il meurt lentement
Celui qui ne voyage pas,
Celui qui ne lit pas,
Celui qui n'écoute pas de musique,
Celui qui ne sait pas trouver
grâce à ses yeux,
Celui qui ne prend pas de risque
pour réaliser ses rêves,
Celui qui, pas une seule fois
dans sa vie, n'a fui
les conseils sensés. »

MARTHA MEDEIROS

UNE VIE DE RENCONTRES

« En bref, et jusqu'à preuve du contraire, une orientation vers les arts essentiellement, dans quelque domaine que ce soit, semble s'imposer. » À l'heure de Parcoursup et autres orientations décidées par des algorithmes déshumanisés, et au crépuscule d'une carrière faite de dessin, musique, radio, télévision, théâtre et cinéma, je dois avouer que le compte rendu de ce test psychotechnique réalisé quand j'avais 14 ans est plus que prémonitoire.

Comme pour chacun de nous, c'est dans l'enfance que tout s'est élaboré pour moi. Gamin de l'après-guerre, je sais ce que je dois à l'éducation de mes parents, à la clairvoyance de mon père en particulier, à la vie dans ce quartier de Bordeaux et à tous ses habitants, du curé aux instituteurs en passant – sur le trottoir – par les prostituées. Ce serait un peu trivial de s'en limiter à ces dernières. Car des rencontres, j'en ai fait tellement, au gré des différentes périodes de ma carrière !

C'est pour cela que j'ai classé ces souvenirs selon mes diverses activités, sans oublier d'évoquer mes mentors, grandes figures ou personnalités anonymes, qui m'ont tous apporté la richesse de leur expérience, de leur sensibilité. J'en citerai cinq :

— dans mon enfance, la directrice de mon école maternelle, dont je n'oublierai ni la tendresse ni la beauté ;

— pour ce qui est du dessin, mon professeur de fusain qui m'a ouvert les yeux et permis de préciser mon trait ;

— musicalement parlant, évidemment Claude Luter et l'irrépressible envie qu'il m'a donnée d'être comme lui ;

— dans l'audiovisuel, je rêvais d'avoir l'assurance et la crédibilité de Pierre Bellemare pour la radio et l'élégance de Michel Drucker à la télévision ;

— au théâtre, Jean-Laurent Cochet m'a appris à parler, respirer et me déplacer naturellement sur scène, sans que jamais cela ne soit perçu comme travaillé. L'intelligence, sans rien d'artificiel.

Mais la personne la plus importante pour moi, ce fut et c'est encore mon père. Normal, me direz-vous. Mais en lisant les pages qui suivent, vous verrez à quel point il aura été le maître d'œuvre de toutes les branches de mon parcours.

Au fil de ces souvenirs, j'évoquerai d'autres individus qui ne méritent pas d'être cités autrement que sous l'appellation générique « Burnemauve » (en référence à l'un des personnages de la saga radiophonique de Pierre

Dac, « Bon baisers de partout »). Les Burnemauve, ce sont tous ces gens que nous croisons inévitablement et qui ne nous veulent pas que du bien. Vous en trouverez donc quelques spécimens ici et là – vous n'en apprécierez que mieux les autres !

En fait, vous allez découvrir que je suis un flâneur. Je flâne. Je pratique l'art de la flânerie. J'ai peut-être manqué de rigueur, par moments, me laissant un peu trop guider par mon intuition, mais quelle saveur de liberté... Car dans tous les exercices que la vie m'a donné l'occasion d'entreprendre, s'il y a certes une part de chance, il y a aussi celle du libre choix. C'est ce que j'ai toujours voulu. J'entendais partout : « Artiste, saltimbanque... Mais c'est l'instabilité de l'emploi ! » Charles Aznavour, lui, m'avait averti en ces termes : « Vous verrez, Christian, toute votre vie, vous serez obligé de prouver aux gens ce que vous savez faire ! »

Ce que j'ai envie de vous raconter, c'est la façon dont mes innombrables rencontres ont depuis toujours construit mon caractère, illuminé mon esprit, accéléré ma carrière, multiplié mes envies de découvertes et d'assouvir mon vœu le plus cher : m'amuser sérieusement dans tout ce que je fais.

Dans la vie, je suis quelqu'un que l'on peut qualifier de bavard. Très bavard. C'est plus fort que moi : j'aime raconter des histoires, converser, questionner, argumenter. Je ne me tais jamais. Demandez-le à mes amis : à un dîner, au téléphone ou dans la rue, il faut que je parle. Parce que j'aime non seulement dire ce que j'ai à dire, mais aussi partager mes expériences et mes opinions. Les plus taquins de mes copains estiment qu'il faudrait faire comme en studio à la radio pour m'interrompre : éteindre la lumière rouge du signal de l'antenne et couper le micro.

Eh bien, justement, le rouge vient de s'allumer. C'est à moi.

1

L'enfance de l'art

L’enfance de l’art

« 9 livres : un très beau bébé ! »

J’ai tellement de choses à vous dire que le mieux est de commencer… par le commencement ! Et même avant : car mon père était si impatient de ma venue au monde que ma mère et une de ses amies lui ont fait croire que j’étais né deux semaines plus tôt que prévu ! La bouteille de champagne avec laquelle mon père arriva tout joyeux fut mise au frais en attendant le jour J ! C’est donc véritablement le 2 mars 1945 à 15 h 30 (à l’époque, on disait « trois heures et demie de l’après-midi ») que je vois le jour, par temps de pluie, dans une petite clinique sur les boulevards de Bordeaux : 4,5 kilos de Christian Morin qui font déjà la joie de ses parents. Jean, mon père, avait été fait prisonnier dès le début de la débâcle en mai 1940 et n’avait été libéré qu’au début de l’année 1944. Son retour avait été fêté dignement, et j’étais né neuf mois plus tard. J’étais donc ce qu’on appelait alors avec un peu de dédain

« un retour de captivité ». Ma mère, Hélène, était originaire de Brizambourg, une commune de la Charente-Maritime, près de Cognac. Elle était née Trochu – mais n'avait aucun lien avec le peu victorieux général que Victor Hugo décora d'un cinglant : « Trochu, participe passé du verbe "trop choir". »

Le 8 juin 1931, les deux amoureux se dirent oui à Saint-Jean-d'Angély, où mon père était né en 1909. Le couple s'installa à La Rochelle, car, au retour de son service militaire effectué à Constantine en Algérie, papa avait trouvé un poste à l'Imprimerie rochelaise. Ma sœur aînée, Colette, y vit le jour en 1934. Deux ans plus tard, ce petit monde part s'installer à Bordeaux, siège de la toute nouvelle imprimerie Couteau-Morin, cofondée par mon père et un associé.

« Retour de captivité », certes, mais pas fin de la guerre pour tout le monde… Le 2 mars 1945, sur le front de l'Est, l'Armée rouge est en vue de la Baltique ; sur le front de l'Ouest, les Américains sont à Trèves, en Allemagne. La France n'est pas encore totalement libérée (il faudra attendre septembre), et de nombreux prisonniers de guerre sont toujours dans des territoires placés sous la férule soviétique. On leur envoie des colis par millions grâce à la campagne de solidarité soutenue par *Paris-Presse*. De son côté, *Le Figaro* annonce une messe anniversaire de la mort du poète Max Jacob (je possède une de ses gouaches, excellent dessinateur), décédé à

Drancy l'année précédente. La vie artistique reprend cependant de plus belle : Piaf tourne avec Montand dans « Étoile sans lumière ». Mistinguett continue de chanter au Casino de Paris. Et alors que l'on tire la première tranche de la Loterie nationale pour 1945, on peut dire qu'à la loterie de la vie, je vais tirer de très bons numéros. Mais ça, je ne le sais pas encore…

« Allez jouer plus loin, les mômes ! »

Vous qui parcourez ces lignes, sans doute gardez-vous aussi un souvenir précis du quartier de votre enfance, avec ses odeurs, sa lumière, ses bruits… De mon côté, comme j'ai la chance d'avoir une excellente mémoire, je vais pouvoir vous raconter le paradis de mon enfance dans le quartier Mériadeck de Bordeaux. L'îlot Bonnac, aujourd'hui reconstruit et réhabilité avec des immeubles modernes tout confort, fut le théâtre des premières années de mon existence. Dans le triangle formé par la rue Georges-Bonnac, la place Mériadeck et la place Gambetta, vous aviez toutes les chances de me croiser. Parce que c'était « ma » rue ! La rue Alexis-Millardet, où les voitures étaient si rares que l'herbe poussait entre les pavés. Je me rappelle si bien son odeur particulière, celle du linge fraîchement lavé séchant aux balcons mêlée aux relents de tabac émanant des bars voisins. Il y régnait une atmosphère typique de l'après-guerre, digne des films poétiques et réalistes de l'époque : tout le monde était soulagé et manquait de tout. Le rationnement continuait, et il était parfois plus difficile de se nourrir que pendant la guerre.

Si vous arpentez les rues du quartier Mériadeck aujourd'hui, vous ne reconnaîtrez rien de celui de mon enfance. Véritable curiosité architecturale faite de verre et de béton, surgie du cerveau des urbanistes des années 1960, il n'a plus rien à voir avec « mon » quartier. Petite précision géographique : le quartier Mériadeck s'étendait non loin de la place Gambetta, centre-ville plutôt bourgeois. Mais mon quartier, lui, n'avait rien de bourgeois, constitué de marchés aux puces fréquentés par des clochards et de bars ou d'hôtels « eau courante, tout confort » où travaillaient des prostituées. La rue Louis-de-Foix était justement la rue des bordels de Bordeaux. Et elle en voyait passer, du monde, notamment les soldats américains en mal de distractions. Mais les filles de joie n'étaient pas sectaires, et les clients sans uniforme étaient aussi acceptés.

Ces dames du Central Bar faisaient partie de notre paysage, c'étaient des habitantes du quartier. Pas de parfum d'interdit pour nous, gamins : elles étaient comme tout le monde – ou presque. Car le jeudi, jour de repos des écoliers, elles nous criaient : « Allez jouer plus loin, les mômes ! » C'est qu'elles bossaient, elles ! Et pouvaient compter sur nous pour les avertir si l'inspecteur de la police des mœurs apparaissait au coin de la rue. Surnommé « le grand blond », il était reconnaissable entre mille : un imperméable mastic, les cheveux un peu plaqués et une vraie gueule de salaud. Pour nous remercier de notre vigilance, elles nous récompensaient d'une pièce ou deux – que l'on était bien tentés de doubler en déclenchant de fausses alertes. Cela nous permettait d'arrondir notre budget roudoudous !

« Dans notre échoppe... »

La maison des Morin se situait au 22, rue Alexis-Millardet. C'était une de ces petites maisons de plain-pied qu'à Bordeaux tout le monde appelle « échoppe » depuis le second Empire. J'aimais beaucoup cet endroit, modeste et pas bien grand : on entrait par un étroit couloir de 6 mètres de long qui desservait deux pièces de 10 à 15 mètres carrés chacune : la chambre de mes parents et un salon-salle à manger où ma sœur Colette dormait dans un « cosy-corner », un lit dont la tête et un des côtés forment une petite bibliothèque d'angle. Un vrai petit coin privé, effectivement, que j'enviais, car, de mon côté, j'ai partagé la chambre parentale jusqu'à mes 11 ans, en 1956, quand Colette s'est mariée. Comme quasiment tout le monde à l'époque, pas de salle de bains : les commodités étaient dans la cour, hiver comme été ! La cuisine ouvrait sur cette courette. Le réfrigérateur était encore loin d'avoir envahi tous les foyers, et l'on devait se contenter d'une sorte de glacière-garde-manger. Les étés sont chauds à Bordeaux et les glaçons sont indispensables pour conserver les aliments. Le bar La Petite France nous les fournissait au détail, car il se faisait livrer en pains de glace par les Glacières Bernat. La livraison était spectaculaire pour un gamin : imaginez une chambre froide montée sur quatre roues, tirée par un cheval. Les hommes déchargeaient les pains de glace sur leur dos, protégés par une toile de jute. Aujourd'hui, l'entreprise s'est reconvertie dans le surgelé.

Il régnait une véritable atmosphère de village dans ce quartier bordelais. Notre rue chantait, parlait, vivait heureuse. Et ce notamment au rythme des airs de nos voisins ! En effet, le contremaître basque de l'entreprise de peinture voisine passait ses journées à faire des vocalises. Il pouvait se vanter d'avoir étudié le chant au conservatoire de Bordeaux avec André Dassary, chanteur d'opérette, qui avait également été l'interprète de « Maréchal, nous voilà ! ». Pour répondre au Basque, Mme Garcia, une réfugiée espagnole arrivée là en 1937, distillait le répertoire de son pays natal, capté sur les ondes de la radio espagnole ou diffusé sur son tourne-disque.

Je vous ai parlé des sons, mais je me dois d'évoquer de nouveau les odeurs de l'enfance. Celle de la messe à l'église Saint-Bruno. Celle des Rameaux décorés de friandises la semaine précédant Pâques. Celle des repas de fête qui se préparaient… Celle de la résine des pins, récoltée après le gemmage et avec laquelle nous faisions de petites boulettes collantes… Quand les beaux jours arrivaient, tout le monde sortait ses chaises sur le pas de la porte, les parents pour prendre le frais (rien à regarder à la télé… parce que personne n'en avait !) et les enfants pour profiter encore des copains, sous la virevoltante surveillance des hirondelles. Pas de supermarché, mais des commerçants ambulants qui « criaient » leur marchandise : « Mes beaux royans d'Arcachon ! » clamait le poissonnier pour vendre ses sardines. « Tu viens, chéri ? » était sans doute plus discrètement énoncé par les dames des bars avoisinants…

Drapée de sa pierre salpêtreuse, Bordeaux était au sortir de la guerre (et jusqu'à sa rénovation des années 2000) une ville grise, presque noire. La seule tache de couleur était apportée par ces belles de nuit et de jour, apprêtées « en dimanche » toute la semaine. Elles s'appuyaient parfois sur la carrosserie étincelante à la calandre chromée de belles américaines dont les propriétaires, toujours tirés à quatre épingles, ressemblaient à Gabin dans un polar des années 1950.

À gauche de la maison, le bistro La Petite France (fournisseur de nos glaçons). Le patron, d'origine corse, avait un bouledogue appelé Prince et comptait parmi les macs du quartier, ceux qui faisaient travailler ces dames. Très élégant, il sentait bon la cigarette américaine. Je l'avais baptisé « Monsieur Prince ». Son confrère, M. Loustalot, tenait, lui, le Central Bar. Avec son épouse ils avaient une fille, Geneviève, pensionnaire à Guéret, dans la Creuse, qui ne venait à Bordeaux qu'à Noël et à Pâques. Accomplissant mes premiers (et derniers) pas dans ce milieu, j'étais bien sûr amoureux d'elle et lui envoyais mes premières lettres tendres, écrites à la plume Sergent-Major. Entre les deux bars, un hôtel « eau courante, tout confort » accueillait les étreintes tarifées. C'est dans ce même établissement que, quelques années plus tard, je découvrirais les plaisirs de la chair, dans les bras d'une charmante « travailleuse du sexe » comme disent les Néerlandais. Mais il est encore un peu tôt pour vous raconter cette anecdote croustillante.

Paula, une « indépendante » plus âgée que les autres – elle devait avoir dans les 45, 50 ans –, attendait le client un peu plus loin, dans la partie commerçante du quartier, en face de la crémerie, précisément à l'angle des rues Louis-de-Foix et Léon-Valade. Assise sur une chaise dans une pose aguicheuse, la clope au bec, elle semblait tout droit sortie d'un tableau de Toulouse-Lautrec. Avec son sourire redessiné qui lui faisait une bouche énorme, des pommettes très rouges, des yeux charbonnés et des cheveux teints en blond vénitien, elle était la digne sœur de Jane Avril ou de La Goulue. Son apparence dégageait une étrange gaieté.

Dès 10 heures du matin, elle œuvrait, si l'on peut dire – et sûrement plus de trente-cinq heures par semaine ! On savait qu'elle était « en clientèle » lorsque la chaise avait disparu : elle l'emportait avec elle pour ne pas qu'on la lui dérobe.

D'une voix grave, à mon passage, elle me lançait un « bonjour Kiki » enrobé de la fumée de sa cigarette blonde américaine. Car, évidemment, je connaissais toutes ces dames… Les dimanches, quand nous partions nous promener en famille, le dialogue ne variait guère :

— Et où il va, Kiki ?

Je répondais, tout fier :

— Kiki, il va aux manèges !

Alors elles me glissaient une pièce pour un tour de manège ou des bonbons. Me faire entretenir à cet âge-là… Heureusement, la bonne éducation reprenait le dessus :

— Qu'est-ce qu'on dit ? me demandait ma mère.

— Merci, madame !

L'honneur était sauf et la morale aussi.

« On fait comme les Américains ! »

C'est au contact de ces dames, des adultes de passage, de ces voisins, que j'apprends progressivement la vie, sans m'en rendre vraiment compte ; parce que ce qui importe avant tout, c'est jouer. Et à quoi joue-t-on quand la rue est un terrain de jeu, que la fin de la Seconde Guerre mondiale n'est pas loin et que la guerre d'Indochine gronde déjà ? Aux soldats combattant le Viêt-minh. Nous connaissons tout de la situation à travers les articles de *Paris Match* : Diên Biên Phu, le général de La Croix de Castries, Bigeard et ses paras, la légendaire infirmière Geneviève de Galard (« l'ange de Diên Biên Phu »)... Pour notre déguisement, rien de plus facile : le marché aux puces du coin et les stocks de l'armée américaine nous fournissent musettes, casques et blousons. Tout est estampillé « US Army », et nos combats imaginaires prennent des allures prémonitoires... Mais pas de fusil M1 Garand comme les Américains : un vrai pistolet à amorces Solido 6.35 ! Souci précoce du détail oblige, j'ai même un jour poussé le réalisme jusqu'à « ensanglanter » de Mercurochrome des bandes Velpeau enroulées autour de mon crâne. Terrifiant, surtout pour les parents !

Quand la guerre n'occupait pas nos esprits, c'est le sport qui prenait sa place avec notre grand jeu, « Le Tour de France ». C'était mon unique préoccupation en juillet. Je suivais passionnément la course à la radio et, si les coureurs faisaient étape à Bordeaux, c'était jour de liesse ! Mon père m'emmenait voir pour de vrai l'arrivée au stade Lescure (aujourd'hui stade Chaban-Delmas). Mais dans la rue, avec les copains, notre « Tour » à nous se déroulait sur le bord du trottoir. Nous faisions avancer nos cyclistes miniatures aux casaques bariolées autour du pâté de maisons.

« On était bien. »

On observait beaucoup les adultes, dont on pouvait admirer certains gestes : juste en face de la maison, le tapissier-décorateur, la bouche hérissée de petits clous qu'il plantait dans le tissu ; au garage du coin de la rue, l'oncle d'un copain qui maniait comme personne la clé anglaise et le levier manuel de la pompe à essence Avia.

En haut de ma rue, on gagnait la rue Toulouse-Lautrec et, en bas, la rue Bonnaffé. Non loin de là, la rue Saint-Sernin était la grande rue commerçante – enfin, pas si grande que ça, mais bien plus animée. À côté de la droguerie, de la pharmacie ou du marchand de journaux établi sur la place, on dénombrait cependant encore quatre bordels (malgré leur fermeture officielle en 1946 avec la loi Marthe Richard), parmi lesquels celui que l'on commençait à appeler le « bar américain », bien qu'il opérât officiellement sous l'enseigne L'Heure bleue. La base américaine de Beutre lui fournissait ses meilleurs clients, fumeurs de Pall Mall et de Lucky Strike. C'est là, rue Georges-Bonnac, qu'apparut le premier juke-box du quartier, dans les années 1950. Un peu plus bas, dans la partie commerçante, se trouvait une cave à vin où l'on rapportait les bouteilles consignées pour les faire remplir à la barrique. Sous les robinets, on épandait de la sciure, balayée chaque soir. Il y régnait une odeur de vin. À côté, une épicerie, en face, une boulangerie, toutes deux tenues par des Italiens qui eurent quelques difficultés à se faire accepter du voisinage, au début. On n'avait pas oublié que l'Italie avait été l'alliée de l'Allemagne…

Le temps fit son œuvre, l'intelligence de certains aussi, pour l'épicier Ascona comme pour le boulanger Olgiatti. Mais il est vrai qu'à l'époque dont je parle, dans l'immédiat après-guerre, les « Ritals » suscitaient encore une certaine méfiance. Plus tard, Cavanna m'expliqua que ce surnom venait de la mention « R. ital. » (pour « réfugié italien ») figurant sur leurs cartes de réfugiés.

Plus haut dans la rue officiait M. Louis, cordonnier, accompagné de l'odeur tiède du cuir découpé et frotté sur les machines qui tournaient avec une grande courroie. Une seconde boulangerie, à 20 mètres de l'autre sur le trottoir d'en face, attirait une clientèle un peu plus bourgeoise. Objectivement, son pain était aussi bon, mais comme j'allais en classe avec le petit « Rital » qui m'emmenait voir le fournil de son père, devenu ami du mien, je préférais le fournisseur italien ! À quoi tient l'achat d'une chocolatine (ou « pain au chocolat », comme on dit dans le Nord) ! Pour les commissions, les notes étaient réglées en fin de semaine. Un peu plus haut que la boulangerie « bourgeoise », il y avait M. René, le coiffeur, qui sentait aussi bon que sa vitrine Pétrole Hahn. Avant l'été, j'y subissais une coupe à la tondeuse, « bien-dégagée-autour-des-oreilles » : il fallait que cela tienne trois mois. À l'adolescence, j'ai fui M. René et sa technique incompatible avec mes aspirations à l'élégance et la mode de la fameuse coupe au rasoir !

Il y avait enfin, en haut de ma rue, un restaurant chinois dont on racontait qu'il servait peut-être du chat. Les voies et les carrefours étaient éclairés par de grosses lampes de ville qui se balançaient au vent. Pour la Saint-Jean, le 24 juin, on allumait de grands feux aux carrefours et on sautait par-dessus… Pendant que les dames du quartier continuaient à travailler dans la joie et la bonne humeur – du moins était-ce ainsi que je percevais les choses !

On était bien.

« Youpi, c'est jeudi ! »

Pour moi, les jeudis se confondent avec l'odeur de l'herbe mouillée qui flottait dans le jardin de la mairie, où l'on nous emmenait jouer en ce jour sans école. Aux beaux jours nous arrivions juste après l'arrosage des pelouses et des massifs de fleurs. Ainsi la fraîcheur de l'eau et le clapotis du bassin central soulignaient-ils les premières tiédeurs du printemps, qui annonçaient les vacances de Pâques ou l'approche de l'été, et le départ pour les vacances charentaises.

Je me revois, tout petit, accroupi dans la sablière – que les Parisiens appellent « bac à sable » –, muni de mon seau et de ma pelle. Entre deux pâtés ou le tracé d'un parcours de billes, il arrivait qu'une petite soif me conduise à grimper sur une chaise pour tendre ma timbale sous le jet de la fontaine Wallace qui trônait et trône toujours dans cet espace vert.

Deux ou trois fois par an, à partir du mois de mars, la place des Quinconces, la plus vaste d'Europe avec ses quelque 12 hectares, accueillait la Foire aux attractions. Aller à la Foire, c'était la fête… et l'aventure avec mes parents ! Après avoir salué les dames du quartier, nous arrivions place Gambetta, descendions la cour de l'Intendance, longions le Grand-Théâtre et les allées de Tourny, pour arriver enfin aux Quinconces et à la Foire.

Lorsqu'on pénétrait dans cette enceinte de rêve, on humait d'abord, sur la droite, l'odeur du caramel, de la pâte à berlingots, des pommes d'amour et de la barbe à papa. Des souvenirs qui collent aux doigts. Le stand de la maison Tamisier, selon mes papilles le plus grand confiseur de Bordeaux et même du monde, était magnifique. Tout blanc, avec ses miroirs et ses moulures rose et pistache : une véritable bonbonnière géante ! À l'évidence, les gens qui travaillaient dans ce décor ne pouvaient être que gentils et souriants. Traditionnellement, nous marquions là notre premier arrêt. Et puis, la grande aventure commençait. Une plongée dans la jungle des attractions. Les stands de tir à la carabine succédaient aux manèges et aux rings de boxe ou de catch, avec leurs combats aussi spectaculaires que bidon. Des musiques variées s'élevaient des baraques foraines, se confondant en une joyeuse cacophonie. Pour un gamin, la simple perspective de voir toutes ces choses, de raconter tout cela aux copains le lendemain à l'école, suffisait à lui donner des frissons d'excitation. Soudain, le claquement d'un fouet et un bruit de fanfare annonçaient l'Afrique, les fauves, les gorilles et l'« explorateur » qui nous invitait à entrer admirer sa ménagerie, dans l'odeur de la paille, des animaux et du crottin. Je crois que c'est là qu'est né mon amour du cirque…

Le dimanche après le repas, on allait parfois se promener au Parc bordelais, plus éloigné de la maison, ou au jardin public, qui présentait à mes yeux l'avantage incontestable d'abriter le guignol Guérin, dont tout bon Bordelais vous dira qu'il égale largement son célèbre cousin lyonnais. Ce qui n'a jamais entraîné un seul litige avec mon ami Laurent Gerra, le Gnafron de l'imitation. Un quart d'heure de joie sans mélange, tandis que Guignol et le gendarme matraquaient les voleurs, encouragés par les cris de leur jeune auditoire.

Au jardin public, il y avait un grand bassin circulaire dont la bordure incurvée me valut un plongeon imprévu, un jour que je tentais de récupérer un petit bateau qui d'ailleurs ne m'appartenait pas. On me repêcha par le pied, trempé jusqu'aux os. Ma sœur dut se coltiner un aller-retour à la maison pour me rapporter des vêtements secs. Une corvée dont elle se serait volontiers passée : déjà adolescente (nous avons onze ans de différence), elle trouvait son petit frère un peu encombrant… Mais nous nous aimions beaucoup. Je lui avais d'ailleurs pardonné de m'avoir laissé choir de la table de la cuisine en voulant aider ma mère à me langer lorsque j'étais bébé… Bêtises enfantines toujours, vers l'âge de 3 ans et demi ou 4 ans, j'ai voulu jouer avec les commandes de la camionnette à gazogène d'un copain de captivité de mon père, qui tenait une épicerie à Lacanau-Océan. On m'avait laissé seul quelques instants dans le véhicule, en me recommandant évidemment de ne toucher à rien. J'ai commencé par faire semblant de conduire et, à force de tripoter le frein à main, j'ai réussi à le desserrer. Voilà que la camionnette, garée dans une descente, a commencé à rouler vers un groupe de gamins, qui jouaient au bas de la rue… Heureusement, un éboueur a vu la scène, sauté sur le marchepied, cassé la vitre et évité le drame. Moi, réfugié sur le siège arrière, je me faisais tout petit, attendant les remontrances paternelles. La première excuse que j'avançai fut : « Je m'avais pris pour un homme ! »

« Quand je serai grand... »

Dans ma petite enfance, pendant la journée, j'allais à la garderie, ou bien mes parents me confiaient aux bons soins d'une certaine Mlle Urter, tricoteuse émérite. Elle me faisait un peu penser à ma grand-mère, sans doute parce que, comme cette dernière, elle était très gentille et ne portait que des vêtements sombres – toujours les mêmes, me semblait-il ; et aussi parce que ses cheveux étaient tirés en arrière et qu'elle avait un peu de poil au menton.

À l'âge de 5 ou 6 ans, il m'arrivait également d'être gardé par la famille Gimenez, rue des Frères-Bonie, à côté du fort du Hâ (à l'époque la prison de Bordeaux, aujourd'hui occupée par l'École nationale de la magistrature), à deux pas de l'imprimerie paternelle. Cette solution était la plus pratique pour maman, qui pouvait ainsi me déposer le matin et me récupérer le soir sans faire un trop grand détour.

Reporter-photographe à *Sud-Ouest*, M. Gimenez était une sorte de héros à mes yeux. En effet, lors de la visite à Bordeaux du roi Mohammed V, sultan du Maroc, et de son fils, le futur Hassan II, pour présenter un mémorandum au gouvernement en vue d'obtenir l'indépendance, mon père m'avait emmené voir le passage du cortège officiel depuis les terrasses des hangars des quais du Port de la Lune, grand lieu de promenade dominicale des Bordelais, qui offraient une vue panoramique, du fait du tracé de la

Garonne à cet endroit. Ce qui n'était pas prévu, c'est que certains voulaient voir abdiquer le roi marocain. D'autres pas. Certains étaient pour l'indépendance du Maroc. D'autres pas. J'allais assister à ma première manifestation. Le mouvement de la foule fut réprimé par les gardes mobiles et, au passage, M. Gimenez reçut un coup de matraque sur la tête. En redescendant des terrasses, nous l'aperçûmes, le visage en sang, son appareil photo à la main ; c'était une vision très impressionnante pour moi – je n'avais que 5 ans. Avec une exagération toute latine, il affirmait avoir une fracture du crâne. Mon père s'efforçait de le réconforter, et moi, je pleurais… Mais ce métier héroïque m'avait conquis : je serais moi aussi reporter-photographe.

Sur ces mêmes terrasses naquit une autre vocation. On pouvait en effet y voir le Grand Prix automobile de Bordeaux qui se déroulait en bordure des quais devant cinquante mille spectateurs – dont mon père et moi. Cette année 1954, l'ancien coéquipier de Fangio, le Britannique Stirling Moss (le visage noirci par les jets d'échappement, sauf ses yeux qui avaient été protégés par ses lunettes), arriva quatrième. Grâce à un ami de mon père, c'est lui que nous avons pu approcher dans sa Maserati. Attendri de voir le petit bonhomme que j'étais, tout admiratif devant lui, il m'a offert le gigantesque bouquet de fleurs qu'on venait de lui donner – et que je remis une heure plus tard à ma mère avec fierté. Je serais donc pilote de course.

Plus tard, je me découvris encore d'autres vocations : pompier, conducteur de locomotives à vapeur, puis – plus moderne ! – pilote de chasse. J'en ai rêvé, des métiers différents… Aujourd'hui, il m'arrive parfois de penser que celui de jardinier-paysagiste m'aurait peut-être convenu – tel André Le Nôtre au XVIIe siècle, mais avec un jardin plus petit que celui de Versailles ! Il faudra que j'en parle avec Alain Baraton, jardinier de ces lieux majestueux, lors d'une prochaine visite.

Quand j'étais enfant, la guerre était encore proche. En sa qualité d'ancien prisonnier de guerre et de porte-drapeau de son régiment, mon père était souvent sollicité pour des prises d'armes ou des défilés (les tirailleurs marocains défilaient précédés d'un bélier trottinant, ce qui me ravissait). Lors des arbres de Noël des anciens combattants, dans la salle de l'Athénée municipal, près de la cathédrale, papa tenait parfois le rôle du père Noël, ce qui me plongeait dans des abîmes de perplexité, car j'y croyais encore à l'époque… Les autres enfants pensaient que mon papa, déguisé avec un manteau rouge et une barbe blanche, était le vrai père Noël ! Ça me remplissait de fierté et je mourais d'envie de dévoiler la supercherie à tout le monde. Maman avait beaucoup de mal à m'expliquer que je ne devais pas l'appeler « papa »… C'est lors d'un autre arbre de Noël, celui des donneurs de sang cette fois, que j'ai découvert l'excitation des feux de la rampe. Je suis monté sur la scène du Grand-Théâtre de Bordeaux pour chanter « Quand allons-nous nous marier ? » de Georges Ulmer. Un instant magique... Je suis rentré à la maison tout heureux, avec le souvenir des lumières à mes pieds qui m'éblouissaient et créaient le fameux « trou noir » empêchant de voir le public. Une nouvelle vocation s'est dessinée ce jour-là : je serais artiste.

C'est grâce aux défilés de papa que j'ai découvert très tôt la musique militaire, qui au fond n'est pas très éloignée des fanfares de cirque, et je pense que mon oreille d'enfant s'amusait naturellement à décortiquer les montées des trompettes soulignées par les trombones, avec en fond les accents des clarinettes, des fifres et des saxophones, le tout soutenu par le rythme de marche des tambours, sans oublier la grosse caisse et les cymbales. Avec la musique militaire, j'avais le sentiment que les soldats ne couraient aucun danger. J'ignorais encore ce que l'expression « ancien prisonnier » recouvrait exactement, ce que la guerre avait représenté pour mes parents et leur génération, et surtout ce que mon père avait enduré pendant sa captivité en Pologne.

« Kriegsgefangener *Morin* »

Il me faut bien parler de cette sale période que fut la guerre : non comme un témoin, mais en tant que fils et neveu de prisonniers.

Mon père avait fait son service militaire dans les zouaves ; il fut mobilisé en septembre 1939 comme caporal dans un régiment de tirailleurs marocains. Mon oncle aussi fut appelé. D'abord cantonné à Bayonne, à la citadelle, papa partit en 1940 avec son unité, vers le nord, en première ligne. La suite, la voici telle qu'elle est rapportée par le secrétariat à la Guerre :

ORDRE N° 2198/C
CITATION À L'ORDRE DU CORPS D'ARMÉE

MORIN Jean – Caporal – 7e régiment de tirailleurs marocains

Gradé d'un courage remarquable. Au cours des combats des 24 et 25 mai 1940, s'est particulièrement distingué en transportant à plusieurs reprises des blessés sous le feu de l'ennemi. S'est porté volontaire pour effectuer une difficile patrouille. S'est à nouveau distingué le 28 mai 1940, à Carvin, en participant, avec une poignée d'hommes, à la défense d'une ferme isolée et tint tête pendant douze heures aux assauts répétés de l'ennemi. A été blessé au cours de l'action.

La présente citation comporte l'attribution de la croix de guerre avec étoile de vermeil.

Ce que le texte officiel ne précise pas, c'est que ses blessures (il avait reçu des éclats d'obus dans le dos, l'arcade sourcilière et la main droite), certes moins graves que celles de certains de ses compagnons, ajoutées à des pertes humaines, ont obligé son escouade à se rendre au petit matin… Les Allemands les firent se mettre au garde-à-vous devant la ferme (que mon père m'emmènerait visiter en 1958). Au moment de remettre toutes ses armes, mon père, épuisé, oublia le couteau à cran d'arrêt qu'il portait à la ceinture, ce qui lui valut une copieuse engueulade de l'officier allemand. Voilà comment il fut fait prisonnier.

En tant que blessé, il fut d'abord évacué vers un hôpital militaire, à Gand, en Belgique, où il passa neuf mois et faillit perdre un avant-bras et une main, envahis par un début de gangrène. Ce fut un officier médecin allemand qui le sauva de l'amputation ; il parlait parfaitement le français et confia à mon père l'inquiétude que lui causait – en 1940, déjà ! –, comme d'ailleurs à beaucoup d'autres Allemands, la folie du Führer : si nul ne l'arrêtait, disait-il, Hitler conduirait l'Europe à sa perte. Paroles malheureusement prophétiques… Lors de ce séjour en Belgique, comme le veut la tradition, mon père gagna une marraine de guerre, femme formidable que j'allais également rencontrer en 1958.

Une fois soigné, il fut transféré au début de l'année 1941, avec un millier d'autres prisonniers de guerre, au Stalag VI-A, à Hemer. Comme il ne voulait en aucun cas travailler pour le Reich, papa réussit, en falsifiant ses papiers, à se faire passer pour un sous-officier et à être immatriculé comme sergent au camp, première étape de son périple vers l'est. Il y fit ses premiers pas de prisonnier et découvrit les rassemblements à tout propos, les garde-à-vous interminables par tous les temps, les incessantes vérifications de grades – dont il réussit toujours à se tirer sans encombre. Estampillés « réfractaires », ses compagnons et lui apprirent qu'ils iraient travailler dans les tourbières, où régnait la fièvre des marais, et qu'ils seraient privés de colis. On expédia les prisonniers à Gross-Hesepe, camp réservé aux réfractaires (VI-C), où mon père resta treize mois. Mai 1942 vit la création de camps disciplinaires en Pologne : Rawa-Ruska (Stalag 325) pour les évadés repris et Kobierzyn (Stalag 369) pour les sous-officiers réfractaires. C'est dans ce dernier que Jean atterrit.

Le 2 juin 1942, au moment du départ de Gross-Hesepe, trois cents prisonniers sur mille deux cents cédèrent, sous la menace, aux exigences de leurs geôliers. Les neuf cents autres, dont mon père, furent expédiés à Dalum, un camp au milieu des tourbières ; quatre mille soldats soviétiques y étaient morts de faim, de froid ou de mauvais traitements. Les baraquements étaient sordides, la nourriture infecte et les colis adressés aux prisonniers de peu de secours, car ils étaient pillés avant de leur être remis. Au bout de dix-neuf jours, ils furent rassemblés à 3 heures du matin (et dans quel état d'hygiène…), puis firent 10 kilomètres à pied, chaussés de sabots de bois, pour rallier la gare de Geeste, où ils embarquèrent pour cinq jours et quatre nuits de voyage, entassés dans des wagons à bestiaux. Rien à manger, juste un peu d'eau chaude à boire quand les sentinelles voulaient bien leur en donner, lors des arrêts en gare. Et toujours la fatigue, l'absence d'hygiène, le moral au plus bas, les chevilles gonflées… Terminus : Kobierzyn, à quelques kilomètres de Cracovie, où cinq mille prisonniers survécurent tant bien que mal dans le froid glacial des hivers et la touffeur des étés, entre les puces et les poux, les nouvelles bonnes ou mauvaises arrivant de France au compte-gouttes, les colis reçus, eux, souvent en mauvais état – quand ils n'avaient pas été « allégés » par certaines bonnes âmes de la Croix-Rouge et autres organisations charitables, chargées d'emballer les provisions que ma mère et les autres épouses de prisonniers venaient leur déposer ! Souvent, il fallait consoler un camarade apprenant avec plusieurs mois de retard la mort d'un proche… ou celui dont l'épouse ou la fiancée avait changé de route et d'histoire… Jean Morin, 33 ans, matricule 48.095, devait avant tout lutter pour sa survie, afin de revoir un jour sa femme et sa fille.

En guise d'évasion, il croquait la vie du camp. C'est devenu un album de cinquante dessins, édité après la guerre pour témoigner de ce que fut la captivité, avec une pensée toute particulière pour les victimes et les rescapés des camps de concentration. Certains croquis de prisonniers russes réduits à l'état de squelette y évoquent cette page parmi les plus noires de l'histoire. Lorsque j'ai moi-même fêté mes 33 ans, je me suis longuement interrogé sur la façon dont j'aurais réagi, si j'avais dû vivre de telles épreuves. Aurais-je eu du cran ? Du courage ? Je l'espère ! La captivité de mon père dura jusqu'au début de l'année 1944.

Son frère Robert, le plus jeune (un troisième frère, prénommé Maurice, était décédé dans les années 1930), avait choisi la prêtrise. Il passa également une bonne partie de la guerre derrière les barbelés d'un stalag. Appartenant à la classe 1938, Robert fut mobilisé comme tout le monde, lui aussi dans l'infanterie. Avec leurs uniformes inchangés depuis la guerre de 14, leurs capotes relevées sur les côtés, leurs bandes molletières, leur musette et leur fusil à baïonnette, les Français ne faisaient pas le poids face à une armée allemande moderne et surentraînée... Hélas ! il fut également fait prisonnier et envoyé dans un camp à Landeck, à quelque distance d'Innsbruck, en Autriche. Le père Morin n'avait que 25 ans, mais il était courageux : il s'évada deux fois de l'Oflag 17-A. La première fois, il fut repris au bout de huit jours. Son complice et lui avaient bien préparé leur coup : provisions planquées entre le plafond et le toit du baraquement, cartes de la région, vêtements civils bricolés avec les moyens du bord… Seul imprévu : ils avaient dû avancer d'une semaine la date de leur départ, car leur kommando devait être démantelé, or les deux compères ne pouvaient prendre le risque d'être séparés. Déguisés en civils, ils récupérèrent des sacs tyroliens garnis de provisions cachés derrière les cabinets, à proximité de barbelés sectionnés au préalable par d'autres complices, s'échappant à la faveur de la nuit. Leurs gardiens n'ayant pas remarqué que des couvertures roulées remplaçaient les deux absents, l'évasion ne fut découverte que le lendemain matin. Sans doute seraient-ils parvenus à gagner la Suisse si la météo n'avait pas joué contre eux. Alors qu'ils devaient franchir un col encore enneigé à 2 000 mètres d'altitude, ils furent pris dans un violent orage, perdirent leurs repères par rapport à l'Inn, fleuve qui, à cet endroit, décrit une boucle traîtresse… et se retrouvèrent sur la route menant à la prison de Pfunds, à 4 kilomètres de la frontière helvétique ! En pleine nuit, des projecteurs s'allumèrent : « *Halt!* » Un soldat allemand les tenait en joue. Inutile de discuter. Ils n'avaient ni la même langue ni les mêmes convictions.

Nos deux compères furent ramenés sous bonne escorte à Landeck, dans une section du camp réservée aux évadés, puis placés sous la férule d'un gardien, contrebandier dans le civil. Mon oncle était enfermé avec trois Français et un Serbe.

Dès leur arrivée, ils décidèrent de faire une nouvelle tentative, le soir même, à minuit ! Tenace, l'abbé Morin. Seulement, cette partie du camp était bien plus surveillée ; de plus, elle était située à flanc de montagne. Les barbelés étaient éclairés et une sentinelle allait et venait sur 200 mètres. Il fallait cette fois faire sauter une serrure et un cadenas à l'aide d'une pioche, puis déjouer la vigilance de la sentinelle, en se dissimulant dans les cabinets – on ne soulignera jamais assez l'importance des toilettes dans une évasion –, profiter des ombres du terrain pour atteindre les barbelés, tordre les fils afin qu'ils se cassent, puis revenir se mettre à couvert dès que les pas se rapprochaient… Au bout de deux longues heures de ce manège, le fil se rompit… avec un bruit sec qui, heureusement, ne parvint pas aux oreilles de la sentinelle ! Enfin, les cinq hommes se glissèrent sous les barbelés, toujours munis de leurs sacs tyroliens (mon oncle et son copain avaient pu les garder) pour gagner les bois, à quelques mètres. Ils franchirent un tout petit pont sur l'Inn ; de l'autre côté, c'était de nouveau la liberté. Le lendemain matin, l'ex-contrebandier devenu gardien trouva la cage vide et lâcha aussitôt les chiens. Cette fois, la pluie joua en faveur de Robert et de ses camarades en brouillant leur piste. Malheureusement, la fameuse boucle du Tyrol les égara de nouveau. Ils n'avaient pas de boussole pour se diriger à coup sûr vers l'ouest et la Suisse, manquaient de surcroît de vivres… et ne tardèrent pas à être repris. À la Libération, ces prouesses valurent au deuxième classe Robert Morin la Médaille des évadés. Mais, tout comme son frère, Robert demeura prisonnier jusqu'en 1944. C'est durant cette période qu'il noircit de son écriture serrée les pages d'un carnet avec ses réflexions lucides sur le national-socialisme.

À Bordeaux, pendant ce temps, ma mère s'échinait autant que faire se peut pour que l'imprimerie tourne, seule ou avec l'aide d'un ouvrier imprimeur. C'était un homme bien, qui travailla plus tard à *La Nouvelle République* puis à *Sud-Ouest* et devint un ami de la famille. La tâche n'était sûrement pas facile, mais c'était la guerre et ma mère avait ma sœur à élever, âgée de 6 ans lorsque papa était parti en captivité. Tenir, être courageuse… Et du courage, maman n'en a jamais manqué : après la guerre et ma naissance, elle a travaillé pendant quatre ou cinq ans dans une grande imprimerie, faisant les trois-huit et se levant à 5 heures du matin !

Quant à mon père et mon oncle, s'ils avaient sans nul doute été meurtris par leurs années de captivité, je ne les ai jamais entendus s'en plaindre. Papa n'évoquait le sujet que pour en plaisanter ; il en avait surtout tiré un formidable appétit de vivre ! Ses copains de captivité racontaient toujours leurs mésaventures sur un ton humoristique, jamais tragique ou misérabiliste. Tous se tordaient même de rire lorsque Jean Alain – qui me donnera plus tard des cours de mathématiques – narrait son évasion sur un vélo déniché je ne sais où, dans des vêtements fournis par une infirmière polonaise de la Croix-Rouge. Il pédalait au milieu de nulle part, quand sa route le mena tout droit vers un campement allemand. Trop tard pour faire demi-tour sans éveiller les soupçons ; il continua au flan, gratifiant d'énergiques « *Ja, ja!* » les soldats qui le saluaient, le prenant pour un civil polonais. Hélas, un « *Halt!* » péremptoire le contraignit à mettre pied à terre. Conduit sous une tente pour y être interrogé par un officier de la Wehrmacht, il déchira minutieusement, les mains dans le dos, le papier sur lequel figurait l'adresse de son contact. Mais une sentinelle qu'il n'avait pas vue, postée derrière lui, repéra son manège et ramassa les morceaux. On pourrait s'imaginer qu'à cet instant il n'en menait pas large, mais alors que l'officier reconstituait ce puzzle sur son bureau, il souffla dessus ! À ce stade de son récit, il ajoutait invariablement : « Je ne sais pas ce qui m'a pris. Fallait-il que je sois con ! » Évidemment, cet acte téméraire lui valut d'être violemment tabassé. Voilà comment M. Alain se retrouva dans le même camp que papa, où ils s'associèrent pour confectionner de faux papiers, dont, j'imagine, ceux qui transformèrent papa en « sous-officier ». J'écoutais, bouche bée, ces récits fascinants.

Il m'arrivait parfois de retenir un peu trop ce que j'entendais. Ainsi, à l'âge de 8 ans, lorsque M. Galissaire, mon professeur de musique et de chant, nous apprit « La Marseillaise », je voulus faire le malin en ajoutant, comme j'avais entendu mon père et ses copains le faire, « tas de cochons » sur les trois notes de ponctuation finale, après « abreuve nos sillons » ! Outré, l'instituteur voulut savoir qui m'avait appris ça…

— C'est mon père…

— Bravo ! J'aimerais bien lui parler, à l'occasion… Tu le lui diras.

La honte ! Honte plus grande encore quand, tout penaud, j'ai avoué l'épisode à mon père, qui s'est empressé, hilare, de le raconter à tout le monde !

« Maîtresse, maîtresse… »

En 1949, je suis entré à l'école… et suis tombé amoureux de Mlle Guérin, la directrice. Elle devait avoir une trentaine d'années, elle avait les cheveux blond cendré et je la trouvais sublime. Privilège insigne, pendant les récréations, elle me laissait lui tenir la main – car les instituteurs assuraient également leur surveillance, tournant autour de la cour afin de garder l'œil en permanence sur chacun de nous. Hasard de la vie, je l'ai retrouvée en 1988 à Perpignan, lors de sélections pour « La Roue de la fortune », l'émission de TF1... La télé a parfois du bon !

Quelques années plus tard, j'ai croisé de manière tout aussi inopinée une autre de mes institutrices, cette fois dans une rue de Saint-Jean-de-Luz. Le visage de cette femme me disait quelque chose. « Christian ! Tu ne te souviens pas ? Je t'ai eu en classe de maternelle ! » C'était bien elle. Le temps passe, mais le regard reste toujours le même. Nous bavardons et bien sûr évoquons Mlle Guérin, dont elle est sans nouvelles. Et c'est ainsi que, trente-cinq ans après, elles ont pu se retrouver, comme dans la cour de récré, grâce à un petit bonhomme en blouse grise à l'époque, qui avait un peu grandi depuis...

J'étais scolarisé à l'école Anatole-France, qui existe encore, et qui occupait tout un pâté de maisons. D'un côté, elle donnait sur la place du Colonel-Raynal, où se trouvait la galerie des Beaux-Arts (j'ignorais alors que j'y exposerais un jour). Lorsqu'on accédait à la « grande école », c'est-à-dire au cours élémentaire, on changeait simplement de bâtiment, et les garçons étaient séparés des filles, même dans la cour de récréation. Heureusement, à 17 heures, tout le monde se retrouvait sur le trottoir devant l'école et flirtait gentiment. En attendant de jouer les grands séducteurs, nous, les garçons, nous appelions par nos noms de famille, comme le faisaient nos professeurs. Pour moi, c'était « Morin, t'as mal aux reins ». Rien de bien méchant.

L'enfance a ceci de merveilleux qu'on ne prête pas attention à ce qui, plus tard, pose problème quand il s'agit du vivre-ensemble. Ma communale était un joyeux méli-mélo d'enfants de réfugiés espagnols, d'Italiens, d'Algériens, de Marocains et de Sénégalais, dont les pères appartenaient aux divers régiments coloniaux de la République, mais aussi de Kabyles, de Parisiens échoués dans le Sud-Ouest, de Bretons, de Basques, d'Antillais, de protestants, de juifs, de catholiques (ce qui était mon cas), rejetons de parents plus ou moins nantis, issus des milieux sociaux les plus divers... Des râleurs, des gentils, des timides, des rigolos, des renfermés, des premiers de la classe et des cancres, des fayots et des sournois... Mais nous portions tous la même blouse grise, et l'insouciance de la jeunesse gommait bien des problèmes, au moins entre nous. Pourquoi, en grandissant, parvient-on si rarement à conserver cette fraîcheur ?

« Mon petit papa Noël »

Pour Noël, mon père me fabriquait de petites maisons – rien à voir avec une crèche. Il avait le souci du détail et allait jusqu'à prévoir l'éclairage intérieur. Je m'empressais de les intégrer à mes jeux. Sans le savoir, j'imaginais déjà des décors de théâtre, mettant en scène des comédiens incarnés par quelques soldats de plomb, des figurines d'Indiens et de cow-boys mélangées.

En général, nous réveillonnions avec mon parrain, ma marraine et des amis de mes parents. Une séance de cinéma à l'Olympia pour voir un film familial, souvent un *Don Camillo* avec Fernandel, remplaçait en quelque sorte la messe de minuit. Outre les traditionnelles huîtres, maman mettait sur la table ce qu'on appelle à Bordeaux des « crépinettes », c'est-à-dire une préparation de chair à saucisse roulée dans une crépine au milieu de laquelle on plantait un morceau de truffe. Et elle demandait à papa de prendre une bouteille de vin à la « cave ». Nous n'avions pas de cave… En revanche, nous avions une cheminée qui ne fonctionnait plus ; nous utilisions l'espace libre derrière les plaques métalliques qui la fermaient pour entreposer notre bon vin. La suie qui se détachait du conduit contribuait à donner un aspect encore plus ancien à nos bouteilles ! Les jours de fête, j'avais le droit de tremper mes lèvres dans le bordeaux, que je trouvais amer. J'ai depuis révisé mon jugement !

On allumait brièvement les dangereuses bougies du sapin de Noël, le temps de prendre une photo, avant de les éteindre. Puis je filais vite au lit pour que, le lendemain matin, les cadeaux empilés au pied de l'arbre arrivent plus rapidement. Le sapin était dressé dans la chambre de mes parents.

L'ouverture des cadeaux était un moment de joie intense. Je me souviens de petites voitures Dinky Toys, de panoplies de cow-boy – j'ai d'ailleurs réussi à transformer un faux Stetson en vrai (ou presque) casque de GI, après en avoir découpé le bord, lui avoir façonné une nouvelle forme à coups de poing, puis ajouté un morceau de filet à pommes de terre et quelques branches –, ou encore d'un camion dont les roues articulées tournaient avec le volant et dont les phares s'allumaient dans la nuit noire du couloir. Ah ! le couloir… Il devenait le théâtre de mon imaginaire lorsque j'étais seul à la maison, le jeudi. Il était la salle de représentation où je pouvais reproduire toutes les scènes des films que j'avais vus. La commode était tour à tour un toit de diligence, une plate-forme de trapèze, un cheval, une voiture, un bateau… J'y rêvais de cinéma, de théâtre, de cirque, de vie – de ma vie idéale. Mais dès que mes parents rentraient, mon couloir et ma commode magiques redevenaient un simple passage et un meuble ordinaire. Mes rêves n'appartenaient qu'à moi. Quelquefois, je croise encore ma commode qui vit aujourd'hui sa retraite chez ma nièce Catherine.

En revanche, je n'ai jamais eu – et pourtant j'en rêvais – de voiture à pédales… Une belle voiture rouge avec un gros numéro à l'arrière… Pour compenser ce cruel manque dans mon coffre à jouets, je fabriquais des « traîneaux » semblables à ceux que je voyais dans la bande dessinée d'Hergé, *Quick et Flupke*, en montant une caisse sur trois ou quatre roulements à billes (trois, dont un fixé sur une planche faisant office de volant, qui suffisait à diriger l'engin). Le vacarme que ces traîneaux produisaient valait bien celui des patins à roulettes de mes copains, sur les trottoirs, car les pavés des rues se prêtaient mal à nos courses folles.

Et comme cela ne me suffisait pas, j'ai un jour décidé, en toute simplicité, de fabriquer une voiture. J'en ai d'abord dessiné les plans, à partir d'une caisse à savon. Mon bolide apparaissait de profil avec tous les détails nécessaires, y compris une mention qui ravit papa et l'incita à montrer mon plan à tous ses amis : une flèche dirigée vers l'endroit où le pare-brise aurait dû se trouver indiquait très sérieusement : « Trou remplaçant la glace. »

« Vide ta gueule ! »

À l'approche de l'année scolaire 1955-1956, mes parents décident, peut-être sur les conseils de mon oncle Robert, de me faire effectuer ma septième (on dit aujourd'hui CM2) dans une école « libre », l'école Saint-Seurin. J'ai 9 ans et demi. Désormais, je vais porter une casquette en feutrine à bordure vernie, ornée d'un écusson frappé des initiales entrelacées de l'établissement (« SS ») et de navrante facture.

— Si c'est pas malheureux... Trois ans en captivité en Pologne et mon fils porte une casquette de SS ! disait mon père, qui n'était pas homme à laisser un détail pareil échapper à son sens de l'humour décapant.

Quelques années avant moi, Bernard Magrez, « l'homme aux quarante châteaux » du Bordelais et d'ailleurs, a lui aussi porté cette casquette, et nous évoquons souvent ce souvenir.

Mon nouvel instituteur s'appelle M. Séant ; il est plutôt sévère, tout comme le directeur de l'établissement, M. Duthreuil. Je pense que c'est ce qui a incité mon père à m'inscrire à Saint-Seurin... Cela dit, à la communale aussi, on savait asseoir son autorité. M. Lacoste, mon maître deux ans plus tôt, distribuait généreusement les coups de règle sur les doigts et pourchassait sans relâche les mâcheurs de chewing-gum d'un péremptoire : « Vide ta gueule, mon petit ! » Nous l'avions donc surnommé « Vide-ta-gueule ». Je me rappelle que, lorsqu'il nous enseignait l'histoire des croisades, il traçait des croix à la craie sur nos blouses d'écoliers. Sa façon de nous faire entrer de plain-pied dans l'histoire...

À Saint-Seurin, je n'ai jamais su pourquoi M. Séant avait hérité du surnom de « Tarzan ». Sûrement pas à cause de son physique râblé et trapu, qui évoquait plutôt un lutteur de foire. Tarzan nous collait allègrement et sans état d'âme. Une simple plaisanterie valait trois heures de colle le dimanche matin. Ces retenues, qui commençaient à 8 heures ou 8 h 30, obligeaient les parents à se lever tôt car, comme Saint-Seurin était un établissement religieux, les punis devaient auparavant faire acte de présence à la messe de 7 h 30… Mon père jouait ainsi au tiercé plus tôt, certains dimanches.

Ma première colle avec Tarzan fut, il faut l'avouer, bien méritée. À la question : « Morin, savez-vous où Attila a été enterré ? », je n'avais rien trouvé de mieux à répondre que : « Je ne sais pas, m'sieur, je n'y étais pas ! » J'avais fait rire toute la classe… mais pas le prof.

— Morin, tu prends ton cahier d'histoire et tu vas recopier dehors la page que nous étudions aujourd'hui !

Il faisait frisquet, tant pis pour moi. Je prends donc mon livre, mon cahier, mon porte-plume et un encrier… Mais en marchant vers la porte, je ne résiste pas à l'envie de faire encore un peu l'intéressant. Persuadé que le prof ne me voit pas, je mets mon livre entre mes dents, avec l'encrier dessus, pour imiter ce que nos livres de géographie appelaient une « négresse à plateau ». Seulement, M. Séant, qui avait fort bien repéré mon manège, est arrivé par-derrière et m'a flanqué une bonne tape sur le dos. L'encrier, sans doute mal fermé, s'est alors mis à cracher un geyser d'encre violette qui a éclaboussé les chaussures et le bas du pantalon de l'instituteur. Quant à moi, je me suis étalé à ses pieds, tel Attila défunt – à propos, selon la légende, le chef des Huns serait mort pendant sa nuit de noces avec une Germanique du nom d'Ildico qui l'aurait assassiné. Quoi qu'il en soit, résultat de ces singeries : non pas « Hun », mais deux dimanches de colle et un avertissement !

À la fin de l'année scolaire, une tache d'encre violette sur le plancher de la classe rappelait encore l'épisode, mais cela ne m'empêcha pas de passer brillamment en sixième. Je fis donc mon entrée dans l'enseignement secondaire à l'âge de 10 ans et demi. Les « grandes classes » étaient installées de l'autre côté de la rue et possédaient leur propre cour de récréation, plantée de quatre arbres.

En septembre 1956, ma sœur Colette et son fiancé, Pierre, se sont mariés. Pour l'occasion, j'ai porté mon premier costume, avec pantalon long et cravate ! Quand on a un prêtre dans la famille, cela simplifie les choses : oncle Robert célèbre leur union, en l'église Saint-Bruno, face au cimetière de la Chartreuse, l'un des deux grands lieux de sépulture de Bordeaux. La journée a bien commencé. J'étais ravi de me voir si élégant, mais ma belle humeur s'est évanouie d'un coup lorsque mon oncle m'a annoncé que j'aurais le « privilège » de servir la messe. Vous parlez d'un privilège ! Les messes, j'en servais déjà bien assez pendant mes vacances en Charente… Surtout, moi, le frère de la mariée, je me retrouvais relégué au rang de simple enfant de chœur ! En plus, j'allais devoir m'agenouiller, avec mon beau pantalon tout neuf… Je me suis donc exécuté avec une telle mauvaise grâce que tout le monde l'a vu et s'en est amusé, ce qui n'a fait qu'ajouter encore à ma contrariété.

Souhaitant me rattraper auprès de la famille, j'ai eu une très belle idée : faire un discours au moment du dessert. Mais comme ce n'était décidément pas mon jour, j'ai oublié, en me rasseyant, que je portais une cravate et me suis aperçu trop tard que je l'avais laissée tremper dans la crème anglaise. En me redressant précipitamment par réflexe, j'ai ruiné mon costume. Vexé, j'ai fait la gueule presque toute la journée.

En sixième, je suis dans la classe de M. Roger Touzerie, copain de captivité de mon père, ce qui n'est pas toujours confortable. (Je ne sais pas encore que papa lui a demandé de me « serrer la vis » – ce qu'il refera quelques années plus tard auprès de mes professeurs des Beaux-Arts). Néanmoins, avec lui, je me sens un peu en famille.

J'ai commencé à apprendre l'anglais avec Mme Alos, surnommée « la Pointe », une belle femme un peu pète-sec, mais très bonne prof. Son charme n'a cependant pas suffi à me faire aimer la langue de Shakespeare. Pour le reste, ma scolarité s'est déroulée sans encombre, ni succès excessif.

« Le cirque Morino est en ville ! »

L'école ne peut rivaliser avec une victoire au concours du « Radio-Circus » du cirque Pinder, animé par Roger

Lanzac. J'ai pour la première fois ma photo dans le journal : nettement plus gratifiant qu'une bonne note !

Tous les ans, un cirque, soit Pinder, soit Amar, faisait escale place des Quinconces. Mes parents m'emmenaient voir le spectacle et, chaque fois, j'oubliais toutes mes autres ambitions pour décider que je serais clown. J'avais la chance d'avoir des parents amateurs de sorties : grâce à eux, j'ai vu les débuts d'artistes prestigieux, tels Fernand Raynaud ou Raymond Devos venus roder leurs spectacles en province (en l'occurrence à l'Alhambra) avant de se produire dans la capitale.

Mais ce que je préférais, c'était le cirque. J'étais fasciné par le maquillage d'Achille Zavatta, que j'imitais de mon mieux, tout comme son chapeau – un deuxième chapeau de cow-boy fut sacrifié à cet effet ! Ainsi accoutré, j'organisais de petits spectacles le dimanche après-midi, chez ma marraine. En guise de décor, je tendais un drap dans le jardin et soignais le moindre détail de mon numéro. Déjà perfectionniste…

Je ne sais plus trop comment je me suis débrouillé pour participer au fameux concours du cirque Pinder, mais ce succès m'a donné une idée. J'ai commencé par demander à mes parents et à tous les autres donateurs potentiels non pas un, mais plusieurs camions Dinky Toys. Le modèle Cargo de Simca, doté d'un caisson et de deux portes à l'arrière, était parfait pour ce que j'envisageais d'en faire. Quand j'en ai eu deux ou trois en ma possession, je les ai repeints en rouge vif et, sur le côté de l'espace de chargement, j'ai collé de petits panneaux en carton, avec la mention « CIRQUE MORINO ». Il ne me restait plus qu'à confectionner le chapiteau qui abriterait les spectacles de ma troupe. Pour ce faire, j'étendis un rectangle de toile découpé dans un vieux torchon – hélas ! je n'en avais trouvé aucun de couleur verte – que je punaisai sur le sol et tendis à l'aide de crayons de couleur et d'aiguilles à tricoter. J'avais aussi confectionné une petite plate-forme en carton. J'alternais les tours avec des animaux et les numéros de funambule, me servant d'un petit soldat. Un détail me chagrinait, tout de même : les Dinky Toys n'étaient pas à la même échelle que mes personnages.

Le cirque Morino se déplaçait beaucoup dans la maison et agaçait prodigieusement ma mère quand elle faisait le ménage… Ce qui la gênait, surtout pour le parquet, c'étaient les punaises qui arrimaient le chapiteau au sol ! Mais je parlais de mon cirque autour de moi et mon initiative a remporté un succès certain auprès des autres gamins.

Sauf un… Un dénommé Bousquet qui ne tarda pas à devenir ma hantise, tout simplement parce que lui aussi possédait un cirque. Même si le sien, qu'il m'a invité à admirer chez lui, me paraissait beaucoup moins beau que le mien – il avait des camions de toutes les couleurs et même pas de nom ! Mais il se distinguait par une particularité insupportable : un éclairage alimenté par une pile électrique ! J'étais vert de jalousie. Ça, je ne savais pas le faire…

« Si tu veux devenir un vrai clown… »

J'ai découvert Paris grâce à « André, le chausseur sachant chausser » ! Après leur mariage, ma sœur et son mari, jeunes gérants de cette enseigne, sont mutés à Paris, boulevard Saint-Martin, à deux pas du théâtre du même nom et juste en face du théâtre de l'Ambigu-Comique, qui n'existe plus. À 11 ans, mes premiers pas dans la capitale ont lieu dans le quartier de la République et des Grands Boulevards. Puis, comme dans la chanson de Georges Ulmer, je vais voir « un p'tit jet d'eau, une station de métro entourée de bistrots, Pigalle », avec ses marchandes d'amour qui ressemblent à s'y méprendre à celles de mon quartier. Je ne suis pas dépaysé.

Bien entendu, notre séjour est l'occasion pour la famille Morin d'assister aux spectacles du moment. Nous allons écouter Mouloudji à l'Olympia et voir le spectacle de Medrano au Cirque d'Hiver. Un ami de mes parents, bien introduit dans l'univers du cirque, nous a obtenu des places et, comble de bonheur, je peux rencontrer le clown Albert Fratellini dans sa loge avant le spectacle. Il me montre quelques-uns de ses trucs : la ficelle dans le dos pour faire dresser les cheveux en l'air, les petites paillettes brillantes collées sur les paupières, l'élastique retenant son nez rouge, etc. Je ne suis pas peu fier de cette visite des coulisses, mon premier privilège. De mon siège, serrant contre moi sa photo dédicacée, je me rends compte, encore émerveillé, que je ne vois rien des artifices qu'il vient de me dévoiler. J'ai appris il y a peu que Michel Serrault l'avait lui aussi rencontré et s'était inspiré de son maquillage pour le rôle de Zaza Napoli dans *La Cage aux folles*. Faites-moi penser à vous reparler du Cirque d'Hiver : j'y ai fait mon numéro, bien des années plus tard.

En revanche, lors du même séjour parisien, lorsque j'ai enfin eu l'occasion de voir « pour de vrai » Achille Zavatta, pas de chance, il s'était déjà démaquillé et son visage avait perdu toute magie à mes yeux. Dans sa loge à l'Olympia – il passait en première partie du tour de chant dc Mouloudji –, il s'est montré très gentil et m'a expliqué : « Tu sais, si tu veux devenir un vrai clown, tu dois apprendre à tout faire toi-même : ramasser le crottin des chevaux, conduire des camions, faire ton numéro ! » J'étais sur les genoux de mon « idole », et c'est un adulte qui me parlait. « Ce n'était pas lui, ce n'était plus lui, ce n'était plus un clown ! », répétai-je à mes parents qui s'efforçaient de me raisonner eux aussi avec leurs mots d'adultes.

Lors de cette visite à la capitale décidément riche en aventures pour un gamin de mon âge, je croise, sortant du théâtre Saint-Martin, le héros des films de cape et d'épée de l'époque : Jean Marais. Je devrai attendre vingt-sept ans pour lui parler, lors d'une interview sur Europe n° 1 !

« Mon père est imprimeur »

Mes parents sont heureux. Nous vivons normalement, modestement, une vie de Français moyens. Nous n'avons toujours pas de salle de bains, mais qu'importe, puisqu'il y a les douches municipales à 500 mètres de chez nous, où nous nous rendons deux fois par semaine. Ce manque de confort qui paraît si étonnant aujourd'hui était celui de l'après-guerre et compte parmi les souvenirs de jeunesse d'une bonne partie de ma génération.

L'imprimerie paternelle – qui était située à 1 kilomètre de nos pénates – déménage pour s'installer rue Labirat, à côté de la faculté de médecine, pas très loin de l'artère qui abrite la librairie Papyrus, où ma mère travaille alors. En ville, à Bordeaux, les policiers vont toujours par deux, à bicyclette ; on les surnomme les « hirondelles », du nom de la marque de leurs vélos. La guerre d'Indochine a laissé place aux « événements » d'Algérie. De Gaulle est revenu, Coty est parti… et les filles sont belles ; mes copains et moi devenons coquets.

De temps en temps, je vais donner un coup de main à mon père, pour me faire un peu d'argent de poche. À droite quand on rentre trône la « Rolls » de la petite imprimerie, la fierté de papa : une Heidelberg. Un bijou formidable pour tous les travaux : des papiers à en-tête aux faire-part en passant par les formulaires administratifs. Ma spécialité : les cartes de visite en relief. Pour les fabriquer, on saupoudre les cartes imprimées de résine moulue, puis on les passe dans un appareil chauffant spécial, la « thermo », qui fait gonfler le mélange encre-résine et donne une finition en épaisseur. Il n'y a plus qu'à récupérer les cartes au bout du tapis roulant métallique. J'aime l'odeur d'encre qui règne dans la pièce, son ambiance, et je suis fier de dire : « Mon père est imprimeur. »

J'aurais même pu ajouter : « Mon père est un illustrateur. » En effet, j'ai découvert en préparant ce livre que la signature « Jean Morin » se promène sur des dizaines de livres pour enfants, publiés entre les années 1930 et 1940 par les éditions Ardant de Limoges : plusieurs romans de la comtesse de Ségur, *Les Mille et Une Nuits*, *Solitudes du Mississippi*, *Les Défenseurs du Canada français*, etc. Curieusement, mon père ne m'en a jamais parlé, et je n'ai même jamais vu ses livres à la maison. Humble et discret dans sa manière de me passer le relais.

Avec le recul, je me rends compte que Jean avait son rythme. Il a toujours eu un esprit indépendant, épris de liberté – surtout après trois ans de captivité en Pologne. Parfois il se levait à 5 h 30, parfois à 6 h 30, parfois à 7 heures… Sa toilette et son petit déjeuner achevés, il

« réveillait » la maisonnée, qui depuis longtemps déjà avait été tirée des bras de Morphée par la radio, le bruit de l'eau coulant du robinet, les raclements de charbon dans la cuisinière, l'odeur du café, bref, par tous les sons et les arômes du matin ! Pendant que ma mère et moi prenions sa suite dans la cuisine, chacun notre tour, pour nos ablutions respectives, il se mettait en route, s'arrêtant pour déguster un petit café et un croissant place Gambetta, ou au Café Français place Pey-Berland, en face de la mairie. Il lui arrivait de s'y attarder, son carnet de croquis en main, n'arrivant à l'imprimerie que sur le coup de 8 heures ou 8 h 30, voire plus tard. Parfois, il faisait un détour par le magasin André de la place Saint-Projet, où mon beau-frère avait débuté comme étalagiste et dont le gérant était un de ses amis ; papa n'hésitait pas à sonner chez ce dernier à 7 heures du matin pour lui demander si cela ne le dérangeait pas qu'il passe sur son trottoir ! Quel bonheur, quel luxe que de pouvoir prendre ainsi son temps… et celui de faire ces petites plaisanteries qui rendent la vie plus légère.

Côté atmosphère, celle du quartier Labirat ne différait guère de celle de ma rue natale : pavés, bistrots, caves à vin. En face de l'imprimerie, un chaudronnier spécialisé dans la réparation des calandres de voiture, avec ses bouteilles de gaz pour la soudure et ses marteaux en bois pour ne pas abîmer le métal des carrosseries. Son atelier, d'où émanait une odeur de ferraille, était un capharnaüm indescriptible. Le maître des lieux, M. Terrier, le « père » Terrier, visage de poilu de 14-18, toujours droit comme un « i », arborait des moustaches à l'ancienne qui me rappelaient celles de mon grand-père, un pantalon de velours noir et une ceinture de flanelle. En matière d'anciens de la Marne, nous étions bien équipés, puisque le visiteur le plus régulier de l'imprimerie était lui aussi un vétéran de la Première Guerre mondiale, blessé et pensionné à 100 % pour un petit doigt sectionné (il ne lui restait que la première phalange) – bien pratique pour se gratter l'oreille, plaisantait mon père ! Lui, c'était M. Bru, version locale du M. Brun de Pagnol, avec un accent bordelais à couper au couteau. Avec son éternel béret incliné sur l'oreille, à la militaire, il ressemblait un peu au futur Glandu de Thierry Le Luron. Comme on peut l'imaginer, papa adorait le mettre en boîte. Un exemple : lorsque le pauvre Bru a annoncé à mon père qu'il avait pris des places au premier rang pour la revue *Holiday on Ice*, qui passait par Bordeaux, Jean l'a adjuré de bien se couvrir à cause de la proximité de la piste glacée. Et voilà Bru et son épouse qui s'emmitouflent en plein mois de juin comme pour une expédition polaire… Après le spectacle, il a débarqué, furieux, annonçant à mon père qu'il ne lui parlerait pas pendant trois jours, au motif qu'ils s'étaient sentis ridicules, elle en manteau de fourrure et lui avec son écharpe et ses gants. L'humour un peu particulier de mon père avait encore frappé.

Moins d'humour en revanche lorsque, après son rapatriement en 1944, papa était rentré d'une patrouille à Saint-Jean-d'Angély avec son ami Brossard (créateur des biscuits du même nom). Comme il restait encore pas mal de soldats ennemis sur le territoire français, les hommes effectuaient par précaution des rondes tous les soirs. Mon père, légèrement « gai », s'est aperçu ce soir-là qu'il se promenait avec une grenade dégoupillée, dont seul le tissu de sa poche maintenait le levier en place… Là, il s'est fait copieusement engueuler par ma mère !

Il était comme ça, Jean, blagueur et à l'occasion gaffeur. Ainsi, à un ami qui lui annonçait au téléphone la mort de sa mère et à qui il venait de demander la cause du décès, il répondit, distrait : « La grippe ? Oh, ça n'est pas grave, on s'en sort très bien ! » Tout autre que lui aurait eu du mal à rattraper pareille bourde, mais Jean, tout le monde l'aimait bien. Je crois d'ailleurs que, pendant sa captivité, sa propension à rire de tout fut d'un immense secours.

« C'est loin, la Charente ? »

Après ma naissance, durant les vacances, nous avons été quelque peu ballottés. Cela nous a d'abord menés, mes parents, ma sœur et moi, à Saint-Jean-d'Angély, où habitaient mes grands-parents paternels, avec mon oncle Robert, le curé. Tonton Robert, de neuf ans plus jeune que papa, avait senti l'appel de Dieu dès l'enfance. Il avait étudié au grand séminaire de L'Houmeau, en Charente-Maritime. Après son retour de captivité, en 1944, il avait retrouvé sa soutane, son bréviaire et son presbytère. Pour moi, Robert était un mélange de Don Camillo et de Don Emidio, le prêtre de la trilogie des années 1950 (*Pain, amour et fantaisie* ; *Pain, amour et jalousie* ; *Pain, amour, ainsi soit-il*) avec Vittorio De Sica et Gina Lollobrigida. L'atmosphère des petits villages italiens dépeints dans ces longs-métrages ressemblait à celle des bourgades charentaises de l'après-guerre, surtout en ce qui concerne les rapports humains – l'accent en moins. Dans les films italiens de cette époque, on rit toujours un peu malgré les soucis, le fond social n'est ni tout noir ni tout blanc et les filles sont accortes. Il me suffisait de fermer les yeux pour m'imaginer dans un paysage méditerranéen écrasé de soleil, décor qui évoquait celui de la vie du Christ dans mes livres de catéchisme, mais aussi celui des péplums…

Le Graveau, à Saint-Jean-d'Angély, était une petite maison de un étage entourée d'un jardinet ouvrant sur une rangée de beaux peupliers, le long d'une rivière appelée la Boutonne. À gauche, une voie de chemin de fer surélevée (avec un petit tunnel en dessous), à droite, à 500 mètres, la piscine de Saint-Jean, où ma sœur allait régulièrement. C'est là que je passai en villégiature les cinq ou six premiers étés de ma vie. Images d'enfance :

le lit en métal, la peur du noir dans la chambre, la peur de l'eau à la piscine. Il y avait aussi les balades le long de la Boutonne avec mon oncle qui lisait son bréviaire et l'odeur fraîche du cours d'eau. Je me tenais à sa soutane et je marchais en levant les yeux pour voir onduler doucement, au gré de la brise, les peupliers plantés en rang d'oignons sur la rive, leurs feuilles scintillant sous les reflets du soleil… En Charente, lorsqu'un enfant naissait dans une famille possédant des terres, on plantait couramment des peupliers pour commémorer l'événement ; ils feraient ensuite partie de son héritage. J'ai toujours entendu cette histoire et je me plaisais à imaginer les générations de petits Charentais à l'origine de tous ces peupliers bordant les rivières.

J'étais choyé, j'avais droit à de bons moments de tendresse, d'amour : il fallait prendre soin du « retour de captivité » que j'étais. Du côté maternel, ma grand-mère, Eugénie Trochu, habitait Brizambourg, mais je ne conserve d'elle que de vagues souvenirs, puisqu'elle nous a quittés dans les années 1950. Quant à mon grand-père maternel, Paul, je ne l'ai connu qu'en photo : de belles moustaches, un homme fort, avec une ceinture de flanelle…

Mes aïeuls paternels portaient des prénoms tout aussi « d'époque » : Maurice et Bathilde. Cette dernière (née Demonçay à Saint-Jean-d'Angély en 1883) boitait légèrement à cause d'une malformation de la hanche ; elle passait sa vie à s'occuper de ses fils et de la maison et à préparer, notamment, des tartes aux pommes et des haricots blancs (les fameuses « mojettes piattes », en patois charentais) mitonnés avec un petit bouquet de thym qui faisait toute la différence. Élégante comme on pouvait l'être à l'époque, les cheveux tirés en chignon, toujours habillée en gris ou en noir, sauf les jours de messe ou de fête où elle portait un chemisier blanc qui lui donnait belle allure, elle avait un joli sourire, mais pouvait se montrer d'une sévérité à l'ancienne sur les chapitres de l'éducation et de la politesse.

Maurice, lui aussi sec et souriant, avait le cheveu poivre et sel, avec une raie à droite, au cran bien dessiné. Sa fine moustache lui donnait de faux airs de vicomte espagnol. Né en 1882 à Virollet, près de Saintes, il avait exercé successivement les professions de cocher et de préparateur en pharmacie : un parcours hors norme ! Mon grand-père me racontait la guerre de 14-18. Versé dans l'aviation, il s'occupait du chargement des mitrailleuses des appareils – des biplans, à l'époque – et des pilotes, dont il enduisait le visage de graisse pour protéger leur peau du froid.

Il avait épousé Bathilde le 24 novembre 1906. Grand-père Morin avait un dessert favori, le mille-feuille, et ne se servait qu'un verre de vin à table. Il faut dire qu'il s'agissait d'un verre épais, sans pied, façon pot de confiture…

En 1950-1951, mon oncle Robert devint curé des Touches-de-Périgny, bourgade située entre Saint-Jean-d'Angély et Cognac. Mes grands-parents migrèrent avec lui et s'installèrent au presbytère, une grande bâtisse de un étage et de quatre ou cinq chambres, pourvue d'un hangar. Deux terrains encadraient la maison. Au-dessus de la porte de la cuisine, des piliers soutenaient l'avancée du toit (un peu comme dans les maisons construites en bordure du Mississippi). Tout le monde entrait par cette porte.

Mon grand-père s'employa aussitôt à aménager son jardin potager, avec ses carrés de légumes tirés au cordeau, et à installer ses poules et ses lapins dans le grand hangar faisant face à la maison. Étape suivante : un atelier et un jardin très fleuri, entre un marronnier et un figuier dont les fruits, chauffés par le soleil, attiraient les abeilles, les guêpes, les frelons... et les enfants ! Derrière la maison s'étendait un champ, merveilleuse aire de jeux, au bord duquel se dressait un noyer ; on nous avait formellement interdit d'y chercher de l'ombre, car cet arbre avait mauvaise réputation depuis le Moyen Âge : faire la sieste sous un noyer rendait malade ! Il était appelé « le salon des dames aux sorcières »...

Ces vacances duraient trois mois, entrecoupés par une visite des parents et de ma sœur pendant quinze jours. Colette travaillait déjà : elle avait débuté comme modiste, puis vendeuse à l'antenne bordelaise des Grands Magasins du Louvre ; plus tard, nous l'avons vu, elle rejoindrait la maison André. C'était l'occasion de nous échapper un peu pour aller visiter des amis de mes parents.

« Robert vaut bien une messe »

Revenons aux Touches-de-Périgny. Mon oncle avait trois paroisses sous sa responsabilité : on manquait de prêtres à cause de la guerre et de la crise des vocations. Qui dit messe dit enfant de chœur… Au début des années 1950, on portait encore la soutane rouge (magnifique !) recouverte d'un surplis blanc, sauf pour les enterrements, pour lesquels la soutane était noire. Évidemment, il y avait d'autres enfants de chœur mais, en tant que neveu du curé, j'étais de toutes les cérémonies.

La poussière des routes, pas encore toutes recouvertes de bitume, virevoltait autour de la Simca 5 de Robert : c'était génial, j'avais chaque fois l'impression de partir pour une grande aventure, un long périple… alors que nous devions parcourir au maximum 8 ou 10 kilomètres. J'étais heureux, j'avais une mission à remplir : honorer le Seigneur, c'est-à-dire, pour moi, le Christ, en ivoire blanc sur sa croix d'ébène – car Dieu, son père, je ne le voyais pas… D'ailleurs, curieusement, il avait d'autres parents : Marie et Joseph ! J'honorais aussi Robert, mes grands-parents et mes parents quand ils étaient là.

Il y avait l'encensoir qu'il fallait légèrement balancer pour éviter que l'encens ne s'éteigne. J'accomplissais cette tâche avec tant d'enthousiasme et de vigueur que mon oncle devait régulièrement me rappeler à l'ordre. Une fois, au moment de descendre de l'autel avec le Livre saint – une merveille enluminée du XVIe siècle –, je me suis pris les pieds dans ma soutane, j'ai accroché au passage les clochettes du sanctus posées au pied de l'autel et, en fait de génuflexion, me suis étalé de tout mon long devant la paroisse au complet. C'était un dimanche, évidemment la chapelle était noire de monde, aussi noire que les sourcils froncés de ma grand-mère quand elle a vu le précieux volume glisser jusqu'au premier rang des fidèles… Autre honte mémorable : un jour, monsieur le curé m'a surpris en train de faire semblant de dire la messe avec distribution d'hosties aux copains ! J'ai eu droit à un sermon privé.

Pendant les cérémonies d'obsèques, mon oncle ne se gênait pas non plus pour sermonner les amis du défunt qui bavardaient au fond de l'église au lieu de suivre la liturgie en cours. Je les revois tous, découverts, avec leurs fronts blancs d'agriculteurs, d'habitude protégés du soleil par leurs éternelles casquettes, la mine rougeaude, n'attendant que le coup de gnôle d'après enterrement et d'avant gueuleton… J'aimais bien ces chapelles charentaises ; il régnait une atmosphère particulière – j'allais dire une « âme » – entre ces murs blanchis à la chaux.

Aujourd'hui encore, l'odeur d'un cierge, la sonorité d'une église ancienne me ramènent dans cette paroisse campagnarde et font revivre mon oncle Robert...

Un jour, en faisant le ménage avec la sacristine, Mlle Virginie, je découvris que l'un des murs sonnait creux sur une petite superficie. Mon imagination, nourrie d'histoires de pirates, s'enflamma aussitôt : un trésor ? Rien de tel, bien entendu, mais en perçant le plâtre et la brique, nous avons tout de même mis au jour un superbe réceptacle de style roman, entouré de deux colonnes, qui servait naguère de bénitier ou de fonts baptismaux. De chercheur de trésor, j'étais devenu archéologue ! Encore une profession en perspective.

Puis j'ai voulu devenir missionnaire, lorsqu'un copain de séminaire de mon oncle, de retour d'Afrique, est venu lui rendre visite. Sa soutane blanche me subjuguait : il ne manquait que le casque colonial pour couronner toutes les histoires qu'il racontait sur ces villages lointains. Il me semblait me glisser entre les pages de *Tintin au Congo* ou d'autres récits d'aventures que je découvrais, avec mon oncle et les autres élèves du catéchisme, dans la petite salle de jeux du presbytère. Projetées sur un écran, les diapositives qui les accompagnaient nous faisaient rêver. Ma décision de me vouer à l'évangélisation de la planète laissa assez vite la place à l'envie de devenir reporter, comme Tintin, et surtout à une vocation de pilote d'avion à réaction. La base aérienne de Cognac n'était pas loin, et *Paris Match* relayait les exploits du colonel Rozanoff, pilote d'essai chez Dassault sur Mystère IV, un avion qui n'était guère plus qu'un réacteur coiffé d'une cabine de pilotage, avec son trou béant à l'avant sous le cockpit. Jacqueline Auriol aussi me fascinait.

Le ciel de mes vacances était régulièrement traversé par les appareils de l'École de l'air. Un matin, l'un d'eux s'est écrasé en plein champ. Après l'enquête officielle, mes copains et moi avons pu récupérer de petits morceaux de l'épave. Ces débris représentaient de véritables trésors pour les fils de fermier, d'éleveur ou d'imprimeur que nous étions. C'était comme si nous possédions un peu de ces mythiques machines volantes.

J'allais souvent aux champs, pour regarder les chevaux tirer les charrues, pour grimper dans les carrioles à deux grosses roues dans lesquelles on chargeait le foin ou l'herbe, ou pour piquer des fruits dans les haies. Le monde rural de l'après-guerre se modelait sous mes yeux d'enfant. J'observais, sans bien comprendre ni analyser, sans savoir par exemple que les premières moissonneuses-batteuses McCormick étaient achetées en commun par une coopérative d'agriculteurs et servaient à chacun d'eux, à tour de rôle. Autre spectacle champêtre, celui du blé se couchant docilement devant la moissonneuse et ressortant derrière elle en bottes de paille bien liées, avec cette poussière de blé tiède qui flottait dans l'air surchauffé – il devait faire 37 ou 38 °C, mais en ce temps-là, on ne parlait pas de canicule !

Une fois le blé coupé, nous allions glaner, c'est-à-dire ramasser les épis restés sur le sol après la moisson. C'est un travail éreintant et quand Mlle Virginie, la sobre sacristine qui s'occupait un peu des élèves du catéchisme et de moi par la même occasion, nous lançait : « Demain, nous irons glaner ! », l'enthousiasme n'était pas au rendez-vous. Car les tiges de blé sectionnées par la batteuse sont coupantes et elles nous cisaillaient allègrement les chevilles. Il fallait donc regarder avec soin où nous posions nos espadrilles et tâcher de ne pas trop nous écorcher les mains en ramassant les précieux grains destinés aux poules de mon grand-père. Et cela sous un soleil de plomb, avec pour tout viatique une gourde d'eau très vite tiède, sous l'œil vigilant de Mlle Virginie, qui semblait toujours trouver notre récolte insuffisante : c'est qu'il s'agissait de faire plaisir au père de monsieur le curé !

Mlle Virginie était toute dévouée à mon oncle. Cette célibataire sans âge, toujours vêtue de noir, les cheveux tirés en chignon strict, habitait une maison sombre avec de beaux vieux meubles, de ceux qui, plus tard, intéresseraient fort les antiquaires.

Quand il faisait chaud comme ça, mon grand-père nous préparait un « mijo » pour le goûter : du lait froid, du sucre et des bouchées de pain. Nous dévorions notre quatre-heures dans la cuisine en écoutant de la musique, des chansons ou les informations qui s'échappaient du gros poste de TSF réglé sur Radio Luxembourg. La chanson préférée de mon grand-père était « La petite église », et il fallait observer un silence absolu quand s'élevait la voix de son interprète, Jean Lumière. Parfois, Maurice essuyait même une petite larme, ce qui éveillait en moi un profond respect.

Dans un autre registre, je me souviens aussi d'avoir entendu pour la première fois une chanson qui faisait alors scandale, « Le gorille » de Georges Brassens… Et c'était mon oncle, le curé, qui l'écoutait dans son bureau avec un copain de séminaire ! Robert témoignait encore une fois de son ouverture d'esprit.

Cette longue période de vacances défilait au rythme des jeux, des devoirs, de la correction de ces mêmes devoirs avec mon oncle, du catéchisme, des messes, des champs, des magnifiques orages d'été, du jardinage avec mon grand-père, de la cuisine de ma grand-mère, des poules à plumer ou des lapins à tuer – horrible, d'autant qu'après on les dépouillait à l'intention d'un colporteur qui passait dans le chemin en criant « Peaux de lapins ! ». Il y avait aussi les figues, la pêche au goujon dans la petite rivière (on n'en rapportait jamais assez pour faire une friture), les tartes aux pommes, le flan renversé de ma sœur Colette, les rires dans la maison, les soldats de plomb, les petites voitures Dinky Toys et l'autobus.

Les autobus me fascinaient : je jouais au conducteur, faisant « Pchufff » avec la bouche au moment où la porte de mon véhicule était censée s'ouvrir ou se refermer. Le grand champ derrière la maison était le théâtre de chevauchées fantastiques. J'étais soit Indien, soit cow-boy, mais toujours en tenue. Pour jouer aux Algonquins, je me munissais d'un tomahawk, terrible hache de guerre fabriquée par mes soins grâce aux indications d'un journal pour enfants. Un manche taillé avec l'aide de grand-père, un silex façonné à l'aide d'un marteau et, le fin du fin : la fixation du silex au manche avec une corde épaisse et humidifiée pour que, en séchant, elle se resserre et tienne la pierre en place. J'avais ensuite enterré mon arme pendant quelques jours pour qu'elle se patine. Quand je vous dis que j'avais le souci du détail !

« Oh, 'vous change d'climat ! »

Mes parents me rejoignaient pendant une quinzaine de jours, invariablement accueillis par un : « Vous avez ben fait d'venir, oh, 'vous change d'climat ! » d'un vieux paysan voisin, qui admirait mon père. Jean Morin jouissait d'une certaine notoriété en Charente auprès des lecteurs du journal régional en patois *Le Subiet* (*Le Sifflet* en français) du poète charentais Goulebenéze (1877-1952). Entre 1953 et 1954, il y tenait toutes les deux semaines une chronique intitulée « Thieu drôle de Morin » qui consistait à raconter des blagues de paysans dans la langue de la Saintonge. Des textes fidèles à l'humour qu'il pratiquait au quotidien avec tout le monde.

« Oh, 'vous change d'climat ! »... à 100 kilomètres de Bordeaux !

« Louison Bobet est en tête ! »

Le poste de radio nous permettait de participer à cette formidable aventure estivale qu'est le Tour de France. J'étais dingue vélo – je le suis toujours ; j'avais démonté les garde-boue du mien, celui que j'utilisais en Charente pour faire les quatre cents coups avec mes copains, afin de lui donner une allure plus « vélo de course ». Nous nous déplacions toujours à bicyclette, et c'était à qui roulerait le plus vite. Notre champion, très envié, était le fils Clemenceau. Quelles gamelles nous prenions sur les petites routes charentaises, dans l'espoir de battre nos records ! Par chance, il n'y avait pas de voitures à l'époque, juste des tracteurs, des charrettes à foin et des chevaux. Encore et toujours soucieux du détail, je m'étais procuré l'indispensable polo à manches courtes, le short noir et les chaussettes blanches qui me donnaient l'air d'un vrai coureur cycliste. Je m'étais même découpé un rectangle de tissu blanc en guise de dossard publicitaire (j'avais choisi de courir sous les couleurs d'Helyett, comme Jacques Anquetil !). Toujours ce désir de coller à la réalité… Il fallait copier les « vrais ». Pendant toute la durée du Tour, entre la radio, *Miroir-Sprint* ou le *Miroir des Sports*, qui rendaient compte des étapes en photo, nous baignions dans l'aventure et dans le rêve. La radio, c'était soit le poste national Paris Inter, soit Radio Luxembourg, en direct au moment du déjeuner et pour le compte rendu du soir. Et puis, il y avait *Paris Match*, toujours ou déjà…

En 1952, tandis qu'Alain Bombard traverse l'Atlantique en canot pneumatique (je n'imaginais pas alors le rencontrer un jour dans une émission à côté de Pierre Bellemare !), c'est Fausto Coppi, qui gagne le Tour. Et j'écoute avec passion tous ces noms qui vont résonner, fasciner, captiver : Louison Bobet, bien sûr, Roger Hassenforder, si drôle – quand il avait de l'avance, il lui arrivait de faire une pause à la terrasse d'un café avant de repartir ! –, Jean Robic, qui ne quittait jamais son casque fait de boudins de cuir (il fut le premier à adopter cette protection). Sans oublier Yvette Horner, qui ne courait pas, mais qui, juchée sur le toit d'une voiture spécialement aménagée, jouait de l'accordéon pendant l'étape ! Il fallait aussi compter avec les dépliants publicitaires, les chapeaux en papier, le docteur Dumas, médecin du Tour, André Darrigade, qui remportait toujours le sprint de Bordeaux, Walkowiak, Charly Gaul et évidemment la « bombe » Jacques Anquetil et son second et ami Raymond Poulidor… Il y avait un « aigle de Tolède » appelé Federico Bahamontes, le nouveau commentateur Robert Chapatte, lui-même brillant cycliste, et son confrère Georges Briquet. Les voitures suiveuses, chargées de vélos de secours, étaient le plus souvent des Peugeot 203, des 4 CV Renault et des Jeep.

J'achetais mes journaux consacrés au Tour au bout du village, dans son unique boutique, à la fois épicerie, droguerie, bureau de tabac et maison de la presse (lorsque j'allais faire quelques courses, mon grand-père prononçait toujours sa fameuse phrase : « Va vite et viens vite et t'amuse pas là-bas ! »). On y trouvait aussi bien du dentifrice que des tabliers pour enfants, des bleus de travail – les jeans n'étaient pas encore arrivés dans la campagne charentaise –, des légumes (réellement bio, en ce temps-là !), et on pouvait commander ce qu'on n'y trouvait pas, y compris des bonbonnes de gaz. Pour compléter son offre déjà impressionnante, ce magasin disposait à l'extérieur d'un banc et d'une pompe à essence manuelle, flanquée d'un petit stand garni de bidons d'huile dressé contre le mur. Sur le chemin du retour, il m'arrivait de m'arrêter chez le coiffeur. Pour rehausser l'un de ses deux beaux fauteuils à l'ancienne, il disposait une planchette spécialement conçue, pourvue d'accoudoirs, et je m'installais « comme un grand ». Quelques coups de ciseaux, la tondeuse et, pour finir, une super friction à l'eau de Cologne. Le salon bruissait toujours de conversations, avec l'accent charentais, qui n'intéressaient guère le gamin que j'étais… sauf quand il s'agissait du Tour de France ! Puis je rentrais chez mes grands-parents, seul ou accompagné de mon père ou de ma sœur. Je me souviens que Colette avait provoqué un mini-scandale en arborant un pantalon corsaire coupé sous le genou et légèrement fendu sur le côté, très « mode 1955 ». Elle était la nièce du curé, quand même !

Nos pas nous menaient devant la place du village, bordée de marronniers ombrageant l'école et la mairie. C'était là que, vers le 15 août, se préparait la « frairie », comme on appelle cette fête en Charente : on installait des manèges, le grand plancher de bois destiné à accueillir le bal et son orchestre, quelques stands de jeux, de tir, etc. Depuis le champ derrière la maison, on percevait la musique des manèges. Un jour – je devais avoir 7 ou 8 ans –, j'entendis, lors des essais de haut-parleurs, « Les oignons » de Sidney Bechet… J'ignorais que des années plus tard, je rencontrerais le jeune clarinettiste qui accompagnait Bechet, Claude Luter.

« Encore un peu de pain, monsieur le curé ? »

Sur la quinzaine de jours que mes parents passaient en Charente, une bonne semaine était consacrée à rendre visite à Paul et Germaine Geffard, à Fontaine-Chalendray, à une dizaine de kilomètres des Touches. C'est chez ces vieux amis de mes parents que je fis mes premiers pas, à l'âge vénérable de 17 mois ! Je m'étonne de l'absence de plaque commémorative à cet endroit…

Tonton Paul, ancien joueur de water-polo, pesait 100 kilos. Il était boulanger. J'avais tous les matins au petit déjeuner mon petit pain « spécial Cricri », et parfois même j'assistais à sa fabrication ! Paul travaillait à l'ancienne : il allumait des fagots de bois dans un four en brique, attendait que le feu chauffe les parois, retirait les cendres avec une raclette, puis mettait à cuire les langues de pâte. Sur une grosse toile, il avait auparavant façonné la forme allongée de ses pains avant d'entailler leur surface à l'aide d'une lame. La veille, bien sûr, la pâte au levain avait été préparée dans le pétrin entraîné par la courroie d'un petit moteur… Le fournil était pour moi un lieu magique à l'odeur envoûtante. Ce parfum chaud et réconfortant du pain cuit au feu de bois, je ne l'ai jamais oublié.

À l'étage étaient les chambres à coucher. En Charente, les lits étaient souvent hauts – encore plus à mes yeux d'enfant. J'avais l'impression de monter dans un bateau qui berçait doucement mes rêves. Les arômes de farine, de bois et de pain chaud envahissaient toute la maison. Je me roulais littéralement dedans. Le matin, la boulangerie respirait la bonne humeur. Souvent, mon père s'installait dans un coin pour dessiner, pendant que maman aidait au comptoir. Vers 11 heures, nous partions avec Paul dans sa fourgonnette Juvaquatre pour faire les livraisons.

Au retour, nous croisions fréquemment le curé de Fontaine-Chalendray, autre copain de séminaire de mon oncle Robert, qui rentrait à vélo d'une visite à l'une de ses ouailles. Paul, qui professait un anticléricalisme très IIIe République, ne manquait jamais de lui signaler que nous revenions pour notre part de livrer le corps du Christ : le pain ! Il adorait « blaguer le curé », comme il disait, mais il le faisait sans méchanceté aucune, juste pour rire. Un de ses jeux favoris consistait à essayer de coincer le vélo du curé entre le mur et la voiture, pour mieux lui expliquer que sa monture était vraiment trop large. Et après, il l'invitait à prendre l'apéro. Je crois même me souvenir qu'il lui offrait son pain.

Le curé ne manquait pas d'humour. Il nous l'a prouvé un 15 août. La fête se préparait dans le village, les enfants surexcités galopaient en tous sens, le maréchal-ferrant réduisait sa cadence, le pain cuisait, les gâteaux (ah ! la galette charentaise sucrée-salée de tonton Paul, que l'on trempait dans le café au lait !) partaient comme des petits pains, si j'ose dire ! La fête durait trois jours et surtout, outre les manèges et les festivités d'usage, dont le grand bal avec orchestre, elle comportait mon Tour de France à moi : la course cycliste amateur du 15 août, qui décrivait une boucle, faisant des passages répétés le long de la place où tout le village était rassemblé. L'abbé avait réussi à monter dans la voiture publicitaire équipée d'un haut-parleur ; nous, nous suivions dans la Juvaquatre. Dès que notre cortège passait devant la foule, on entendait la voix du curé déclamer, façon slogan publicitaire : « Pour garder la ligne, faites un bon régime comme Paul Geffard, 110 kilos : mangez des biscottes Luc ! » Non seulement il vantait des biscottes devant un boulanger, mais il raillait son embonpoint ! Tonton Paul se penchait par sa vitre ouverte pour le couvrir de noms d'oiseaux. Les spectateurs riaient de bon cœur, Paul, mon père et moi aussi, et les coureurs tiraient la langue. On avait vraiment l'impression d'assister à une version charentaise de Don Camillo et Peppone.

Paul bouffait peut-être du curé, mais avant de couper le pain, on dessinait toujours un signe de croix dessus. C'est aussi chez lui que j'ai appris pourquoi il ne fallait jamais poser le pain à l'envers : au Moyen Âge, les boulangers disposaient ainsi les pains destinés aux bourreaux.

À la fin du séjour, mon oncle nous rejoignait pour déjeuner, puis nous repartions vers Les Touches-de-Périgny, avant que mes parents regagnent Bordeaux. Je restais avec mes grands-parents jusqu'à la fin du mois d'août. Lorsque les hirondelles commençaient à se rassembler sur les fils du téléphone, je savais que l'heure du retour et de la rentrée scolaire approchait.

En grandissant, je suis venu moins souvent aux Touches-de-Périgny. Fontaine-Chalendray a perdu son boulanger. Curieusement, quand il a senti sa fin arriver, il n'a réclamé qu'une seule visite : celle du curé... Respecter les hommes avant leurs idées... C'est ce que, bien plus tard, Jacques Chaban-Delmas devait me recommander.

En 1958, ce fut au tour de Bathilde de nous quitter. Pour la première fois, j'ai vu la mort de près. J'ai embrassé ma grand-mère une dernière fois, et la froideur de son front m'a troublé... Peu après, mon oncle a été nommé curé de Forges-d'Aunis, près de La Rochelle. Mon grand-père l'a suivi dans son nouveau presbytère, refermant ainsi le chapitre charentais de mes vacances enfantines. J'aime encore y flâner en pensée.

« C'est très gentil, mais cela ne se fait pas... »

Une confidence : j'ai redoublé ma sixième. C'est pendant cette année de « consolidation de mes acquis » que je fis ma communion, le 20 juin 1957, à l'église Saint-Seurin. On me demanda de lire un texte pendant la cérémonie, car, disait monsieur le curé, « il a une belle voix, le petit Morin ».

J'ai donc retrouvé notre professeur, M. Touzerie. Mais entre-temps, des bribes de conversations paternelles, saisies au vol, avaient modifié ma perception du personnage, éclairant notamment d'un jour nouveau son caractère austère et peu enclin à la rigolade. Je savais désormais qu'il avait perdu son frère, tué en Algérie l'année précédente. Le corps avait été retrouvé atrocement mutilé. Ce drame avait bouleversé cet homme très pieux au point qu'il avait demandé à l'archevêché s'il pouvait continuer à prier à l'église avec autant de haine dans le cœur… Nous le voyions tous si malheureux que nous aurions voulu faire quelque chose pour lui redonner le sourire. Mais quoi ?

M. Touzerie circulait hiver comme été sur une vieille bicyclette et, comme je savais par mon père qu'il était assez démuni, j'eus l'idée de faire une collecte pour lui offrir un vélomoteur. Proposition adoptée à l'unanimité. Un vélomoteur ne coûtait pas trop cher, à l'époque. Bref, nous nous sommes bien débrouillés et nous avons réuni la somme nécessaire à l'achat du dernier modèle Peugeot.

En tant qu'instigateur du projet, j'ai également orchestré la remise de notre cadeau. Comme notre classe se situait au rez-de-chaussée, j'ai décidé de le livrer « à domicile ». Il a fallu d'abord écarter les tables de manière à ménager une allée centrale un peu plus large. Ensuite, je me suis caché pendant que les autres entraient en classe. Je savais qu'en me présentant légèrement en retard, la sanction tomberait immédiatement, ce qui n'a pas manqué :

— Morin, venez à mon bureau prendre un billet de colle !

J'ai alors prétexté avoir oublié quelque chose pour ressortir chercher le vélomoteur, que j'ai poussé solennellement jusqu'au pied de l'estrade. Ne comprenant rien à ce qui se passait, M. Touzerie a commencé à s'énerver.

Alors, toute la classe s'est levée et j'ai expliqué, un peu ému :

— On a eu envie de vous faire un cadeau... Alors, voilà votre cadeau.

— Mais... je ne peux pas accepter... Voyons, c'est très gentil, mais cela ne se fait pas... Je ne peux pas, non, je ne peux pas, bredouillait-il.

— On en a parlé à nos parents. Ils trouvent que c'est très bien.

M. Touzerie était au bord des larmes. Il est allé voir le directeur pour lui parler de son début de matinée peu banal et lui demander ce qu'il devait faire. M. Duthreuil a répondu qu'il devait accepter ce cadeau si touchant. Lorsqu'il a regagné la classe, M. Touzerie nous a remerciés de manière très émouvante (inutile de dire que mes heures de colle étaient oubliées). Puis, j'ai installé le vélomoteur dans le garage à vélos qui jouxtait notre salle de classe, et le cours a enfin pu commencer, avec des élèves fiers du devoir accompli.

Pendant la récréation, notre professeur a retrouvé le sourire en montrant sa nouvelle monture à ses collègues.

« J'aime pas le foot »

Papa, grand sportif dans sa jeunesse, entendait que son fils suive ses traces. Or, je n'étais pas doué pour les sports collectifs. L'équipe de football de Saint-Seurin se faisait régulièrement mettre la pâtée par celle de Grand-Lebrun, l'autre école libre, à laquelle elle était régulièrement opposée et où, pour la petite histoire, mon ami le spationaute Patrick Baudry a fait ses humanités. Il faut dire que, contrairement à nous, ceux de Grand-Lebrun étaient pensionnaires et disposaient d'un parc et d'un terrain pour s'entraîner. Nous nous contentions d'une salle de classe. Notre entraîneur, surnommé « Cheeta » (peut-être en référence au maître que nous avions en septième, Tarzan – celui que j'avais un jour constellé d'encre violette !), nous enseignait la stratégie du jeu sur un tableau noir ! Autant dire que nous avions peu de chances de progresser. Nous étions tellement nuls que, lorsque mon père a découvert le score d'un de nos premiers matchs, il m'a demandé si j'étais bien sûr que nous ne jouions pas au rugby ! Nous avions perdu 11 à 0, dont quatre buts que j'avais marqués contre mon camp, car j'avais oublié que les équipes changeaient de côté à la mi-temps… Est-il besoin de préciser que j'ai fait long feu dans le football ?

À l'avenir, je m'en tiendrais au vélo et à la natation, en passant par un peu de lutte gréco-romaine. Mais oui !

« Vive la Belgique ! »

En 1958, papa nous a tous emmenés rendre visite à sa marraine de guerre, Bernadette Ocket, qui habitait Gand. En chemin, nous avons fait un détour par Carvin, dans le Nord, l'endroit où le caporal Morin s'était distingué avant d'être fait prisonnier. La fameuse ferme, que ses compagnons et lui avaient défendue douze heures durant, existait encore, et la fermière, qui était enfant lors de cette bataille, avait conservé sur un hangar de grands panneaux de tôle criblés de balles. Là, Jean ne plaisantait plus. Blême, il s'efforçait de garder sa contenance dans cet endroit chargé de tant de souvenirs douloureux… Il m'a fait penser à Lino Ventura dans *Un taxi pour Tobrouk*. À la fin du film, il est conspué par un quidam parce qu'il a oublié de retirer sa casquette lors du défilé militaire du 14 Juillet ; avec ce même visage qu'affichait mon père à Carvin, Lino se contente de se décoiffer lentement, figé, sans un mot. En pensant à ses copains. Comme mon père en cet instant… Nous avons donc fait la connaissance de Bernadette Ocket et de son fils adoptif, un enfant juif qu'elle avait recueilli et caché pendant la guerre, puis adopté, ses parents n'étant pas revenus de déportation. Il devait avoir cinq ou six ans de plus que moi et, coïncidence, jouait lui aussi de la clarinette, bien mieux que le débutant que j'étais. C'est lorsqu'il m'a proposé de l'accompagner à une répétition de son orchestre d'étudiants que j'ai bu ma première bière et pris ma première cuite. J'avais 13 ans. Vive la Belgique !

« Cigarettes, bonbons et p'tites pépées... »

Paris Match, que mon père jetait négligemment sur le canapé en rentrant (après avoir vérifié que toutes les photos, à l'époque en noir et blanc, étaient visibles pour mes yeux d'enfant), représentait, avec la radio, ma fenêtre ouverte sur le vaste monde. Mais il y avait aussi le cinéma. Le rêve débutait bien avant l'entrée dans la salle, sur le chemin de l'école ou lors de balades en ville le jeudi, avec les affiches, souvent encore peintes ou en montage de dessins et de photos, qui annonçaient les nouveaux films du moment. Péplums, westerns, films de cape et d'épée, les *Don Camillo* : tout était bon pour s'évader le dimanche.

En septembre 1958, j'ai quitté l'école Saint-Seurin, où je venais de redoubler ma sixième. Mon père a préféré me réinscrire dans le secteur public, après trois années de scolarité dans le privé. Me voilà donc en cinquième au collège Anatole-France. J'y retrouve près de la moitié de mes anciens copains de primaire, abandonnés depuis 1955, à part quelques-uns que j'avais continué à fréquenter pendant mes années d'« exil » dans l'enseignement religieux. Parmi eux, Alain, un futur apprenti boulanger. Sa mère, très jolie femme, dont il avait d'ailleurs hérité des yeux magnifiques (il faisait penser à Delon dans *Plein Soleil*), était caissière au cinéma Royal, rue Georges-Bonnac. Grâce à elle, nous bénéficiions assez souvent de places exonérées, bien pratiques pour nos jeunes cœurs. C'était l'heure des premiers flirts, du bras que l'on glisse timidement autour des douces épaules de sa voisine dès que le noir se fait dans la salle… Et si on loupait quelques images, voire le fil de l'intrigue, ce n'était pas bien grave, puisque, grâce à la maman d'Alain, nous pouvions rester pour la seconde séance ! Quatre heures de cinoche le dimanche, dont plus ou moins une heure de flirt : il n'en faut pas plus pour devenir cinéphile à l'âge de 13 ans.

De Walt Disney à *Ramuntcho* avec Mijanou Bardot, la sœur de Brigitte, en passant par diverses « pirateries » et westerns, nous voyions tout. La publicité, qui précédait la projection, faisait à nos yeux partie intégrante du spectacle. Aux réclames nationales de Jean Mineur Publicité (Balzac 00.01) succédaient quelques publicités locales plus artisanales, collées sur un rideau devant l'écran. Ensuite venaient les actualités Pathé, avec le coq et son générique si reconnaissables. D'ailleurs, j'y étais moi-même passé en 1954, lorsque Pierre Mendès France, alors président du Conseil, avait souhaité que tous les écoliers de France boivent du lait à l'école : le hasard avait voulu que les caméras viennent filmer notre cantine. C'était un journal télévisé avant l'heure. Ensuite, le film pouvait commencer !

Tu seras un homme, mon fils, de George Sidney, a marqué un tournant dans ma cinéphilie, puisque, en le voyant au cinéma Olympia, cours Georges-Clemenceau, je suis tombé amoureux de Kim Novak... et me suis mis à haïr férocement mon « rival », Tyrone Power. L'affiche les représentait s'embrassant devant un piano, sous le titre original *The Eddy Duchin Story*... Cent vingt-trois minutes de bonheur en Technicolor, produites par Columbia. Kim et moi devions nous revoir plusieurs fois, dans *L'Homme au bras d'or* d'Otto Preminger, avec Frank Sinatra, *La Blonde ou la Rousse* de George Sidney, où elle partageait l'affiche avec Rita Hayworth et Sinatra – Kim tenait évidemment le rôle de la « blonde » –, puis nous nous sommes quittés en 1958 après *Sueurs froides*, d'Alfred Hitchcock, avec James Stewart. Mais je n'ai pas perdu au change, puisque j'allais rencontrer Marilyn Monroe dans *Certains l'aiment chaud*, de Billy Wilder ! Mon cœur battait également pour les brunes Gina Lollobrigida, Sophia Loren, Caterina Valente, Audrey Hepburn, Françoise Arnoul.

Si le cinéma Royal présentait d'incontestables avantages pratiques, nous n'en boudions pas pour autant les autres salles : le Femina, le Rio et le Capitole, où, bien plus tard, j'irais écouter Lionel Hampton et Erroll Garner.

Cette immersion dans le cinéma, ajoutée aux pièces de théâtre, aux opérettes et aux revues de l'Alhambra auxquelles j'assistais avec mes parents, ne tardèrent pas à faire naître en moi l'envie de passer de l'autre côté, d'être sur scène plutôt que dans la salle…

« Et toi, tu n'as pas le trac ? »

Mon retour dans le giron de l'enseignement public s'est traduit par l'abandon de l'anglais, langue avec laquelle je ne me sentais décidément guère d'affinités, au profit de l'espagnol, qui me séduisit d'emblée ; jusqu'à aujourd'hui, je suis épris de culture hispanique. Notre professeur d'espagnol, M. Lemoine, était un gros fumeur de cigarettes maïs, même pendant les cours. Nous, nous préférions les cigarettes américaines ou les mythiques P4, mais nous ne les grillions que dehors ! Pour nous expliquer la prononciation de la langue ibère, et notamment celle de la *jota*, M. Lemoine prenait l'exemple d'une grande marque de voitures : Peugeot devenait ainsi « Péouréotte ».

Ses cours étaient doublés de séances d'étude de textes espagnols avec Abril de Coó, un étudiant sévillan. Celui-ci était bel homme : physique à la Belmondo et dégaine à la James Dean. Il plaisait beaucoup à certains éléments féminins du corps enseignant… Pour nous faire travailler sa langue maternelle, notre lecteur eut l'idée de monter une pièce de théâtre, *La Zapatera prodigiosa* (*La Savetière prodigieuse*), de Federico García Lorca, qui avait fait scandale en Espagne car elle racontait les épousailles d'un cordonnier quinquagénaire avec une jeune femme de 20 ans. Ma première pièce de théâtre… et aussi ma première affiche, car mes dons pour le dessin me valurent d'être chargé de la créer, ainsi que les décors du spectacle.

Le goût du dessin m'était venu à la suite de mon appendicectomie. Une opération à chaud après un trajet dans une ambulance peu conventionnelle. Les premières douleurs, si j'ose dire, m'avaient saisi alors que je me trouvais avec mes parents à Lacanau, chez le propriétaire de la camionnette à gazogène dont j'avais desserré les freins. Je fus transporté à la clinique Bel-Air de Caudéran, banlieue assez chic de Bordeaux, allongé à l'arrière de son camion de légumes estampillé « L'Aquitaine ». Ma convalescence a mal commencé : le surlendemain de l'opération, une infirmière bigleuse me réveilla en pleine nuit pour me faire avaler une cuillerée d'huile de foie de morue et un quartier de clémentine destiné à faire passer la purge ! Pas vraiment indiqué dans mon cas. Heureusement, il n'y aura pas eu de dégâts. Pour m'occuper pendant que je me remettais de toutes ces émotions, je me suis mis à reproduire les héros de mes bandes dessinées favorites, de Tintin et Milou à Gaston Lagaffe, né deux ans plus tôt sous les crayons du génial André

Franquin, à mes yeux l'un des meilleurs dessinateurs de BD. On ne parlait pas encore d'infections nosocomiales mais, à la clinique de Caudéran, j'ai contracté le virus du dessin…

Quant à *La Savetière prodigieuse*, elle n'a été jouée que pour une unique représentation, un dimanche après-midi, dans la salle des fêtes de la Bourse du travail de Bordeaux, devant trente-cinq personnes. J'étais un courtisan qui devait recevoir une claque au premier acte, et ma partenaire, Annie Constantin, qui était censée me l'administrer, rata son coup. En effet, pour tenter d'évacuer le trac qui la tétanisait, elle triturait un mouchoir dans la main avec laquelle elle devait me frapper : en fait de gifle, ce fut donc un vrai coup de poing que je reçus et qui faillit me mettre K.-O. Malgré tout, l'envie de monter sur scène était là, et je ne doutais pas une seconde d'y parvenir un jour.

« Surtout pas mineur de fond »

Mon père, lui, plus préoccupé par ma scolarité chaotique – j'avais tout de même successivement redoublé ma sixième et ma cinquième –, décida de me faire passer un test psychotechnique pour faciliter mon orientation professionnelle. Me voilà donc en mars 1959 à la Caisse régionale de Sécurité sociale de Bordeaux, confié aux soins de M. Chammings chargé de déterminer, à l'issue de trois jours de tests divers et variés, vers quelle carrière je devais m'orienter.

Mon père ne m'a jamais communiqué les résultats de ces tests. Des conclusions de ces trois journées, je n'ai su que quelques bribes que j'avais surprises çà et là au gré des conversations entre mes parents ou avec des proches. Le compte rendu entier, je l'ai découvert moi-même, trois ans après le décès de mon père, en rangeant des papiers, alors que je venais de commencer à travailler à la radio. En voici quelques morceaux choisis.

Au chapitre « Goûts et intérêts professionnels », on apprend que je n'ai nulle envie de devenir mineur de fond : héroïque, mais dangereux ! En revanche, « Christian accueillerait pour lui le métier de comédien ("J'aime rire, j'ai un goût pour cela et puis surtout ça me plaît"). » Plus révélateur encore : « Invité à choisir parmi trois cent dix titres d'ouvrages professionnels les dix livres qu'il aimerait lire, Christian note : *Comment faire sa propre publicité*, *Le Dessin pour tous*, *Le Manuel du peintre*, *Histoire illustrée de la musique*, *Les Acteurs*, *Le Théâtre moderne*, *L'Art théâtral*, *Qu'est-ce que la photographie ?* (soit huit choix artistiques), *Le Journalisme*, *Comment réussir quand on sollicite un emploi.* » Enfin, « les goûts sont étonnamment nets pour les arts de toutes sortes (trente-neuf fois sur quarante, score que nous n'avions encore jamais rencontré) ».

En conclusion (que je vous livre en intégralité cette fois) :

> En bref, et jusqu'à preuve du contraire, une orientation vers les arts essentiellement, dans quelque domaine que ce soit, semble s'imposer. Ce qui mobilise actuellement Christian pourrait être le théâtre… mais il n'a jamais encore eu l'occasion d'en faire ; nous lui conseillons de ne manquer aucune occasion d'éprouver ses tendances en ce sens. S'il devait se révéler qu'il n'a pas de chance particulière de réussir comme comédien, d'ores et déjà semble l'attendre un emploi de dessinateur du bâtiment chez un architecte.

Enfin, l'examen psychologique révèle notamment que je suis « très sensible au beau », que j'ai un « besoin à la fois d'encadrement et d'initiatives » et que j'ai « horreur de la contrainte ». On dirait presque de la voyance… psychotechnique.

« Pas une minute de libre »

Plutôt que de voyance, on peut parler de prévoyance, car la lecture de ce compte rendu m'a révélé quelques années plus tard comment mon père avait fort subtilement tiré les ficelles, afin de préparer au mieux mon avenir et de m'aider à développer mes points forts.

En plus du collège, j'ai ainsi commencé à suivre des cours du soir aux Beaux-Arts, du lundi au jeudi de 18 à 20 heures (dessin, fusain et croquis), mais aussi des cours de physique, de sciences et de chimie, les mardis et jeudis de 20 h 30 à 22 heures à la Philomathique de Bordeaux. À cela s'ajoutait un cours d'espagnol amélioré le jeudi après-midi (à l'époque mon jour de repos) animé par une charmante étudiante brune : le programme était consistant. Chose surprenante, j'ai adoré être pris en main de la sorte, découvrant à cette occasion que dans mes domaines de prédilection, je ne me sentais pas du tout surchargé de travail ; au contraire, j'étais ravi !

N'oublions pas le sport. Dans sa jeunesse, mon père avait pratiqué la gymnastique, la boxe anglaise et française, puis le rugby à 13. Un esprit sain dans un corps sain… Puisque j'avais démontré ma nullité aux jeux de ballon, me voilà inscrit en 1958 au CAM (Centre athlétique municipal), où je dois pratiquer la lutte gréco-romaine, idéale, paraît-il, pour former le corps pendant la croissance. Plus tard, vers 1960, s'y ajouteront des cours de gymnastique en salle, chez Daryol, rue de Cursol, non loin de l'imprimerie. Pour être formé, j'étais formé !

Mes semaines sont bien remplies et mon emploi du temps est tiré au cordeau. Ce qui ne m'empêche pas de voir mes copains et de passer de bons moments avec eux. Aux Beaux-Arts, j'en rencontre d'autres, plus âgés. Et il me reste toujours le dimanche, et un peu du samedi, pour profiter de plages de liberté… C'est le temps des premières surprises-parties. Le samedi et le dimanche, nous nous retrouvons entre copains au café Le Régent, notre QG, place Gambetta, pour décider du programme du soir ou de l'après-midi.

« C'est 1 500 francs… »

À propos de programme, parlons de ma « première fois ». « Je me souviens très bien de la première fois où j'ai fait l'amour. En plus, j'ai gardé la facture », témoignait Groucho Marx. Mes papiers ne sont pas aussi bien rangés, mais je peux vous en parler précisément. Un dimanche de 1959, mes parents partent passer la journée à Bruges, dans la banlieue bordelaise, chez mon parrain. La voie est libre : je peux mettre à exécution mon projet de passer un moment tendre et joyeux avec Josiane, une jolie brunette et une « véritable femme » à mes yeux d'adolescent. Elle doit bien avoir 22 ans ! J'ai économisé en prévision un pécule de 1 500 francs (soit l'équivalent d'à peine 30 euros actuels !). Seule difficulté : l'hôtel « eau courante, tout confort » se trouve à 30 mètres de la maison. Je devrai donc faire preuve de discrétion… Josiane se montre très douce, et sa gentillesse m'inspirera un respect indéfectible pour les « fleurs du trottoir ». Grâce à elle, je garde un souvenir enchanteur de ma première fois. La fin de la journée est bizarre : il s'est passé quelque chose d'important, je viens de vivre des instants marquants, je suis devenu « un homme »… Cela restera quelque temps mon secret, avant d'être emporté par le vent.

Le lendemain, en allant au collège, je croise ma tendre amie. Petit sourire, battements de cœur, forcément. Notre intimité de la veille n'appartient qu'à nous, qu'à moi. Je retrouverai Josiane quelquefois, puis un jour, elle partira, elle aussi emportée par le vent. Ça me fera quelque chose. Comme un abandon.

« Zéro. Tu feras toujours rire tes camarades ! »

Entre ma cinquième et ma quatrième, avant d'attaquer la fameuse année du brevet, des clés ont joué… Plus jeune, M. Raymond Paquet, un de mes professeurs, également comédien, metteur en scène et futur directeur de la Compagnie d'art dramatique d'Aquitaine, m'avait fasciné par sa manière de dire les textes, de nous les faire apprendre et d'en jouer certains. Avec des mentors de cette qualité, on ne lisait pas, on ne parlait pas, on ne récitait pas de la même façon. On n'ânonnait pas ! Mon oreille appréciait déjà les gens qui parlaient bien, et je m'en inspirais. C'est peut-être pour cela qu'on m'avait fait lire un texte au micro, à l'église, lors de ma communion. En quatrième, un nouveau professeur de français, Claude Lasserre, lui aussi comédien, m'a fait progresser sans le savoir, car il donnait également des cours de dessin – sa peinture était bien connue des Bordelais –, si bien qu'il cumulait les deux matières qui me passionnaient et pour lesquelles je me sentais le plus de dispositions. Grâce à lui, nos classiques se transformaient en représentations théâtrales, avec mouvements indiqués, mise en scène et bonne humeur. Forcément, le reste des cours paraissait un peu terne, par contraste. C'est avec ce même Claude Lasserre que la classe au complet fit un aller-retour Bordeaux-Toulouse à bord d'un Caravelle. C'était un avion tout récent alors, avec ses impressionnants réacteurs collés à l'arrière du fuselage de la cabine. Je me rappelle que, tandis que nous attendions d'embarquer, il nous avait montré le petit chariot à bagages que son conducteur faisait rouler entre les avions, nous disant : « Pauvre type, ça fait huit jours qu'il roule et il n'arrive toujours pas à décoller ! » Un humour qui aurait plu à mon père ! Là, j'ai compris qu'on pouvait nouer de vrais rapports humains avec nos profs, ne plus les considérer simplement comme des figures d'autorité, mais plutôt comme des passeurs chargés de nous transmettre leur savoir. À nous d'en tirer profit. Tous n'étaient pas aussi disponibles que M. Lasserre, bien entendu, mais dans l'ensemble, ces hommes et ces femmes éveillaient en nous un certain respect, ce qui ne nous empêchait pas de nous moquer gentiment d'eux.

Moi qui, à l'adolescence, ai eu la chance de découvrir le dessin, le texte, le théâtre, la musique et les arts en général, je regrette qu'aujourd'hui la volonté manque de développer la fibre artistique chez les jeunes. C'est dommage.

Ma seconde cinquième se termine en beauté : premier sur vingt-sept élèves, tableau d'honneur, mention très bien en dessin, bonne conduite et passage en quatrième haut la main.

En quatrième, on me qualifie de « bavard » et de « rêveur », alors qu'en troisième il m'est reproché un excès de fantaisie en français. En histoire, mon bulletin indique : « La première impression produite par vous est généralement bonne, mais elle s'effrite au fil du temps ! » Je progresse en espagnol, mais mes notes de mathématiques dégringolent, sauf en géométrie, sans doute parce que cela ressemble un peu au dessin. En revanche, en algèbre, je demeurerai toujours désespérément nul ! Mon professeur avait une drôle de tête : un hydrocéphale doté d'une fine moustache. En début de cours, il avait l'habitude de retirer sa montre et de manœuvrer le remontoir à l'envers, puis il m'arrachait à ma rêverie d'un :

— Morin, au tableau !

Et il me dictait une équation, tout en déambulant entre nos tables.

— Bien, nous t'écoutons…

Pour gagner du temps, je m'appliquais à calligraphier les chiffres, les lettres, les parenthèses de l'énoncé. Je jetais des regards désespérés vers le premier rang. Bougnon, le meilleur de la classe, essayait de me souffler la réponse dès que le prof tournait la tête, mais ce dernier le surveillait. J'étais au supplice… Enfin l'exercice se terminait, à mon plus grand soulagement, mais toujours de la même façon :

— À ta place. Zéro. Tu feras toujours rire tes camarades !

Pendant toute mon année de quatrième, je n'ai eu qu'une seule bonne note en algèbre, un 18/20, et elle m'a valu une convocation : le prof n'a jamais voulu croire que je n'avais pas triché. Et je n'avais pas triché ! C'était juste un petit miracle, que je ne m'explique pas moi-même.

Résultat, malgré tous mes efforts, M. Filho, le directeur du collège, indique en rouge sur mon bulletin du troisième trimestre 1962 : « Admis en seconde s'il réussit au BEPC. »

Je ne réussirai pas cet examen : le BEPC est maudit, avec son nom qui ressemble à celui d'un vaccin ! Reçu onzième sur la liste complémentaire, je dois repasser deux ou trois matières en septembre. Mais pour l'heure, je rêve surtout d'une veste en cuir marron, couleur tabac, « comme Dutronc ». Mon père me donne le feu vert pour l'acheter… à condition que je règle la note moi-même.

Ah bon ? « Pas de problème, m'annonce-t-il. Je t'ai trouvé du boulot en juillet et en septembre à la librairie Joseph Gibert, place Pey-Berland. Et puisque tu ne vas pas en seconde, on va passer le concours d'entrée des Beaux-Arts. » La suggestion est ferme, mais, une fois de plus, mon père a raison. Musicien, comédien, dessinateur… sans brevet.

En octobre 1962, je suis admis aux Beaux-Arts de Bordeaux. J'ai 17 ans.

2

Beaux-Arts
et dessins en tous genres

Beaux-Arts et dessins en tous genres

Dans ma carrière (dont j'ai la chance de ne plus compter les annuités depuis un certain temps), le dessin occupe la première place. Non pas en matière de rémunération, certes, mais plutôt d'accomplissement, d'expression personnelle.

Le rôle de mon père, sous-jacent dans toute mon orientation professionnelle, est plus que fondamental dans la voie que je prends à cet instant. Sa fibre artistique, il me la transmet à sa manière, en me poussant à faire ce qu'il n'aurait pas osé (ou été autorisé à) faire. Avec ce père imprimeur qui manie aussi le crayon, je baigne dans le dessin, les couleurs, la typographie, la mise en page depuis ma plus tendre enfance. Je suis donc naturellement poussé dans cette direction, même si c'est aussi grâce à lui que j'ai commencé la clarinette, qui tiendra une place tout aussi importante dans ma vie. Pendant de nombreuses années, la musique et le dessin se mélangeront dans mon emploi du temps. Aujourd'hui encore, je dessine pour la presse et fais chaque jour mes gammes sur mon instrument.

« Serrez-lui la vis ! »

Toute plongée dans un nouvel univers est source d'angoisse. Avantage sur les « nouveaux », je connais déjà les lieux, puisque je suis les cours du soir des Beaux-Arts depuis trois ans. Je retrouve d'ailleurs quelques-uns de mes condisciples vespéraux. Il n'empêche que la perspective du fameux bizutage par les « anciens » nous fiche un peu la trouille. Les profs ne sont pas moins impressionnants. À l'usage, ils se révéleront talentueux, généreux et drôles – eux aussi sont des anciens des Beaux-Arts ! Pour l'heure, nous sommes dans nos petits souliers. Un plus pour moi, mais pas forcément un avantage : le directeur, Pierre Lardin, appartient à la vaste confrérie des copains de captivité de mon père. Je précise à cet égard que Bordeaux ne comptait pas, à ma connaissance, un pourcentage anormalement élevé d'anciens prisonniers de guerre : si j'en connaissais autant, c'est parce que les privations endurées en Pologne avaient soudé ces hommes, et la fraternité qui les unissait ne devait jamais se démentir. En l'occurrence, cette camaraderie a permis à l'auteur de mes jours de demander au directeur de l'école de me « serrer la vis » comme à son propre fils. M. Lardin n'a pas l'air d'un rigolo (il nous prouvera par la suite combien les apparences peuvent être trompeuses !). Nous découvrons également M. Latapie – faciès à la Jacques Dufilho –, le concierge de l'établissement, employé municipal éternellement coiffé d'une casquette elle aussi municipale, zélé au point de se découvrir pour répondre au téléphone.

Bref, tout ce petit monde semble former un bloc assez sérieux, ce qui donne une certaine noblesse aux Beaux-Arts, autant qu'aux prestigieuses facs de droit ou de lettres qui séduisent davantage ma mère. À nous de nous intégrer ! Malgré mes inquiétudes de néophyte, j'ai le sentiment que je viens de pénétrer dans un univers qui me convient et dans lequel je pourrai pleinement m'épanouir. Et cela me donne une véritable confiance en moi.

Lcs copains des Beaux-Arts viendront s'ajouter au noyau dur de ma bande. Ceux de la première heure d'abord, Alain Tatry, dit « Gibus », fils de la plus grosse entreprise de peinture de Bordeaux et futur parrain de mon fils ; José Cifuentes, fils d'un tailleur réfugié de la guerre d'Espagne ; Michel Moreau, fils de charcutier, futur ténor du barreau lyonnais et excellent joueur de tennis, notamment. Les recrues des Beaux-Arts sont Bernard Guyard, *alias* « le Baron », qui porte toujours une cravate, et Jeannot Gassian, qui deviendront les deux patrons de la décoration du Grand-Théâtre de Bordeaux, auxquels s'ajoutent Anne-Marie Moulinier, élégamment surnommée « Moumoule », ou encore Denis Bouhaben – pour ne citer que les principaux.

Parmi les épreuves qui forgent l'amitié figure en bonne place, pour les étudiants des Beaux-Arts, celle du bizutage. Aujourd'hui critiquée pour ses abus, la tradition, surtout aux Beaux-Arts, visait à faire subir aux bizuts brimades et humiliations. On vous faisait passer la journée (et même prendre le bus) un navet autour du cou, ou déguisé et maquillé… Lors de son bizutage, Luis Mariano, qui a fait lui aussi les Beaux-Arts à Bordeaux, avait été déposé devant chez lui, plâtré des pieds à la tête. Les anciens avaient sonné, l'abandonnant là, laissant à sa mère le soin de le délivrer du mélange encore mou. Autre grand classique : peindre un garçon en rouge et une fille en bleu et les enfermer en maillot de bain dans une armoire, dont ils devaient ressortir uniformément violets. Être bizut, c'est aussi, pendant la première année, se mettre au service des anciens, préparer les fonds de terre glaise, ranger les ateliers, installer les tréteaux et les tabourets, tendre les feuilles de dessin sur les châssis, disposer les chevalets pour les cours de peinture, en somme jouer le grouillot en faisant son apprentissage. En assistant ainsi nos prédécesseurs, nous apprenions beaucoup, avec humilité et envie.

Le jour du bizutage, à l'école, c'est la fête. Un thème est choisi, avec des décors, des costumes, des lumières, une mise en scène. Tout est soigneusement préparé pour que, le jour J, on puisse s'amuser « sérieusement » sans gravité. Ainsi me suis-je retrouvé à poil, après un dégagement des cheveux à la tondeuse juste au-dessus du front, et ai-je dû mimer, recouvert de peinture à l'eau pâteuse, un combat de gladiateurs (thème de l'année) contre un autre bizut guère plus vêtu, le tout devant un jury d'anciens et d'anciennes. Aux Beaux-Arts, montrer ses fesses n'effarouchait pas les mâles : c'était la coutume. Cette fête – c'en était bien une ! – se déroulait en présence du directeur, des professeurs et même de quelques parents d'élèves. En ce mémorable jour de nudité en plein novembre 1962, je reçus l'attestation officielle :

NOUS
vénérables anciens
certifions que le Bizut
Morin
a été baptisé et peut tenir rang de
NOUVEAU

Pour le bureau :
Bonnefon

Le « Bonnefon » en question était ce qu'on appelle le « massier », élu par les élèves et officiellement chargé de superviser les rapports entre ces derniers, le « patron » (le directeur) et les professeurs, surtout pour les conseils de discipline. Je serai moi-même élu massier en 1967, pour deux ans.

Me voici donc officiellement élève des Beaux-Arts. Malgré la réputation folklorique de ce milieu, c'est là que, à l'âge de 17 ans, je découvre l'art de cultiver ma passion et ma soif d'apprendre, encadré par des profs dans une atmosphère de compagnonnage, des maîtres au sens premier du terme – d'ailleurs, la tradition de l'école voulait que nous les appelions « maître X ou Y ». Ils savaient transmettre avec discipline, rigueur et sérieux, ce qui n'interdisait nullement la bonne humeur, ni les phases « déconnantes », ni les gueuletons entre professeurs et élèves une fois par mois. On les admirait. Il régnait parmi nous une saine émulation, une envie de faire mieux que son voisin, mais sans jalousie, plutôt avec admiration. Le respect de l'autre, en somme. Nous étions bien, et cela allait durer six ans ! Six ans à mettre en application ce qui restera toujours mon credo : faire sérieusement les choses importantes et s'amuser le reste du temps.

Le métier rentrait peu à peu. Cours de fusain avec Gaston Marty, un prof extraordinaire. Le talent qui émanait de ses croquis forçait notre admiration. Il avait un très beau visage et les cheveux blancs coiffés en arrière. Une vraie « gueule d'artiste », avec un certain panache. Il fumait des *niñas*, de petits cigares. Quand il parlait dessin, ses sourcils se baissaient : c'était sérieux. Il bégayait légèrement et ponctuait ses phrases de « mon vieux » et de « hein ? » : « Mon vieux, mon vieux… Prends ton fil à plomb et di-dis-moi si l'épaule est hein ? à l'aplomb des genoux. Hein ? Non, non ! Alors tu prends ta mi-mie de pain (idéale pour gommer le fusain car elle ne graisse pas le papier), tu effaces et tu recommences… hein ? Je reviens te voir dans un quart d'heure. » Quand il revenait, c'était quelquefois pour s'asseoir à notre place et nous indiquer le chemin… et quel chemin ! Nous étions béats d'admiration. Avec Claude Luter et lui, j'ai trouvé deux guides pour la vie – en plus de mon père, bien sûr. Il y en aura d'autres par la suite. Entre ses cours et ceux de croquis, de géométrie dans l'espace, de tracé d'architecture, de perspective, j'étais dans mon élément. Quelques premières « valeurs » (prix de dessin) ont récompensé mes efforts. En somme, c'était l'exact opposé de mes notes en algèbre ou géométrie dans le cursus scolaire « normal ».

« Un puma s'est échappé à Ré »

Au début de l'année 1961, la tribu Morin accueille une nouvelle âme : Catherine, ma première nièce, voit le jour à Albi, où Colette et Pierrot sont désormais établis. Catherine est aujourd'hui une brillante orthophoniste dans le 15e arrondissement et maman d'une belle Margaux. Le papa de celle-ci, Marc de Brébisson, publicitaire et comédien, est issu d'une famille dont la noblesse d'épée remonte à 1432. C'est un homme de cœur, d'une immense générosité – et je ne dis pas cela parce qu'il pratique aussi la boxe !

En ce mois d'août 1962, Cathy a 18 mois et son oreille musicale précoce l'incite à réclamer souvent que son oncle lui joue de la « inette. » Nous sommes tous en vacances à l'île de Ré, à Saint-Martin, où l'on chasse… le puma ! Un fauve s'est échappé du cirque Francky et sème la panique. Je suis aux anges : un cirque et un puma dans la nature… du côté du bois de Trousse-Chemise, chanté à l'époque par Aznavour. Mon père se joint aux battues des gendarmes, ce qui lui vaut de se retrouver en photo dans *Paris Match*. D'aucuns ont prétendu, par la suite, que l'histoire avait été inventée de toutes pièces par les propriétaires du cirque pour se faire de la publicité, d'autres que c'était un moyen déguisé de faire venir des gardes mobiles en renfort à proximité du pénitencier de Saint-Martin-de-Ré, où des détenus politiques de l'OAS se plaignaient un peu trop fort de leurs conditions de détention (est-ce pour cela que l'on entendait parfois à la radio la chanson « Merde à Vauban » de Léo Ferré ?)… On finit tout de même par retrouver le puma, après qu'il eut croqué quelques poules, et la quiétude estivale revint.

« Médecine contre Beaux-Arts : match nul ! »

Aux Beaux-Arts, les cours se succèdent maintenant sur un bon rythme. Clin d'œil à mon enfance et à mon père, les techniques d'imprimerie, les procédés d'impression, l'histoire de la lettre font partie de nos apprentissages. Les arts graphiques sont enseignés par M. Hoffre, l'un des rares graphistes de Bordeaux qui sache tracer d'un seul mouvement les pleins et les déliés d'une lettre anglaise sur une pierre lithographique, à l'envers de surcroît (pour les étiquettes de vin de bordeaux, notamment) !

Il y a aussi l'anatomie artistique qui nous entraîne hors de l'enceinte de l'école, dans une salle de la fac de médecine où reposent dans du formol des cadavres plus ou moins complets et plus ou moins écorchés. Là, tel Léonard de Vinci jadis, nous apprenons aux côtés des carabins comment l'acromion et l'humérus sont recouverts par le deltoïde, le biceps et le triceps. Lors des épreuves de contrôle, le modèle (vivant, cette fois) prendra une position déterminée et nous devrons, après l'avoir dessiné entier au fusain, tracer sur un premier calque son squelette et sur un second ses muscles.

Médecine et Beaux-Arts n'ont pas toujours fait aussi bon ménage à Bordeaux, où l'on commémorait encore « l'affaire de l'enlèvement » d'Achille Fournier (1878-1947) et la « guerre » qui s'était ensuivie. Ce retraité, bien connu des Bordelais et Bordelaises, était toujours coiffé d'un canotier garni d'un ruban bleu, blanc, rouge, car il vendait des billets de la Loterie nationale. Et il était surtout la mascotte de la fac de médecine. Le jour où il devait symboliquement inaugurer de nouvelles pissotières publiques en compagnie du comité directeur de la fac de médecine (qui prenait par ailleurs en charge sa santé et son loyer), les élèves d'architecture, Dieu sait pourquoi, avaient décidé de le kidnapper, réclamant en guise de rançon que vingt étudiantes en médecine passent la journée avec eux, en tout bien tout honneur… Évidemment, ils n'obtinrent pas satisfaction ! La fac de médecine avait alors attaqué l'école des Beaux-Arts. Depuis, chaque année, se déroulait une attaque symbolique dûment encadrée par la police ; on appelait cette tradition la « faluche », du nom des bérets étudiants dûment « accessoirisés ». On se battait à coups de tomates, de fruits blets, de légumes, de plâtre, de pétards (j'ai moi-même été catapulte humaine : dans la main, une poche de plâtre plantée d'un pétard). On s'efforçait même de faire des prisonniers parmi les lanceurs les plus audacieux, puis les hostilités s'achevaient par un grand bal, avec l'élection du plus beau postérieur masculin par un jury féminin. J'ai, lors de la dernière attaque des Beaux-Arts, été poursuivi par un sergent de ville qui avait malencontreusement reçu la tomate destinée à un camarade… Mais cela restait bon enfant.

Chaque semaine, nos matinées étaient occupées par une matière : peinture avec maître Callens ou maître Charazac ; gravure avec Mlle Expert, qui ressemblait un peu à Sœur Emmanuelle et débordait de joie de vivre ; arts graphiques avec M. Hoffre ; décoration et esthétique industrielle (on ne disait pas encore « design ») avec M. Delitardière et Mlle Palassy ; fusain et croquis avec Gaston Marty ou M. Gauthier ; sculpture et modelage avec M. Calède ou M. Rispal. Pour cette dernière matière, nous fumions la pipe – car nous fumions en cours –, plus pratique quand on a les mains pleines de glaise, ou à la rigueur des cigarettes « papier maïs », qui présentaient l'avantage de se consumer plus lentement.

Le matin du 23 novembre 1963 ne fut guère studieux. Élèves et profs étaient trop secoués par la nouvelle qui nous était parvenue la veille, par la voix du journaliste Maurice Séveno : un flash avait interrompu les programmes télévisuels pour annoncer que le président John Kennedy venait d'être assassiné à Dallas. Malgré des images un peu floues, le monde entier avait vécu l'attentat presque en direct. « Ça, ça risque de déboucher sur une Troisième Guerre mondiale ! », s'était alarmé mon père – réaction classique d'un homme de sa génération, qui en avait déjà vécu deux… On est choqués, inquiets. La peur est mondiale.

En 1964, grâce à mon ami Jean Arnautou, je passe une partie de mes samedis, de 17 à 20 heures, dans une cave, celle du Hot Club de France, près de la place Pey-Berland, à côté de la mairie. Nous y croisons un garçon qui vient comme nous écouter du jazz : Jean-Marie Monestier, qui possède un magasin de disques, La Boîte à musique, rue du Palais-Gallien. Nous connaissons déjà sa boutique où nous allons découvrir les dernières nouveautés, furetant dans les bacs, écoutant tel ou tel artiste – un plaisir aujourd'hui quasiment disparu en même temps que les disquaires.

Rapidement, Monestier franchit le pas en créant un label de disques, Black and Blue, dont il a emprunté le nom à une chanson de Fats Waller. Fine oreille et bon sens du commerce, il n'enregistre pas lui-même la première dizaine de microsillons de la nouvelle marque, se contentant de produire des rééditions de géants du jazz et du blues tels que Don Byas, Cozy Cole ou Big Bill Broonzy. Il me confie le design des pochettes de ces 33 tours. J'en réaliserai ainsi une bonne dizaine : c'est pour moi l'occasion de jouer avec mon crayon autant qu'avec ma clarinette, puisque mon groupe fera souvent la première partie de ces grands du jazz. Quarante ans plus tard, je dessinerai de nouveau des pochettes de disques, mais au format CD et pour de la musique classique. J'y reviendrai.

À l'école, la rentrée 1964 se déroule sans difficultés. Nous progressons, la synergie entre profs et élèves fonctionne de mieux en mieux. On commence à déceler chez certains de vrais talents, qui se confirmeront par la suite. En ce début de troisième année, je suis assez tenté par la décoration de théâtre, voire de cinéma ou de télévision. J'aime aussi le costume, mais cette voie implique de travailler la couture, ou du moins d'en connaître les rudiments… alors va pour les décors. J'envisage de faire l'Idhec (Institut des hautes études cinématographiques) après les Beaux-Arts. Quand je m'ouvre de cette idée à M. Gauthier, l'un de mes profs de fusain, il me suggère de travailler sur quelques maquettes pour (le très ennuyeux) *Ondine*, de Jean Giraudoux, et de les montrer à M. Marty, l'autre prof de fusain, lui-même décorateur pour le Grand-Théâtre de Bordeaux, afin qu'il y jette un coup d'œil (je possède toujours deux gouaches de sa main, dont la maquette des décors du *Vaisseau fantôme*). Il me prodiguera de précieux conseils, comme celui qu'il a écrit au dos d'une de ses œuvres :

> Le vrai riche est celui qui est heureux. Cette richesse que vous tirez de vous-même… Ne suivez pas la mode, rejoignez la vie. La vie, c'est l'amour des choses dites simplement, c'est encore la liberté de la main, de l'esprit. Et c'est aussi la grâce.

« Du haut de cette pyramide, Néfertiti vous contemple »

Aux Beaux-Arts, nous voilà devenus des anciens, et il nous incombe de préparer le baptême des nouveaux. Cette année-là, nous nous agitons autour du thème de l'Égypte des pharaons.

Ce qui implique la construction d'un sphinx de trois ou quatre mètres entre les pattes duquel les bizuts feront leur entrée, la préparation de costumes et la mise en place des décors. Tout cela dans l'atelier de sculpture, qui accueille traditionnellement la cérémonie et qui est bloqué à cet effet huit jours à l'avance. Bonne cuvée : les nouvelles recrues sont sympas, et l'une d'elles tape aussitôt dans l'œil du pharaon Morin. Elle s'appelle Michèle.

L'amour donne des ailes, c'est banal et merveilleux à la fois ! Je m'épanouis dans mon travail, ravi de pouvoir conseiller la débutante. Aux sentiments s'ajoute la notion de partage de goûts communs. Quand j'y repense, je devais être le type même de soupirant un peu collant, toujours là, souvent là en tout cas – heureusement pour elle, les portables n'existaient pas encore ! Pas de téléphone à la maison, donc, pour la contacter, je me rends à la poste, rue du Palais-Gallien, et, passé 19 heures, dans un café. Je m'envole, et l'année 1964-1965 annonce un programme bien agréablement chargé, agrémenté de cheveux blonds.

« Mettez donc une cravate, comme Sempé »

Et dans ce programme, justement, le dessin humoristique va prendre une place importante, même si mon prof de fusain, Gaston Marty, n'aime pas trop ce genre – certains de ses collègues sont à cet égard plus ouverts. Mes modèles sont toujours Franquin, Hergé, Walt Disney et, grâce à *Paris Match*, je découvre Bosc et Chaval, plus quelques autres, surtout Sempé, notamment avec les illustrations du *Petit Nicolas* de Goscinny, dans les pages intérieures de *Sud-Ouest Dimanche*. Au début du mois de juillet 1964, je frappe à la porte du journal *Sud-Ouest*, mon carton à dessins sous le bras, pour rencontrer Jean Noble, alors responsable de la page dessins de l'édition dominicale. Après m'avoir fait remarquer que je ne porte pas de cravate – il m'explique que Sempé, dix ans plus tôt, en portait une, lui ! –, il me donne quelques conseils, notamment celui de me cantonner au dessin sans paroles, qui se suffit à lui-même pour exprimer une idée et qui présente l'avantage d'être international. « Même un Japonais comprendra votre idée, me dit-il, si vous avez de l'humour ! » À la fin de cet entretien, au demeurant très chaleureux, il retient l'un de mes dessins et me propose de lui en soumettre d'autres… C'est ainsi que, quelques années après Sempé, je vais voir mon premier dessin humoristique paraître dans le quotidien régional. Cette petite mais belle aventure durera trois ou quatre ans. Par une amusante coïncidence, je dois justement jouer avec mon quartet de jazz pour le mariage de Claude Amouroux, jeune recrue des Beaux-Arts et fille de l'historien et journaliste Henri Amouroux, qui dirige à l'époque le journal, et qui a promis de nous raccompagner après notre prestation. Voilà que mon nouveau patron me sert de chauffeur ! Lorsqu'il me dépose devant chez moi, dans mon quartier plus chaud que chic, je lui annonce timidement, tout fier, que je vais désormais dessiner pour *Sud-Ouest*. À l'instar de mes profs, il deviendra l'un de mes mentors, de ces amoureux de leur métier ravis d'en transmettre les valeurs et les clés. J'ai gardé le souvenir d'un homme humble et disponible, à l'écoute.

Parmi les souvenirs de nos frasques estudiantines, en voici un. Sur les allées de Tourny, un samedi après-midi vers 17 heures, nous nous préparions à une soirée aux Beaux-Arts sur le thème des clochards : nous nous étions tous habillés de guenilles de manière à ressembler le plus possible à ceux que l'on n'appelait pas encore des SDF. L'un de nos camarades, qui s'était éloigné et allongé sur un banc, le litron à la main, a trouvé moyen de se moquer à voix un peu trop haute de deux sergents de ville, qui se sont laissé abuser par son accoutrement. Ils l'ont l'embarqué et gardé une heure au poste. Il n'avait pas ses papiers et, pendant qu'il essayait d'expliquer la situation, nous nous sommes amusés à le laisser lambiner.

ENFANCE

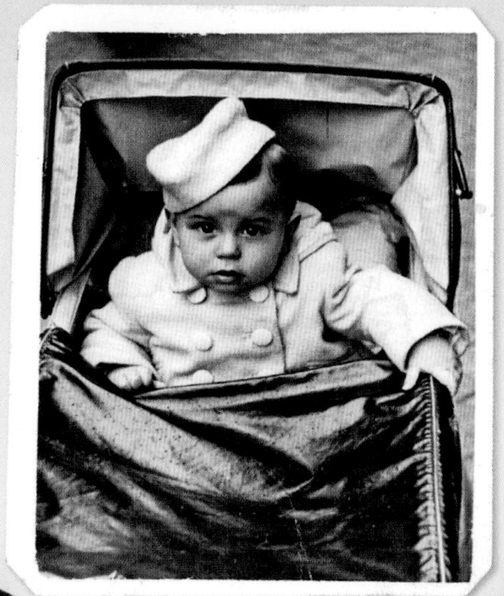

« Un gamin
de la guerre… »
(1946)

Promenade à Bordeaux avec Jean et Hélène, mes parents.
Précision : je suis au milieu. (1947)

© C. Morin

***Au premier rang, deuxième en partant de la gauche.* Par discrétion, cette photo à la maternelle Anatole-France ne montre pas ma première amoureuse, Mlle Guérin… (1950)** © C. Morin

Lequel des deux influence l'autre ? (1947) © C. Morin

Ma sœur Colette, ravie de promener la dernière petite vedette de la famille. (1950) © C. Morin

L'un des nombreux livres pour enfants illustrés par un certain Jean Morin, dessinateur aussi talentueux que discret. (1938) © C. Morin

De ses trois années de captivité, Jean Morin tire un album de dessins criants de vérité, de douleur, de camaraderie, de solitude. (1946) © C. Morin

Vous aussi, vous trouvez que j'ai une tête d'enfant de chœur ? (1952) © C. Morin

Pour signer des autographes, mieux vaut débuter tôt. (1954) © C. Morin

Les vacances d'été en famille en Charente : ma mère, ma sœur, mon grand-père, votre serviteur, Monsieur l'abbé tonton Robert, ma grand-mère Bathilde et mon père. (1953) © C. Morin

***Au dernier rang, deuxième en partant de la droite.* « Où sont les filles ? » C'est la question que tous les garçons se posaient dans le collège pas encore mixte Anatole-France. (1959)** © C. Morin

Le service militaire, c'est sérieux ! (1970)

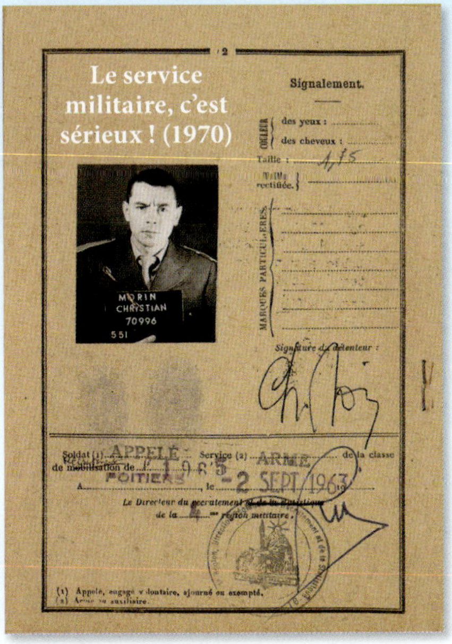

© C. Morin

Mes parents heureux, l'été sur la Côte d'Azur. (1965) © C. Morin

DESSIN

Une des pages de ma thèse des Beaux-Arts, complètement dans le style de l'époque. (1967)
© C. Morin

C'est dommage, vous venez juste de rater le cours d'étude de nu. Je suis en blouse blanche à gauche. (Beaux-Arts, 1963)

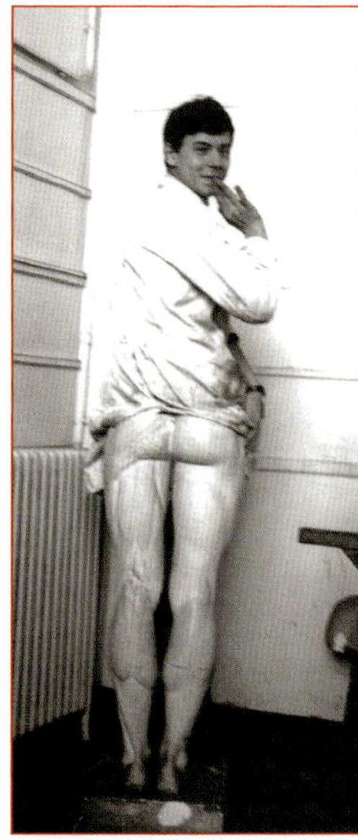

Élève modèle…
(Beaux-Arts, 1962)

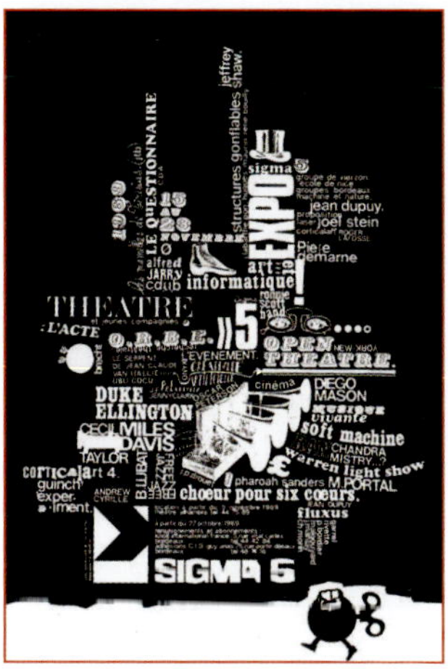

À gauche. Affiches pour le festival bordelais Sigma (1969, 1970 et 1971). Elles sont aujourd'hui très recherchées…

Pochette de 33 tours pour Black and Blue. (1968)

Dans mon studio de dessinateur de presse, graphiste… et aussi présentateur radio à l'époque ! (1980)

Le dessin humoristique est arrivé assez vite dans mes passions (inspiré par de grands maîtres du genre). Premier dessin pour le journal *Sud-Ouest dimanche*.

Sud-Ouest (1965)

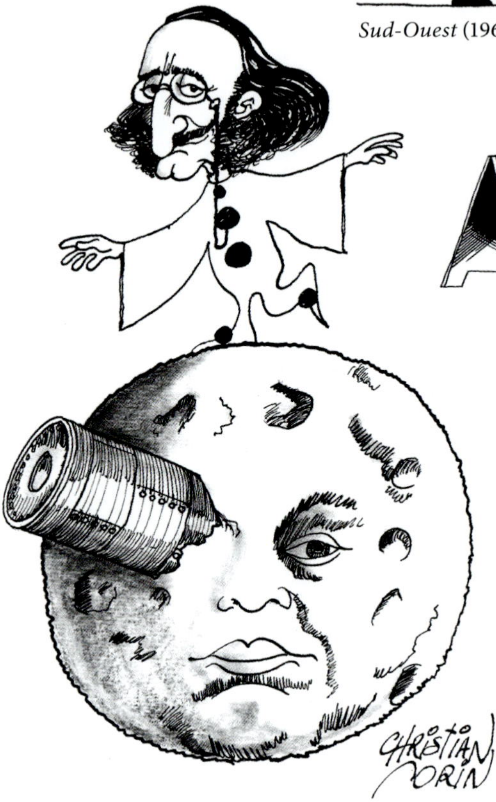

Jazz Hot (1988)

Dans *Notre Temps*, je prends beaucoup de plaisir à accompagner mes textes de caricatures des compositeurs, tels qu'Offenbach.

Lui (1972)

Un des 17 coffrets CD de la collection pour Sony. (2015)

MUSIQUE

Au Neptune d'Andernos, avec les deux plus grands clarinettistes français du moment : Claude Luter et Maxim Saury. (1967) © D.R.

© D.R

Le Christian Morin Quartet en répétition (François Biensan, Patrick Lezongar, Jean Arnautou et un jeune clarinettiste. (1966)

Jouer le blues avec T-Bone Walker, une expérience unique ! (Andernos, 1969)
© D.R.

Le martyre de mes voisins a débuté en 1958.
© C. Morin

« Je m'voyais déjà… » en haut de la piste pour le gala de l'Union des artistes. (sous l'œil de Joseph Bouglione). (1980) © D.R.

Pour la télé, dans *To Bix or Not to Bix* de Jean-Christophe Averty, dans le rôle d'un clarinettiste des années 1920, Pee-Wee Russell. (1976) © D.R.

Chez Maxim's, une de mes plus énergiques soirées musicales, propulsé par le big band de Count Basie ! (1984) © Philippe Etheldrede/D.R

Envoyez la musique **avec Annie Cordy : la joie de vivre au quotidien sur les planches. (1983)** © D.R.

Célébrant le premier de nos trois disques de platine avec « mon frère suisse », Alain Morisod pour *Aquarella*. (1991) © D.R.

Dans cette mythique cave du jazz, en compagnie de son propriétaire Dany Doriz (à gauche), avec mon trio (Patricia Lebeugle, Michel Denis, Marc Fosset). (2003) © D.R.

Répétition avec le chef britannique Paul Daniel, pour « Summertime » avec l'Orchestre national de Bordeaux-Aquitainc. Pratique, le masque pour la clarinette, non ? (2020) © D.R.

RADIO

Être collé à l'arrière des autos françaises, là est la célébrité… (1981)

Mon premier studio, encore intimidé par le micro mais tellement heureux de ces nouvelles perspectives. (1972) © Europe 1/D.R.

Pierre Bellemare, qui m'a aidé à trouver ma voix à l'antenne et qui m'a ouvert la porte à la télévision. (1982) © D.R.

Ma complice en toutes saisons, Maryse Gildas. Plus qu'une consœur, une amie. (1982) © D.R.

La seule émission de jazz enregistrée chez un particulier, Georges Brassens (ici avec Moustache, en 1977). © C. Wallis/Europe 1

Cricri et Cloclo sont dans un studio. (1977) © Europe 1/D.R.

Mieux qu'un baptême, l'annonce de la naissance de mon fils Julien par Coluche sur Europe 1. (1985) © Philippe Etheldrede

La radio est décidément un métier difficile, comme ce jour d'été de 1976, en pleine canicule, chez Pierre Perret (juste avant l'impôt sécheresse).
© Europe 1/D.R.

Il y a deux stars dans cette photo. Trouvez les noms et donnez votre réponse au standard d'Europe 1, au 43 32 14 14…
(1984) © Europe 1/D.R.

N'acceptez jamais de paris radiophoniques ! *Exemple 1* : escalader la tour Eiffel en jouant de la clarinette pendant deux heures… (1977) *Exemple 2* : refaire en direct l'arrivée du Tour de France en tandem (je suis arrivé deuxième). (1977). © Europe 1/C. Wallis

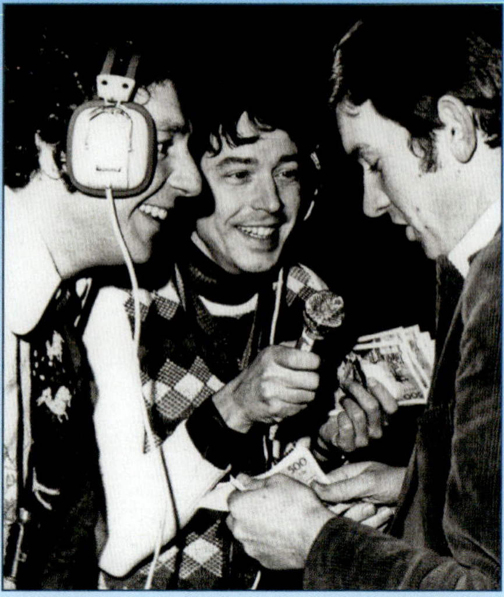

Mon premier « Europe Stop » à Lille avec Hubert Wayaffe. Oui, on distribuait de l'argent liquide aux gagnants… (1975)

La solitude d'un animateur radio… (1976) © D.R.

« Le combat du siècle » entre deux copains, en direct sur RMC en 1989. « C'est votre dernier round, Jean-Pierre ? » © RMC/D.R.

Le plaisir sincère de retrouver un studio de radio et des auditeurs qui m'avaient manqué. (2010) © Radio Classique/ D.R.

Après TF1, trois nouvelles années d'antenne partagée avec Laurence Ferrari. (2022) © D.R.

Francis Dresel, directeur de la musique de Radio Classique et mon programmateur depuis quinze ans. (2010) © D.R.

Très bien entouré, avec Franck Ferrand, mon complice du matin et Monsieur Loyal de mon jubilée radiophonique. (2021) © Manolo Mylonas/Radio Classique

ICI L'OMBRE… confinement oblige, « Tous classiques » se déroulait depuis mon domicile. (2020) © C. Morin

Notre copain, qui s'appelait Bernard Fric, s'est remis de ses émotions pendant la soirée et, plus tard, est devenu architecte d'intérieur et un très grand designer de talent pour Habitat.

Par ailleurs, la société bordelaise de négoce en vin Cruse, cliente de l'imprimerie Morin pour ses papiers à en-tête, avait décidé de faire imprimer son nom sur des paniers verseurs dans lesquels on plaçait les bouteilles pour servir le vin. Elle les offrait à ses gros clients, en général des restaurateurs. Or il s'agissait de paniers en osier, sur lesquels toute impression était impossible. N'importe quel imprimeur aurait décliné cette commande : pas mon père ! Il décida de relever le défi : il confectionna des espèces de pochoirs pour guider le tracé du logo de la société. Il ne restait plus qu'à écrire à la main le nom de Cruse avec de la peinture rouge Renaulac… Bien sûr, papa savait pouvoir compter sur moi pour l'assister. Il faut dire que cela rapportait pas mal et que, en outre, la maison Cruse était aux anges. Donc, lorsque Jean m'annonçait d'un ton guilleret : « On a encore cinq cents paniers à faire ! », je comprenais le message… Dans les années 1970, alors que je dînais au Vieux Bistro à côté de Notre-Dame, j'ai raconté cette histoire au restaurateur qui venait de me servir du vin avec l'un de ces paniers – et il me l'a offert ! Je l'ai toujours, mais je ne saurais dire qui, de Jean ou de moi, l'a peint.

À Bordeaux, je fête mes 20 ans avec le Baron, lui aussi natif de mars 1945, et l'équipe des Beaux-Arts, Gibus, José et tous les autres, au Bon Accueil, un restaurant de routiers à Bordeaux, où nous avons table ouverte une fois par mois. La salle du fond est réservée à ces dîners mensuels réunissant nos condisciples de troisième année, les profs et notre modèle, Josiane, notre « mascotte » aux contours aussi délicieux que ceux d'un Renoir. Il y a chez elle un mélange de naïveté et de gentillesse. Nous l'aimons beaucoup.

Pour pouvoir nous amuser en toute liberté, nous avons passé un accord avec les patrons : quatre ou cinq d'entre nous se sont dévoués pour nettoyer les lieux avant de partir. Il faut dire que nous n'hésitions jamais à lancer le saladier pour nous passer la salade, et comme les bords de ce récipient étaient nécessairement toujours un peu huileux, il était assez difficile à bloquer. La salade ne tombait pas forcément dans l'assiette !

« L'Odyssée, *c'est du pipeau* »

À l'approche de l'été, j'envisage, avec quelques copains et copines des Beaux-Arts, de découvrir l'art grec *in situ*, en prolongeant les cours d'histoire de l'art de M. Joubert par un voyage en Grèce. Train jusqu'à Brindisi (Italie) et bateau jusqu'à notre destination finale, où nous admirons successivement les merveilles d'Épidaure, de Delphes et d'Athènes – en pleine agitation, car Papandréou vient d'être débarqué, il promet de revenir et les colonels piaffent (on est en 1965, les colonels prendront le pouvoir en 1967). Voyant dans la vitrine d'un kiosque que *Paris Match* titre : « Athènes en émeute », nous appelons nos parents respectifs pour les rassurer. Nous allons jusqu'en Crète, visiter le musée d'Héraklion et déguster du mouton grillé sur de grosses pierres avec des tomates fraîchement cueillies sous les oliviers du mont Ida. Que de souvenirs, de bouzoukis en sirtakis, jusqu'à une flûte traditionnelle que je marchande âprement avec un berger ! Je suis persuadé d'avoir fait une affaire, mais, en rejoignant le groupe, je m'aperçois que de nombreux autres touristes mélomanes possèdent exactement la même… Mon berger est un très bon commerçant ! Une ombre au tableau cependant : M. Kakousis, l'organisateur de voyages auquel nous nous sommes adressés, a mis dans sa poche l'argent destiné à payer nos billets de retour, ce qui nous oblige à solliciter une intervention de l'ambassade de France…

À mon retour, Gibus et moi rejoignons mes parents à Nice pour quelques jours de vacances en famille. Nous allons voir le film *Zorba le Grec* avec Anthony Quinn, que j'apprécie d'autant mieux que j'ai encore dans la tête les images de mon voyage ! Féru de conduite automobile, Gibus roule toujours en Gordini et m'emmène faire du karting à la Siesta d'Antibes, où je trouve le moyen, en négociant mal un virage trop serré, d'accrocher les pneus délimitant la piste, de me retourner et de recevoir le kart sur moi. Transporté à l'hôpital de Nice, je subis des examens, piqûre antitétanique, pansements... et bénéficie d'une longueur d'avance sur mes concurrents pour entamer la conversation avec les filles le soir en boîte : « Qu'est-ce que vous vous êtes fait à l'épaule ? »

Cela me change un peu les idées, car mes vacances en Grèce se sont achevées par une douloureuse rupture avec Michèle, et je suis malheureux. Je souffrirai d'ailleurs longtemps de ce premier vrai bleu à l'âme, qui complique un peu les journées aux Beaux-Arts où, bien entendu, nous nous croisons tout le temps. Je vis mal ce premier chagrin d'amour et cherche en permanence à oublier ma blonde perdue dans les bras d'une autre. Erreur classique : on ne peut s'empêcher de comparer l'« autre » à la précédente.

« Rendez-vous dans ta loge ! »

À l'issue de la quatrième année aux Beaux-Arts, nous devions passer le Cafas, certificat d'aptitude à une formation artistique supérieure, laquelle consistait à préparer un diplôme dans une spécialité – peinture, gravure, arts graphiques, décoration – qui pouvait conduire ensuite au professorat. Les étudiants reçus au Cafas passaient ensuite deux ans en « loge », c'est-à-dire qu'ils travaillaient désormais en solo et non plus en atelier. Ce certificat conditionnait tout notre avenir. Nous avions du pain sur la planche, surtout moi, pour qui les concerts, les participations à des émissions radio et télé locales et autres activités se multipliaient.

En effet, en octobre 1965, la Semaine de recherche et d'action culturelle (Sigma) avait vu le jour à Bordeaux, sous la houlette de Roger Lafosse. Sigma marquait le début d'une nouvelle génération de festivals transdisciplinaires, où les arts neufs, dans tous les domaines – technologie, audiovisuel, free-jazz, théâtre, architecture, chanson –, complétaient les formes traditionnelles de la création, auxquelles le public bordelais était plus habitué, notamment le Mai musical conduit par Gilberte Martin-Méry. Dès 1967, je rejoindrai l'équipe Sigma pour travailler sur la réalisation des plaquettes des programmes et, deux ans tard, de celles des affiches. J'y exposerai même en 1969 des œuvres graphiques sur toile, aux côtés de Ben et de l'École de Nice.

Sigma a introduit à Bordeaux un souffle contemporain et avant-gardiste assez inattendu. Et moi, plutôt classique en matière de jazz, j'allais travailler pour ces « modernes », dans le domaine des arts graphiques !

Mais, en cette année scolaire 1965-1966, le Cafas occupait toutes mes pensées. Ce n'était pas une mince affaire que ce certificat d'aptitude, qui nous tenait enfermés pendant treize jours pour treize épreuves très surveillées. Les Beaux-Arts étaient peut-être « folklo », mais on n'y plaisantait pas avec l'histoire de l'art, les arts graphiques, l'étude documentaire, le fusain, le croquis et autres gravures ou déco.

Treize jours d'examens pour conclure quatre formidables années d'études, d'apprentissage, de technique, de relations artistiques et humaines, qui nous prouvaient, si nous en doutions, que nous savions déjà faire mille choses et qui ouvraient sur l'avenir. Je décroche mon Cafas haut la main, au grand bonheur de mes parents. Mon père doit tellement se réjouir de m'avoir si bien guidé à mon insu ! Hélas ! cet examen sera supprimé après 1968.

Eh oui... Si Mai 68 a imprimé un mouvement à la société, voire représenté un certain palier salutaire dans l'évolution des mœurs, il a aussi apporté son lot de ruptures avec un héritage qui n'était pas si mauvais. Là encore, tout dépend de la manière dont on en fait son miel. À trop vouloir effacer pour avancer, on supprime parfois des étapes utiles. Jean d'Ormesson recommandait de « se souvenir des grands anciens au lieu de rompre avec eux ». Pour faire du vin, il faudra toujours presser des raisins. Le sculpteur César aussi regrettait la disparition du Cafas. Lorsque, plus tard, j'en ai parlé avec lui, il m'a dit avec son accent du Sud : « Tu comprends, petit, on n'apprend plus à dessiner ! » On l'ignore souvent, car César est surtout connu pour ses compressions, mais avant de s'orienter vers ses propres recherches, il était au départ un excellent sculpteur classique, à l'instar de tant d'autres génies qui ont pris le temps d'apprendre à peindre et à dessiner avant de s'affranchir des règles, bref, qui n'ont pas mis la charrue avant les bœufs !

Pendant que je préparais le Cafas, j'ai compris mieux que jamais ce que signifie « apprendre ». Il était temps à présent de choisir ma voie, et j'ai oublié la décoration pour m'orienter vers les arts graphiques, ce qui n'a pas manqué de ravir Morin père : s'il m'a d'abord imaginé imprimeur – évidemment ! –, il y a surtout vu la réalisation des « prédictions » de ses fameux tests psychotechniques. Et puis, l'affiche, l'illustration, la création de logos ne sont pas si éloignés de l'invention de Gutenberg.

À cette époque, je sympathise avec une étudiante en lettres, qui fera Sciences-Po et qui rejoindra la « bande » de mon quartet. Future journaliste, elle deviendra correspondante à Paris du journal *Sud-Ouest* et épousera le réalisateur Alain Jessua. Régine Magné est une amie toujours fidèle à la Gascogne et aux Gascons de Paris, association créée plus tard par mon autre amie Françoise Laborde.

J'ai 21 ans. Mon existence se dessine, agréablement libre. J'ai déjà des amis, je flotte sur l'eau de la vie et j'aime bien son courant.

« Tel père, tel fils ! »

À la rentrée 1966, j'entre en loge comme d'autres en religion, pour ma première année d'études en vue de l'obtention du diplôme d'arts graphiques et de publicité. Désormais, je vais travailler seul dans la petite pièce mise à ma disposition, la fameuse loge. La mienne jouxte la salle des profs et le bureau du « patron », Pierre Lardin, dont les visites amicales s'accompagnent d'utiles remarques sur mon travail. Après mes bons résultats au Cafas, il n'éprouve plus le besoin de me « serrer la vis », comme mon père le lui avait recommandé quatre ans auparavant… Mon père qui, entre-temps, a lui aussi rejoint les bancs des Beaux-Arts en suivant des cours de perfectionnement de dessin pour adultes le samedi après-midi ! Il était ravi de pouvoir à son tour arpenter les couloirs de l'école, son carton à dessins sous le bras.

Être en loge implique aussi d'organiser seul son planning de travail, sous le contrôle, dans mon cas, du prof d'arts graphiques, tout en continuant à travailler le dessin, le fusain et les autres disciplines pour éviter de perdre la main, un peu comme un pianiste persiste à faire ses gammes.

« Envoyez une équipe pour retrouver la Parisienne sur la baleine ! »

La première année de ce cursus est conditionnée par une thèse, qu'il faudra soutenir. Cela signifie qu'il va me falloir choisir un sujet, un thème autour duquel je vais créer, dessiner une histoire dans un livre-document, plaquette entièrement réalisée à la main, chaque page comportant illustrations, graphismes, textes sur des papiers et supports différents, à l'aide de matières et de procédés divers (gouache, encre de Chine, lavis, mine de plomb, plume…), afin de mettre en application tout ce que j'ai appris. Mon père – en camarade des Beaux-Arts – a d'ailleurs pris beaucoup de plaisir à me confier quelques échantillons de papiers à matières du plus bel effet. J'opte pour un thème et un milieu que je fréquente déjà un peu grâce à mes apparitions dans les émissions de jazz à la télévision. Je choisis de raconter la préparation et la présentation d'un journal télévisé régional, aidé en cela par le journaliste Alain Fernbach. J'imagine l'histoire d'une Parisienne qui vient en vacances au bord du bassin d'Arcachon. Un jour, en se promenant sur la plage, elle se sent soulevée et s'aperçoit qu'elle est en train de marcher sur une baleine ! On envoie sur place une équipe filmer l'événement pour les actualités. Le journaliste interviewe la Parisienne, on fait le montage, on diffuse sur la télévision régionale, etc. Créatif, n'est-ce pas ?

Ce qui est le plus incroyable dans cette histoire, c'est que les journalistes de la télévision régionale d'Aquitaine pour lesquels j'avais déjà fait quelques apparitions musicales ont tellement aimé mon dossier qu'ils ont décidé d'en faire une petite fiction de cinq ou six minutes, au cours de laquelle ils jouent la comédie devant les caméras d'une séance de rédaction. Quelques instants plus tard, Alain Fernbach m'interviewe et dévoile les pages de ma thèse pour le petit écran. J'apparais tout timide dans ma veste foncée pied-de-poule, redoutant que le journaliste n'abîme mes « œuvres ». Mine de rien, je risquais gros à montrer ainsi mon travail avant de le soutenir devant le jury. Mon directeur me le fera remarquer gentiment lors de ma soutenance, qui me vaudra néanmoins un 18/20 ! Petite revanche sur mon prof de maths et son : « Zéro. Tu feras toujours rire tes camarades ! »

Autre conséquence inattendue de mon choix de sujet de thèse, la télévision régionale me commande des génériques et des créations graphiques pour certaines émissions dont le journal télévisé du soir. Je prends beaucoup de plaisir à travailler mes cartons avec une liberté rare, reprenant mes « trucs » utilisés dans mes travaux pour Sigma. J'inverse les blancs et les noirs, gratte les matières, influencé par le génial graphiste américain Milton Glaser ou les revues suisses et allemandes telles que *Graphis* qui nous donnaient l'impression que tout avait déjà été fait – et que nous n'avions plus qu'à tout réinventer !

Beaux-Arts, peu de théâtre, mais beaucoup de musique, des copains qui deviennent des amis, quelques flirts, des émissions de radio avec André Limoges, des dessins humoristiques pour *Sud-Ouest*, des affiches, des pochettes de disques, des illustrations pour la télé, des coups de main à Jean, et la bonne cuisine, en particulier les tomates farcies d'Hélène (tous ceux qui les ont goûtées s'en souviennent !)... Le temps est au beau fixe.

« Espèce de bourgeois ! »

Septembre 1967. J'attaque ma dernière année aux Beaux-Arts et je suis élu massier par le bureau des anciens, ce qui veut dire que je serai désormais l'intermédiaire officiel entre les élèves et les profs. À cette nouvelle responsabilité s'ajoute la préparation de mon dossier de diplôme en loge. Cette année non plus, je ne vais pas chômer...

Je commence enfin à me remettre de ma première rupture avec une nouvelle amoureuse, étudiante en lettres.

Nous déménageons en janvier, et l'année 1968 commence – avant la tempête qui va secouer la France au printemps. Avril et mai sont très compliqués pour moi : être massier en mai 1968, ce n'est pas une sinécure. Je dois assumer mes fonctions, organiser des colloques, des rencontres – et il y en aura, des discussions, artistiques ou politiques... En prévision du travail qu'il nous faudra bien trouver après le diplôme, je fais venir affichistes, peintres en lettres, architectes, décorateurs, graveurs sur verre, pour qu'ils nous parlent de leur expérience. Je me fais huer par les plus radicaux de mes camarades qui, parce que je me préoccupe de gagner de l'argent avec un métier, me taxent de bourgeois ! Bourgeois, je ne l'étais pas, mais conservateur, si : j'avais une profonde allergie à ce mouvement qui voulait systématiquement faire table rase du passé. Je ne voulais pas perdre la mémoire.

Pendant cette période, je fais deux ou trois fois la navette entre Bordeaux et Paris pour rencontrer le « bureau central » des Beaux-Arts dans la capitale, en rapporter des tracts et des instructions, notamment pour les grèves d'étudiants. Moi qui me soucie beaucoup plus de l'avenir de l'enseignement aux Beaux-Arts que de Mao, Trotski, des « gauchistes » ou de Cohn-Bendit, je me retrouve fiché comme « meneur » ! Lors de l'un de ces voyages, je me fais arrêter à Barbezieux pour excès de vitesse. Papiers. Profession ? Étudiant aux Beaux-Arts… Ça la fout mal, en mai 1968. Finalement, la maréchaussée me laisse repartir avec une simple amende. À la maison aussi, les « événements » suscitent quelques petites tensions : papa n'apprécie guère la propension d'*Hara-Kiri* à railler les anciens combattants… et mes mouvements l'inquiètent un peu. Il y a conflit de générations. Mais notre complicité et la diplomatie l'emportent.

Quelques jours plus tard, je reprends le chemin de la capitale où, le 13 mai, je dois passer, en loge, le concours de mon diplôme d'arts graphiques et de publicité. Hélas ! c'est le jour de la grande manifestation contre de Gaulle, date qui marque le dixième anniversaire du putsch d'Alger, le 13 mai 1958. Des manifestants voulant empêcher tous les concours encerclent le bâtiment des Beaux-Arts alors que nous sommes déjà entrés en loge et que nous avons entamé les épreuves. Je planche sur une campagne pour une marque de machines à écrire : sigle, nom, création de l'affiche, plaquette, lorsque l'école est « attaquée » par les anti-examens. Les CRS lancent quelques grenades lacrymogènes, ça pique les yeux, et nous sommes évacués des loges sous protection policière, car certains veulent nous casser la gueule ! Toutes les épreuves sont annulées. Il ne me reste plus qu'à rentrer chez ma sœur, dans le 15e arrondissement, en évitant les points chauds de la capitale. Le soir, Léon Zitrone annonce au journal télévisé que Paris est paralysé, que cinq de ses ponts sont bloqués.

Nous repassons les épreuves de notre diplôme en septembre. De peur de voir surgir de nouvelles manifs, le ministère de l'Intérieur ventile les effectifs en fractionnant les régions. C'est ainsi que, venant de Bordeaux, je passe la deuxième partie de mon diplôme aux Beaux-Arts d'Angers, installé dans un magnifique hôtel particulier. Comme l'épreuve comporte l'exposition de tous mes travaux sur un stand aménagé par mes soins et que je dois être noté à la fois sur mes œuvres et sur l'esthétique de la présentation dans son ensemble, je pars avec ma 4L remplie à craquer de matériel. Je passe devant un jury composé de profs des Beaux-Arts… et de quelques haut gradés militaires ! Je n'ai jamais compris ce qu'ils fabriquaient là, ce qui ne m'a pas empêché de réussir l'épreuve. Me voici, au bout d'un beau chemin déjà, diplômé en arts graphiques et publicité.

« Adieu Mériadeck, je t'aimais bien… »

Pendant ce temps, la rénovation de Bordeaux s'accélère. Au début de l'année 1968, mes parents et moi avions quitté le quartier Mériadeck, déjà déserté par les dames qui en faisaient tout le charme dans mon enfance. Les bordels ont laissé la place aux bars, et la prostitution s'est transportée vers d'autres lieux plus discrets, sans conteste moins pittoresques. C'est la fin d'une époquc. En laissant le 22, rue Alexis-Millardet, nous abandonnons mille souvenirs. Une page se tourne. La plaque indiquant le nom de ma rue se décroche : un symbole – en réalité à cause de l'orage et de la mauvaise qualité de la pierre. Je la ramasse et la garde, alors qu'un bon citoyen est censé la rapporter à la mairie ! Plus tard, j'avouerai cette peccadille à Jacques Chaban-Delmas, qui m'absoudra !

Il y a une autre anecdote datant de cette même époque de démolition que je n'ai pas confiée à monsieur le maire : pour sceller la réconciliation des Beaux-Arts avec la fac de médecine, nous avons uni nos forces afin d'organiser un long cortège derrière un faux corbillard portant un faux cadavre garni de faux seins et d'une perruque, sous un drap, symbole de la dernière prostituée de mon quartier. Ce faux enterrement, précédé d'une fanfare, se met en branle devant les Beaux-Arts sous les yeux du concierge, médusé, mais tout de même pas au point d'en oublier de se découvrir ! Sacré Latapie... Nous avons traversé ainsi toute la ville, avant d'aller brûler symboliquement le « corps » à Mériadeck, sur le site des futurs travaux. Le sérieux avec lequel nous jouions notre rôle de (grande) famille endeuillée incita quelques personnes à se signer sur notre passage. Le banquet réunissant ensuite les étudiants des deux écoles eut, je crois, les honneurs de *Sud-Ouest*. Le vrai deuil, pour moi, est tout autre : les bulldozers qui s'apprêtent à entrer en action font s'éloigner mes jeunes années...

Le quartier s'est peu à peu vidé. Certains de nos voisins sont morts, d'autres sont partis vers des zones plus modernes ou plus bourgeoises. Mériadeck est appelé à être rasé, tôt ou tard, pour laisser place aux constructions qui s'y dressent aujourd'hui : appartements modernes autour de l'inévitable centre commercial, à côté de la patinoire Mériadeck. Un magasin Picard occupe aujourd'hui l'emplacement de notre échoppe. On a congelé mes souvenirs !

Avant d'être détruits, nos pâtés de maisons ont été longtemps livrés aux squatters, tandis qu'en haut de ma rue un parking a ouvert sa gueule noire, béante. À chacun de mes passages à Bordeaux, je m'y gare pour passer humer l'air de mon enfance.

À notre tour, nous abandonnons le quartier et le centre-ville pour Pessac, un faubourg de Bordeaux. Nous emménageons dans une résidence agréable, avec courts de tennis. C'est la fin de la grisaille salpêtreuse des pierres bordelaises, avant les premiers ravalements imposés par la loi Malraux, jusqu'à la beauté extraordinaire qu'affiche la ville aujourd'hui, grâce aux efforts prodigués dans les années 2000 par le maire Alain Juppé et ses équipes.

L'éloignement de la ville ne me dérange pas, puisque je possède désormais une 4L d'occasion achetée grâce à mes cachets de musicien aux propriétaires de la pension L'Oasis, à Nice, où je séjournais souvent avec mes parents.

L'année 1968 m'offre ma première salle de bains et une nouvelle petite nièce, Sandrine, qui, comme son aînée, me fait découvrir Jean et Hélène en grands-parents attendris.

« La vie, c'est la diversité ! »

Mon diplôme en poche, fin septembre 1968, il est temps pour moi de songer à la vie active. Même si, entre les concerts, le graphisme, la télévision régionale, Sigma et quelques petites commandes annexes, sans oublier mes dessins pour *Sud-Ouest*, je ne suis pas précisément oisif.

Je souhaite apprendre sérieusement la photographie, que je considère comme complémentaire du graphisme. Je passe donc un concours afin d'effectuer mon service militaire au sein de l'Établissement cinématographique et photographique des armées (ECPA) au fort d'Ivry, en banlieue parisienne.

Un copain des Beaux-Arts sollicite mon aide pour honorer une grosse commande du Conseil régional d'Aquitaine, dans le cadre de la campagne pour la régionalisation. Il faut réaliser un stand immense et d'avant-garde qui sera installé dans le grand hall du concessionnaire Peugeot, en haut des Champs-Élysées, à Paris. Chaque dessin ou graphisme devra être agrandi en photo au format de deux mètres sur trois. Deux mois de travail couronnés par un gigantesque stand… et une belle fête regroupant toutes les régions de l'Aquitaine, dont le Périgord, représenté notamment par une truie truffière, une vraie, qui décide en plein cocktail de découvrir les Champs-Élysées. Une inénarrable course-poursuite s'ensuit, les petits sabots de l'animal terrifié glissant sur les pavés tandis que son propriétaire s'efforce de la rattraper.

En parallèle à mes nuits de musicien de jazz, je travaille sur les affiches de la semaine Sigma, qui se déroule à l'automne 1969. Outre l'affiche générale, je dois en dessiner de plus ciblées ; je réalise ainsi celle du concert de Duke Ellington. Figurent parmi les autres invités Oscar Peterson, Miles Davis et Cecil Taylor. Les Bordelais sont gâtés ! Aujourd'hui, certaines de ces affiches sont très recherchées – et ma collection personnelle n'est pas complète.

Je fais aussi beaucoup de dessin et de graphisme sur toile. J'accroche quelques-unes de mes œuvres à la galerie des Beaux-Arts, juste à côté de mon école communale, avec le Groupe Bordeaux et l'École de Nice. Ben est là, tout comme Pinoncelli, ce membre de l'École de Nice qui s'est fait connaître en commettant un « attentat culturel » contre Malraux : furieux qu'il ait confié à Chagall la décoration du plafond de l'Opéra de Paris, il a projeté, au moyen d'une poire à lavement, de la peinture rouge au visage du ministre, qui n'a pas porté plainte. Cette fois, Pinoncelli, déguisé en momie, organise un happening en plein centre de Bordeaux, devant les Nouvelles Galeries ! Entre, d'une part, les Beaux-Arts et le goût d'un certain classicisme en dessin ou dans le domaine théâtral, la musique swing que je pratique et, d'autre part, les affiches plutôt contemporaines ou mes graphismes sur toile assez créatifs, je deviens une sorte de « moderne-ancien », ce que j'assume sans complexe.

Quelques comédiens rencontrés dans le cadre de Sigma feront appel à moi pour des affiches ou des décors graphiques, notamment pour *Les Bâtisseurs d'empire* de Boris Vian. « La vie, c'est la diversité », a dit le généticien Axel Kahn. Je vais donc me diversifier de plus en plus – continuer de vivre, en somme !

« Morin, garde à vous ! »

Appelé sous les drapeaux, j'effectue mes classes pendant un mois au camp semi-disciplinaire de Montluçon… Me voici rebaptisé « servant Morin 2e classe » dans le service du matériel. Un mois plus tard, j'ai la chance de rejoindre Paris et l'Établissement cinématographique et photographique des armées. En attendant, je me lève tous les matins à 5 h 30 dans une caserne glaciale. Pour notre toilette, nous devons nous contenter des lavabos, car les douches, en panne, ne seront réparées que vers le 15 janvier. Comme la plupart des fenêtres ont des carreaux cassés et que, dehors, il fait entre – 5 et – 8 degrés, nous procédons à nos ablutions le plus rapidement possible. Lors d'un exercice dans le champ de manœuvres, où nous arborons des accessoires de camouflage, le sergent désapprouve la façon « trop déco » dont j'ai agencé les feuilles et les branchages en les piquant dans le filet qui recouvre mon casque : « Vous n'êtes pas aux Beaux-Arts ! », me tance-t-il. Je m'en doutais un peu…

Les classes effectuées, début février 1970, je prends enfin la route du fort d'Ivry, qui abrite l'ECPA, qui a déjà vu passer, notamment, les appelés Jean-Claude Brialy et Claude Lelouch.

Le Baron et moi nous rendons à La Rochelle pour un concert de Claude Luter. Pour économiser une nuit d'hôtel, nous profitons de l'hospitalité de mon oncle Robert. Depuis quelques années, ce dernier est en effet aumônier et professeur à l'école Fénelon Notre-Dame de La Rochelle, un établissement réputé. Robert offre de nous accueillir dans le dortoir de Fénelon. L'infirmière en chef louera notre discrétion : « Je n'ai absolument pas entendu votre neveu et son ami », dira-t-elle à mon oncle. Et pour cause : la brave femme se levait à 6 heures, et nous sommes rentrés à 7 heures ! Comme je le lui avais demandé, mon oncle nous a réveillés à 10 heures pour que nous puissions nous balader un peu et déguster des huîtres chez André, sous les arcades. Le retour à Bordeaux nous paraît interminable…

Quelques années plus tard, Robert devait traverser le bras de mer séparant l'île de Ré de la terre ferme pour prendre en charge, à l'aube de la cinquantaine, l'église Sainte-Catherine de La Flotte-en-Ré. Mon grand-père Maurice avait rendu son âme à Dieu le 29 avril 1967, à l'âge de 85 ans. Quant à mon oncle, il repose aujourd'hui au cimetière de La Couarde-sur-Mer, dans cette île devenue si chère à son cœur. Privilège et honneur rarissime accordé par l'archevêché, son nom est depuis 2009 gravé sur la cloche de l'église de Sainte-Marie-de-Ré.

1970. Je suis toujours militaire, mais, depuis mon arrivée à Paris, je loge chez ma sœur et mon beau-frère, dans l'appartement situé au-dessus de leur magasin, au 74, rue du Commerce.

Mon beau-frère Pierrot fera une belle carrière chez André : ayant débuté comme étalagiste, il a gravi les échelons, pour devenir gérant de magasins de plus en plus importants, puis inspecteur, responsable des gérants, et enfin chef du personnel. Cet homme formé à l'ancienne, sur le tas, se trouvera plus tard confronté à des énarques placés aux postes à responsabilités. Il faudra les envoyer en magasin pour qu'ils comprennent mieux le sens de la marche… une méthode que devraient s'appliquer certains hommes politiques !

Je ne dors au fort d'Ivry qu'une fois par mois, lors de la « semaine de sécurité ». Ces jours-là, je joue également les chauffeurs pour le capitaine François, qui habite Villeneuve-Saint-Georges : je vais le chercher chaque matin en 2CV militaire. Le capitaine est un gradé charmant, de surcroît passionné de dessin.

On m'a affecté au service de M. Orgeron, un ancien militaire, responsable avec M. Bernard du « film fixe », c'est-à-dire du travail sur diapositives. Je partage un bureau avec deux autres appelés, Navand et Jean Rouzaud. Avec ce dernier, je m'amuse à mimer sur les quais du métro des défilés de mode en tenue militaire. Plus tard, Rouzaud deviendra dessinateur de BD, chroniqueur sur Radio Nova et pour le magazine *Actuel*.

Tous les matins, je pars du 15e à 6 h 15 ; métro jusqu'à la station Mairie-d'Ivry, puis marche jusqu'au fort, où l'appel est fait à 7 h 30 ou 8 heures. Le soir, parcours en sens inverse – je quitte le fort vers 18 heures. Il m'arrive aussi de profiter de la voiture d'un autre appelé, qui deviendra un bon copain, Bernard Chevanne. Il connaît quelques personnes du showbiz et me parle d'Europe n° 1, où il va quelquefois dire bonjour à Maryse ou Harold Kay, et pour cause : son grand-père n'est autre que Sylvain Floirat, le président de la station.

Pour l'apprentissage de la photo, c'est loupé. Pendant six mois, je vais plancher sur un montage de diapositives consacré au rôle du régulateur de gendarmerie en ville et sur route : tout un programme de deux cents dessins pour la formation des futurs gendarmes. J'enchaîne avec un petit film sur le char AMX et sa tourelle surélevée pour la traversée des rivières en plongée. J'assure aussi l'illustration musicale d'un film mettant en évidence les applications civiles des recherches des ingénieurs militaires – les chenilles des chars pour les Caterpillar dans les travaux publics, par exemple. Mon blues à la clarinette plaît en haut lieu, au point que j'obtiens une gratification : un jour de perm de la part de mon ministre de tutelle, Michel Debré. Je mets cette journée à profit pour tourner, sous la direction de Jean-Christophe Averty, une émission de télé avec Moustache, l'ancien batteur de Claude Luter et de Sidney Bechet (entre autres talents, car il est aussi comédien), que je croise souvent et avec qui je joue régulièrement au Bilboquet, l'établissement de Maurice Casanova, futur directeur du Fouquet's jusque dans les années 1990.

« Paris, j'y suis, j'y reste ! »

Depuis mon arrivée à Paris, je vais assez souvent dans les clubs faire le bœuf : avec Maxim Saury à La Huchette ou avec Luter au Slow Club. Parfois, on m'engage pour jouer contre rémunération, ce qui me permet de nouer des contacts pour mon avenir parisien. Car je compte bien rester à Paris ! Profitant de mon temps libre, je contacte également les agences de pub, les ateliers de graphistes, de bandes dessinées, etc. Je plante des jalons et, avec l'aide des uns et des autres, tente de me constituer un carnet d'adresses. Les sorties en semaine rendent les levers à 5 h 30 un peu difficiles, sauf le week-end. Le dimanche, je déjeune souvent chez Colette et Pierrot avec mes deux nièces, habitude que je conserverai longtemps. Nos parents sont heureux de nous savoir ensemble… La famille n'est pas grande, mais c'est du solide.

Au fort d'Ivry, nous bénéficions de week-ends complets, privilège rare pour les appelés. Je peux donc régulièrement descendre dans ma ville natale sans pour autant renoncer à profiter de la vie parisienne.

« À demain ? À jamais… »

Le 9 novembre 1970, à Colombey-les-Deux-Églises, le général de Gaulle s'écroule sur son bureau alors qu'il entame une réussite. Je suis à Bordeaux, en permission. Entendant cela, mon père me fait remarquer qu'il aimerait bien partir ainsi, d'un seul coup, sans souffrir – ce que nous souhaitons tous, en somme. Il me fait cependant promettre de vérifier soigneusement, le jour venu, qu'il est bien décédé. Sa hantise : qu'on l'enterre vivant ! Bien sûr, je promets volontiers… et nous levons notre verre.

Le 1er décembre, en rentrant du fort d'Ivry, avant d'aller dîner et faire une virée avec des copains, je passe rue du Commerce. Une bonne douche, apéro avec Colette et Pierre, et le coup de fil rituel à Bordeaux. Maman se réjouit de nous entendre tous. Papa a gagné au tiercé !

Il fait frisquet, ce soir-là. À Paris, nous nous réchauffons rue Monge, chez des amis. Soirée sympa : je rentre vers 1 heure du matin et je me réveille comme d'habitude quatre heures plus tard. Je prends mon café, puis ma douche en écoutant la radio. Je ne le sais pas encore, mais la pire des infos, pour moi, ne sortira pas du transistor… La porte de la salle de bains s'ouvre violemment et je vois Colette, en larmes, m'annoncer, bouleversée :

« Papa est mort ! » Je prends ça en pleine figure, comme une gifle. Maman vient d'appeler pour nous annoncer la nouvelle. La suite de la matinée se déroule dans une espèce de brouillard. Tel un automate, je pars pour le fort d'Ivry demander une permission pour cause de deuil.

Je me rends au bureau remplir les formulaires nécessaires, puis je passe justifier ce retard à mon chef et le prévenir de ma prochaine absence. C'est seulement là, en lui expliquant que je viens de perdre mon père, que je craque. Je m'isole quelques instants dans la pièce voisine, le temps de reprendre mes esprits. Le fait de déclarer une nouvelle fois, à voix haute, « Mon père est mort » rend ce cauchemar affreusement réel. Je viens de le dire. C'est vrai. Jean est mort.

J'ai 25 ans, il en avait 61. Je suis assommé. Vidé.

Tout va vite, très vite. Orly, avion jusqu'à Bordeaux, aéroport de Mérignac, taxi jusqu'à Pessac, la maison. Monter les deux étages, sonner, l'appréhension au ventre. Prendre ma mère – très courageuse – dans mes bras, avant d'aller embrasser celui qui, la veille encore, me racontait au téléphone sa dernière blague.

C'est terrible, incontrôlable, on ne sait pas ce qui arrive dans ces moments-là, on ne sait pas, on ne sait rien. Rien. Rien de maîtrisable. Tout bascule d'un coup. En un instant, le monde tel qu'on le connaissait s'écroule. Pourtant, la première chose à laquelle je pense, en le voyant allongé, le visage serein, comme s'il dormait, la première chose, c'est ce qu'il m'avait dit quinze jours plus tôt après le décès de De Gaulle : « C'est comme ça que j'aimerais partir, que tout s'arrête d'un coup… Mais surtout, vérifie que je suis bien mort ! »

Pauvre papa, son vœu a été exaucé. Lui aussi s'est effondré brutalement, alors qu'il s'apprêtait à partir pour l'imprimerie. Maman, elle, devait aller chez le coiffeur et, pendant qu'elle prenait son petit déjeuner, il lui rappelait son rendez-vous, pour qu'elle se dépêche. Puis il s'est écroulé dans le salon. Voilà ce qu'il y avait dans mes pensées. J'essayais de chasser le souvenir de cette conversation prophétique ; impossible. Jusqu'à ce que je sente son front glacé sous mes lèvres. On aurait dit du marbre. Pas de doute, papa, tu es bien mort… Je me souviens alors d'un même baiser déposé sur le front de ma grand-mère quelques années plus tôt.

Mon oncle Robert arrive à son tour. En homme d'Église, il nous dit les mots qui apaisent, mais en frère, il accuse lui aussi le coup, bien sûr. Les visites commencent à s'enchaîner. Vingt-quatre heures après avoir dit « à demain » à mon père, me voilà en train d'organiser ses funérailles.

« Reste encore un peu à Bordeaux… »

Le cap de l'année 1970 franchi, je reviens à Bordeaux m'occuper, avec Hélène, des soucis administratifs qui suivent le décès. On devrait tout préparer, pour que ceux qui restent n'aient plus qu'à apposer leur signature au bas d'un document... Mon père étant, pour reprendre l'expression de Coluche, « mort de son vivant », en pleine activité, nous devons régler toutes les questions relatives à l'imprimerie, gérer les commandes en cours, bloquer les stocks de papier, etc. Et puis après, vendre. Vendre la mémoire de toute une vie. Heureusement, nous pouvons compter sur la solidarité des maîtres imprimeurs de Bordeaux, qui prennent immédiatement en charge les travaux en suspens pour que les clients soient livrés à temps. Certains rachètent nos stocks de papier, nous délivrent de tout souci pratique. L'attachement et l'amitié que tous témoignent lorsqu'ils évoquent Jean nous réchauffent le cœur.

Toutes ces obligations me font rester à Bordeaux presque jusqu'à la fin du mois de mars. On me propose de présenter un concert de Jacques Dutronc à l'Alhambra de Bordeaux. Je fais en outre un peu de musique, des dessins pour *Sud-Ouest*, je vois quelques amis. Le temps passe et, même si maman est heureuse de me savoir à ses côtés, elle comprend que mon avenir sera parisien.

Je loge encore provisoirement chez Colette et Pierrot, où Catherine et Sandrine grandissent.

Trois mois après le choc de la disparition de mon père, je me mets soudain à culpabiliser, à regretter d'avoir dit certaines choses, de ne pas en avoir dit d'autres, de ne pas avoir terminé une conversation avec lui… Le plus douloureux est de prendre conscience que, dorénavant, je ne pourrai plus jamais rien lui faire voir, rien lui raconter. Quoi qu'il m'arrive désormais, il ne le verra pas.

Le sourire et la tendresse d'une rencontre adouciront ces moments difficiles. Anne restera toujours une amie. Il y a donc de jolies fleurs sur le bord de la route et il y en aura heureusement d'autres, pour faire un petit bouquet…

« Que faire de mes dix doigts et de mes quatre vies ? »

Il est temps pour moi de reprendre le cours de ma vie. Mon carton à dessins et mon diplôme d'arts graphiques sous le bras, j'écume les agences de pub et autres ateliers de graphistes. Je propose des idées d'affiches, des dessins de campagnes publicitaires. C'est la ronde des : « Laissez-nous vos travaux », « Faites voir… Ah oui, c'est intéressant », « Rappelez-nous », ou : « Vous pourriez travailler sur ce projet ? Revenez demain »… Je me fais proprement plumer : on me pique quelques idées, quelques projets. Moralité, ne laissez jamais rien traîner chez des gens que vous ne connaissez pas ! Je retrouve même une ou deux « inspirations » dans la presse… C'est la vie. Chez Havas, on me fait attendre deux heures dans un couloir pour, en deux minutes de « rendez-vous », me proposer un job d'été à l'agence : deux mois à mi-temps pour un travail technique inintéressant (et sous-payé) qui m'éloignerait du dessin... mais ça leur rendrait tellement service ! Non merci. J'en ai assez de me faire couillonner. Je préfère aller jouer de la clarinette et, en plus, je suis mieux payé.

Je déniche un appartement de quarante mètres carrés sous les toits, au septième étage sans ascenseur. Mon voisin de palier, étudiant en médecine, m'invite un soir à une petite fête au cours de laquelle je fais la connaissance de l'ancien guitariste d'Antoine, futur comédien et très bon chanteur, Gérard Rinaldi, qui deviendra un ami, amateur de jazz et même saxophoniste.

Grâce à Moustache et au club Cintra, je rencontre Jean-Louis Ginibre, l'ancien rédacteur en chef de *Jazz Magazine*, devenu celui de *Lui*, toujours au sein du groupe Filipacchi. Je lui parle de mes dessins humoristiques, et voilà comment deux ou trois de mes dessins paraîtront bientôt dans le magazine masculin apprécié, notamment, pour sa page centrale !

Après tous ces petits boulots, je décroche enfin un vrai job dans une agence de publicité du 14e arrondissement... où je ne reste que quinze jours. L'atmosphère de travail ne me convient pas du tout : on doit impérativement partir à 18 heures, même si une idée qu'il serait peut-être judicieux de creuser nous arrive à 17 h 45 ! Non, c'est 18 heures... Pas question de gratter plus tard ni de déborder, et certains de mes nouveaux collègues sont manifestement plus préoccupés par les programmes télé du soir ou l'organisation de leur week-end que par leurs réalisations. Habitué depuis les Beaux-Arts à travailler à n'importe quelle heure, je ne parviens pas à m'adapter à ces horaires de bureau… Donc, je démissionne, au grand dam de mes amis (ma mère sera tenue à l'écart de l'affaire).

« J'ai vu les dessins de ton père à la télé ! »

Tout au long de ma carrière à la radio ou à la télé, je n'ai jamais cessé de dessiner. En 1976, après une réunion avec Marcel Jullian, patron d'Antenne 2, Betty Durot, journaliste, et Jacques Chancel, l'homme de radio et télé et formidable hôte du « Grand Échiquier », je me retrouve associé à un projet d'animation graphique éducatif sur les langues pratiquées dans les douze pays européens de l'époque. Le projet n'a jamais vu le jour, en revanche, il m'a permis de me rapprocher de Chancel. Quelques mois plus tard, je reçois un coup de fil de ma mère :

— Mon chéri, est-ce que tu as regardé « Le Grand Échiquier » hier soir ? Il paraît qu'on a parlé de ton père et qu'on a fait voir ses dessins… Ah là là ! ça m'a retournée. C'est la voisine qui m'a raconté ça, et je ne l'ai même pas vu.

— Moi non plus, je ne l'ai pas vu. Je me renseigne et te tiens au courant.

J'appelle Jacques Chancel dans la foulée, qui m'explique :

— Mais tout à fait, Christian : j'ai bien reçu deux journalistes polonaises qui recherchaient l'auteur de ces dessins. Il s'agit d'un prisonnier du Stalag 369 à Kobierzyn. Elles ont montré plusieurs dessins et donné son nom : Jean Morin. Comme toi...

— C'est mon père !

— Formidable ! Écoute, j'appelle Jullian et je te tiens au courant.

Quelques minutes plus tard, il me rappelle :

— Tu fais le journal de 13 heures !

J'y raconte la vie de mon père dans ce camp, avec une émotion palpable à l'écran. Puis je rencontre les deux journalistes polonaises et les invite à déjeuner. Je leur pose énormément de questions, mais je ne les sens pas très à l'aise dans leurs réponses. Après un bref échange de courriers, elles s'évanouiront dans la nature. La Pologne était encore sous le régime communiste de Henryk Jabłoński.

En 1994, se souvenant que je dessinais, Jacques Chancel me demandera de rejoindre sa revue *Les Écrits de l'image*. J'y croquerai à plusieurs reprises la télévision et la politique.

Cette même année 1976, à force de croiser Claude François à la radio, je me vois proposer de tenir une rubrique dans son magazine, *Podium*, qu'il a créé pour concurrencer *Salut les copains.* Le sujet : les boîtes de nuit, les personnalités qu'on y voit... bref, ce que l'on n'appelle pas encore une rubrique « people ». Je fais dire à Claude que les boîtes que je fréquente sont plutôt des clubs de jazz, et je l'informe au passage que je dessine. Cloclo me propose alors de créer des rébus de titres de chansons, pour que les lectrices qui les déchiffrent remportent des cadeaux siglés. Les deux ou trois maquettes que je lui présente lui conviennent ; c'est ainsi que je dessinerai pour lui jusqu'à sa disparition.

En 1981, je prépare une exposition de dessins humoristiques pour une galerie située dans le Forum des Halles. Le directeur des programmes d'Europe n° 1, René Cleitman, non content de m'offrir quelques messages de pub pour promouvoir mes dessins, organise un cocktail en mon honneur le 21 avril dans la galerie du Forum (l'expo remportera un joli succès et j'obtiendrai même un papier dans *Les Nouvelles littéraires*). Y sont conviés Micheline Dax, Albert Simon, Michèle Bernier, Adamo, Maryse, le réalisateur Jean-Marc Véran, Françoise Rivière, Mady Mesplé, mon ancien directeur de l'ORTF à Bordeaux Charles Imbert, Pierre Bellemare, Robert Willar, Roland Magdane, Maxim Saury, Bernard Giroux, une grande partie de mes amis d'Europe n° 1... et Albert Uderzo. Voyant qu'il me fait l'honneur d'apprécier un de mes dessins sur toile, je le lui offre aussitôt. Quelques mois plus tard, il vient me voir à Europe n° 1 pour me remettre à son tour un tube en carton dans lequel il a roulé à mon attention la planche originale de la page 38 de l'album *Astérix chez les Bretons* ! Je ne sais comment le remercier. Le talent immense d'Uderzo s'accompagnait d'une gentillesse et d'une humilité rares.

Un autre dessinateur généreux, qui avait l'admiration d'Uderzo, c'est Cabu. J'aurai le plaisir de le rencontrer et de travailler avec lui quelques années plus tard à la télévision. Chacun de nos rendez-vous s'illuminait de son regard et de son rire d'enfant, joyeux et pétillant… avec son trait de crayon qui swinguait comme cette musique de jazz qu'il aimait tant. Plusieurs fois, je l'ai aperçu parmi les spectateurs de mes concerts. Sa tête battait la mesure tandis que son crayon virevoltait dans la pénombre pour nous dessiner.

Là encore, grâce au jazz, j'ai eu le bonheur de rencontrer Sempé, le 29 septembre 1974, lors d'une émission de jazz que je présentais sur Europe n° 1. Nous avons même fait deux dessins « en duo ». Sur l'un d'eux, je me suis représenté, clarinette et micro à la main, demandant : « Aimez-vous le jazz ? » à un second personnage dessiné par Sempé, entouré de piles de 78 tours, qui répond : « Si peu… »

Le jazz encore fera fleurir quelques-uns de mes dessins dans les pages du magazine *Jazz Hot*, avec lequel je vais collaborer un peu plus de deux ans. J'y croquerai avec amour Dizzy Gillespie, B.B. King, Stéphane Grappelli, Benny Goodman, Miles Davis, Louis Armstrong…

« Mon carton à dessins est toujours ouvert pour vous »

Lors des émissions sur Europe n° 1, il m'arrivait d'écrire des billets d'humeur ou de brosser à ma façon le portrait d'un invité. En 1983, la rédaction du magazine *Confidences* me propose de rédiger un billet hebdomadaire. Je leur fais valoir qu'un dessin serait plus amusant. C'est d'accord : on mettra le texte dans la bulle au-dessus du dessin. C'est ainsi que naît « La Bulle de Christian Morin ».

Mon ami Michel Lafon est un éditeur de renom publiant de nombreux ouvrages de stars. Fin 1986, je lui soumets un projet ambitieux : raconter l'année 1987 à venir avec un dessin par jour traitant de l'actualité à ma façon. Le livre aurait pour titre *Une année pour rire*. Michel Lafon, très complice, m'accompagne jusqu'à sa publication. Ces trois cent soixante-cinq dessins forment un agenda facétieux où je glisse un hommage à mon ami Moustache, le jour de son décès, le 25 mars 1987, et un hommage à Michel Platini, qui abandonne la compétition le 17 mai à l'âge de 32 ans…

« Dessiner ? Ça, j'aime bien ! »

Quelque temps après mon arrivée à Radio Classique, Sony Classical me propose de dessiner de nouvelles pochettes pour la collection de coffrets CD au titre savoureux : « Je n'aime pas le classique, mais ça j'aime bien ! » Entre 2014 et 2015, je réalise dix-sept pochettes sur les thèmes les plus variés : musiques de film, musique de chambre, sacrée, ténors, piano, baroque, etc., tout m'inspire. Amusante coïncidence, quarante ans après mes dessins comiques dans *Sud-Ouest*, je prends une fois encore la suite de Sempé dont les planches avaient orné la précédente série.

« Vous ne trouvez pas qu'on manque de légèreté ? »

C'est en 2015 que le dessin reprend une nouvelle fois une place importante dans ma vie. Une des directrices de Radio Classique, Claire Lénart Turpin, cherche alors un partenariat avec un magazine auquel elle souhaite m'associer. Rendez-vous est pris avec elle et Carole Renucci, la directrice du magazine *Notre Temps*. Elle adore les anecdotes que je distille à la radio sur la musique classique et les compositeurs et me demande de les raconter, illustrées par un dessin humoristique. Elle trouve même le titre : « La note légère de Christian Morin ». Cela dure depuis neuf ans !

Cinq ans plus tard va germer l'idée de réunir quelques rubriques du magazine, auxquelles de nouvelles anecdotes seront ajoutées. Le premier tome de *Notes légères* paraît aux Éditions First. La légèreté plaît à quelques milliers de lecteurs, et un second volume est publié en 2023. Au total, quelque deux cent cinquante dessins vont sortir de mon carton.

Et pourtant, j'étais bien occupé, ne serait-ce que par ma complice depuis 1958, la clarinette.

3

Clarinette, Bordeaux et petites tournées

Clarinette, Bordeaux et petites tournées

« Je me suis mis à la clarinette, c'est ce qui se rapproche le plus de l'anglais »

Quoi de mieux que cette citation de mon maître et ami Raymond Devos pour aborder le chapitre consacré à la musique ? En effet, lorsque, en 1958, je prends mes premiers cours de solfège, je n'ai guère de talent pour la chose scolaire, n'ayant fait que deux ans d'anglais en redoublant ma sixième. C'est une fois de plus grâce à la volonté paternelle que la musique prend une place de plus en plus importante dans mon existence.

Avec la clarinette viendront le jazz, la variété… puis la musique classique qui m'accompagne tous les matins (et vous aussi d'ailleurs) depuis quinze ans sur Radio Classique.

« Fais de la musique : ça peut toujours servir ! »

« J'aimerais bien que tu apprennes à jouer d'un instrument, m'annonce un jour mon père. On ne sait jamais, ça peut toujours servir… » Maman est moins convaincue ; elle porte un regard un peu plus bourgeois sur les saltimbanques.

Jouer d'un instrument, pourquoi pas ? Mais lequel ? Certains de mes copains grattent une guitare en tentant d'imiter Elvis. Les autres travaillent des instruments plus classiques, comme le piano ou le violon. J'ai envie de me démarquer, et le destin va m'y aider. Un de mes camarades de classe m'apprend que son père est prof de saxophone et de clarinette. Le mien lui téléphone alors et j'entame mon apprentissage le jeudi suivant à 10 heures. Ainsi s'ouvre l'une des belles aventures de ma vie, encore une fois grâce à mon père.

Mon éducation musicale commence par des cours de solfège pendant cinq ou six mois, mais mes parents m'ont déjà offert ma toute première clarinette, de marque Martin, achetée d'occasion pour la somme, astronomique à mes yeux, de 14 500 francs (soit l'équivalent de presque 300 euros actuels !). Depuis 1958, je l'ai toujours. Je me souviens très bien de mon émerveillement devant la boîte noire ouverte sur la table de la salle à manger, et de l'instrument d'ébène aux clés argentées niché dans son écrin tapissé de velours rouge, que je devais me contenter de caresser du regard.

« Surtout, n'y touche pas ! me dit mon père. Ton professeur t'apprendra comment la monter. »

La première curiosité assouvie, je suis séduit par la merveilleuse sonorité de cet instrument. J'ai la chance d'avoir un professeur admirable et attentif, musicien de jazz et de variété d'autant plus ravi de me transmettre son savoir que son fils Jacky, mon condisciple, ne peut profiter de son enseignement : il a un bras et une main atrophiés par la polio qui fait encore rage à l'époque. Seul le trombone lui convient, car il peut actionner la coulisse de la main droite.

Pour travailler, nous utilisons la méthode Klosé, cent cinquante-sept pages d'enseignement datant de la fin du XIXe siècle, la meilleure à mon sens : dictées musicales, lecture, arpèges, gammes… M. Fleurent ambitionne de me présenter au concours du conservatoire en auditeur libre. Mais une fracture se produit quand j'achète mon premier électrophone Teppaz. Désormais, j'aspire avant tout à reproduire à l'oreille mes disques préférés. Pour tout dire, le côté « algèbre » de la musique m'ennuie… Alors, pour me motiver, mon prof me gratifie d'une demi-heure d'écoute de disques de jazz lorsque j'ai bien travaillé. Grâce à lui, je découvre, cette année 1959, les rois du genre : Duke Ellington et son clarinettiste Barney Bigard (avec qui je jouerai en 1973), Erroll Garner, Louis Armstrong, Lionel Hampton…

« Je peux vous parler, monsieur Luter ? »

La musique prend une place grandissante dans mon existence. Mes premiers disques de jazz tournent depuis bientôt trois ans sur mon Teppaz. Un 30 centimètres de la Guilde internationale du disque me fait découvrir Count Basie, Lester Young, Benny Goodman, le trompettiste Buck Clayton (avec qui j'aurai également le bonheur de jouer), ou encore Sidney Bechet, que j'écoute avec l'orchestre du clarinettiste français Claude Luter.

Je rencontre ce dernier pour la première fois le 6 octobre 1962 au Théâtre de l'Alhambra, à Bordeaux, lors d'un grand bal d'étudiants animé par son orchestre. À cette époque, Claude Luter est une véritable star, adulé par un public jeune et souvent turbulent (ce sont les spectateurs du concert de Sidney Bechet avec Luter à l'Olympia qui ont tout de même fracassé les sièges en 1955, bien avant Johnny !). Il est au sommet de sa gloire. L'arrivée de Luter devant le théâtre m'a impressionné : son imper mastic, sa haute stature… Je suis devant mon idole. Je rassemble tout mon courage pour l'aborder pendant la pause, avec un copain des Beaux-Arts qui joue de la batterie. Après l'émotion d'une photo-souvenir (j'avais apporté ma clarinette pour l'occasion !), la conversation s'engage. Il ne partage pas mon admiration pour certains clarinettistes anglais et me conseille d'écouter plutôt le Hot Five des débuts d'Armstrong, dans lequel un certain Johnny Dodds tenait la clarinette et dont lui-même s'inspire. En arrivant en cours, le lundi suivant, je flotte encore sur un petit nuage. Je n'attends qu'une chose : que ma photo avec Luter soit développée !

« On va faire un bœuf avec le Louisville Quartet ? »

Pendant l'été 1962, lors de mon job saisonnier chez Gibert, j'ai fait la connaissance d'un étudiant en droit, cousin d'un de mes copains de primaire. Patrick Lezongar joue de la guitare et me propose de travailler de temps en temps des thèmes de jazz.

En parallèle à des cours de plus en plus passionnants (peinture, gravure, histoire de l'art, modelage), je répète donc avec Patrick et bientôt avec un troisième larron, Jean-Pierre Darmandrail, originaire de Pau, élève à l'école dentaire, qui joue de la batterie. Quand nous en avons la possibilité, nous nous installons dans une salle de l'AGE (association générale des étudiants), cours d'Alsace-Lorraine. Cette salle située au premier étage comporte une estrade de trois mètres sur quatre et un piano, car tous les dimanches après-midi, de 15 à 19 heures, elle accueille un bal au son du New Orleans Jazz Band, un orchestre d'étudiants de tous horizons. Comme leur batteur est aussi Darmandrail, j'ose timidement aller y faire le bœuf de temps en temps, pendant la dernière demi-heure réservée à cet effet. Un beau jour, l'organisateur de ces bals dominicaux nous propose de remplacer l'orchestre attitré, indisponible. Il va falloir jouer pendant quatre heures : c'est du sérieux !

Pendant que, la veille, nous répétons avec acharnement un répertoire plutôt maigrelet que nous jouerons deux ou trois fois en boucle, voilà qu'un étudiant en médecine antillais passe une tête, puis, sans autre forme de procès, vient s'asseoir au piano pour nous accompagner. Ça colle bien, tellement bien que je lui demande s'il est libre le lendemain à 15 heures et s'il veut revenir jouer avec nous. « OK », répond-il, toujours aussi cool, et il s'en va sans nous laisser le moindre contact. Viendra ? Viendra pas ? Il vient.

Le lendemain naît le Louisville Quartet avec, au piano, notre nouvel ami, étudiant en médecine et futur président du Conseil régional de la Guadeloupe dans les années 1980, Félix Proto. Les danseurs paraissent satisfaits de notre prestation. Au fil de ses répétitions ultérieures, le quartet gagnera un trompettiste et un tromboniste, Yves Richard et Pierre Launet, pour se muer en « Louisville Hot Six ». Notre formation commencera à animer les bals étudiants et à connaître un petit succès.

« Venez danser avec le Christian Morin Quartet »

À Bordeaux, je me partage entre dessin et musique, copines et famille. Malheureusement, le Louisville Hot Six se dissout pour cause d'indisponibilité de quelques-uns, dont mon premier pianiste, pris par ses études de médecine. Félix n'abandonnera pas la musique et se tournera plus tard vers la politique. Je l'ai croisé une dernière fois dans les années 1990, lors de vacances à Saint-Martin. Il participait à un séminaire. Quand nous nous sommes salués, il m'a demandé discrètement si j'avais ma clarinette et, au café, nous avons improvisé une petite *jam*, pour notre plus grand plaisir, celui des autres participants au séminaire et celui de quelques vacanciers... qui ne savaient pas qu'ils venaient d'entendre un des hauts responsables de la Guadeloupe.

Patrick Lezongar et moi, seuls rescapés du naufrage du Louisville, écumons d'autres lieux de rendez-vous étudiants où l'on fait de la musique, parmi lesquels le Saint-Fiacre, une cave-club. Nous y faisons la connaissance d'un pianiste, Jean Arnautou (qui deviendra un grand spécialiste des maladies rénales à l'hôpital Saint-Esprit d'Agen), et d'un batteur-trompettiste étonnant, François Biensan, devenu l'un des meilleurs jazzmen en France et en Europe, doublé d'un brillant arrangeur. Le quartet nouveau est arrivé ! Nous jouons surtout lors de soirées étudiantes ou privées. Plus tard, nous nous produirons pour la radio et la télé (locales) et dans quelques clubs et festivals. Pour notre première apparition, il nous faut un nom... On n'en trouve pas. Alors les organisateurs, pressés, indiquent à l'imprimeur : « Christian

Morin Quartet ». Pas très convaincus au départ, nous nous y habituerons. Le quartet acquiert peu à peu une petite notoriété dans les soirées bordelaises. L'aventure va durer jusqu'à la fin de l'année 1969.

Grâce à Jean Arnautou, je passe désormais une partie de mes samedis, de 17 heures à 19 h 30 ou 20 heures, dans une cave : celle du Hot Club de France, près de la place Pey-Berland, à côté de la mairie. C'est là que je vais apprendre à mieux écouter le jazz. J'y retrouve souvent les autres membres du Quartet, avant d'aller dîner ou jouer, ou à l'issue d'une répétition. Le président et fondateur du Hot Club de France, Hugues Panassié, a largement contribué à donner au jazz la place qu'il méritait à une époque où beaucoup dédaignaient cette « musique noire », avant de rompre avec les avant-gardistes du be-bop et du free. L'éternelle querelle des Anciens et des Modernes…

Pendant l'été 1964, mes parents m'emmènent passer quelques jours dans une pension de famille, à Nice. L'Oasis, rue Meyerbeer, au cœur du quartier des musiciens, est tenue par un couple adorable, M. et Mme Dufour, qui quelques années plus tard me vendront ma première voiture, une 4L. Cerise sur le gâteau, le Storyville est tout proche… Ce club, comme son nom l'indique – Storyville était le « quartier réservé » de La Nouvelle-Orléans –, fait la part belle à mon genre musical préféré. L'orchestre d'étudiants allemands qui s'y produit n'ayant pas de clarinettiste, je joue quelque temps avec eux.

Le quartet est de plus en plus sollicité (et on me demande même mon tout premier autographe !), et nos aventures musicales passent à la vitesse supérieure. D'abord, Jean Arnautou, notre pianiste-médecin, dit « Riri », mais que nous surnommerons bientôt « Doc », organise avec le Hot Club quelques concerts de jazz qui reçoivent le soutien de la station de télévision locale. Dans le même temps, André Limoges, homme de radio et de théâtre, producteur, professeur au conservatoire, et Charles Imbert, un des responsables de l'ORTF locale, nous donnent la possibilité de nous faire entendre sur les ondes. André Limoges et sa coproductrice Catherine Audemer, femme brillante et passionnée, créent l'émission de radio « Cabaret studio 3 », mélange de jazz, de poésie, de théâtre, de chanson, de littérature… Nous aurions pu tomber plus mal : ce sera notre Saint-Germain-des-Prés à nous ! L'émission accueille de jeunes artistes tels Bernard Balavoine, le frère aîné de Daniel. Nos deux copines des Beaux-Arts, Anne-Marie et Françoise, y interprètent en duo des chansons allant du répertoire 1900 d'Yvette Guilbert à Berthe Sylva en passant par les Frères Jacques, accompagnées au piano par Gino Bertini, étudiant en droit et futur directeur commercial des AGF. Notre quartet intervient entre les chansons, les interviews d'André Limoges, les débats et autres lectures de poèmes. Le succès est tel que Charles Imbert décide d'inviter quelques grands noms pour conseiller les jeunes artistes débutants et donner un récital. C'est ainsi que nous approchons Francis Lemarque, Catherine Sauvage, Anne Sylvestre, ou encore l'auteur de la chanson « Syracuse », Bernard Dimey, dont les producteurs deviendront les miens en 1990.

De son côté, avec l'aide du Hot Club et de la radio, Jean « Doc » attire des figures du jazz, de Lionel Hampton à Memphis Slim, en passant par Earl Hines, Claude Bolling, le Golden Gate Quartet ou Wild Bill Davis. Peu à peu, grâce au soutien de la radio, ces soirées se déplacent à Pauillac, à Bergerac et dans toute la Gironde. Ce sont autant d'occasions de côtoyer ces artistes exceptionnels et même de jouer avec eux, tentant des *jams*, sans peur d'affronter ces géants. Galvanisant et formateur, surtout pour des gamins de 18-19 ans !

C'est le début d'une grande amitié entre André Limoges, sa femme Madeleine, Charles Imbert, Catherine Audemer et nous. Ils se joignent même de temps à autre aux longues tablées réunissant musiciens de jazz, amateurs de poésie et équipe des Beaux-Arts. Je suis aux anges : j'ai tous ceux que j'aime autour de moi, de Gibus à Jean « Doc », d'André à « Moumoule », de Catherine au Baron, de José à Madeleine Limoges.

Soucieux de fidéliser le public ainsi drainé, Maurice Hutin, directeur de l'ORTF locale, crée l'association

Les Amis de Bordeaux-Aquitaine. Des artistes de l'envergure de Jean Topart ou Michel Bouquet rejoignent, le temps d'une lecture théâtralisée, la troupe de la radio (Dominique Sandrel, Raymond Paquet, etc.). Il y aura des créations d'opéra avec l'orchestre symphonique de Bordeaux, des expositions, et bien d'autres événements culturels. Nous mesurions mal la chance que nous avions de baigner dans un tel creuset artistique…

« Le jazz vaut bien une messe »

Le président du Hot Club de Périgueux, Vincent Auvert, nous annonce un jour qu'il va se marier et nous demande de jouer pendant la cérémonie – une première en France. L'abbé Beleymet, lui-même organiste, spécialiste de Bach, mais aussi amateur de jazz, est emballé par cette idée. Il parvient à convaincre Mgr Louis, l'archevêque, peu favorable à une telle innovation. Nous jouons donc du jazz pendant la messe de mariage… et Mgr Louis, qui y a discrètement assisté, nous reçoit ensuite dans la sacristie pour nous féliciter. La première messe en jazz de France a ainsi eu lieu au début du mois d'août 1966.

Courant 1967, notre quartet deviendra Quintet avec l'arrivée de Raymond, un contrebassiste, encore étudiant et frère de notre premier pianiste, Félix Proto.

« Et une, et deux et trois clarinettes ! »

Le quintet a pris l'habitude de jouer dans de petits clubs bordelais, tel le Club 33 dont le patron nous versait 1 500 francs par soir, plus deux consommations (la troisième coûtait 1 500 francs !). Nous nous sommes produits également chez Jimmy, rue de Madrid, près du stade, pour de grandes soirées rassemblant peu ou prou la même clientèle que celle de la cité universitaire que nous investirons pendant trois ans. Jimmy était un Antillais gigantesque qui ressemblait à Sidney Bechet et, si nos cachets étaient maigres, il nous nourrissait et nous abreuvait à volonté. Ensuite, il y a eu, le jeudi, La Chevrière, sur la route de l'aéroport de Mérignac, dont la propriétaire Elyette faisait alterner nos morceaux de jazz avec des disques des Rolling Stones, de Johnny Hallyday, des Beatles, « Ma vie » d'Alain Barrière et quelques slows célèbres à l'époque comme « *Sag Warum* »…

À l'orée de l'été 1967, Guy Pérucho, le patron d'une boîte sur le bassin d'Arcachon, Le Neptune, que nous avons l'habitude de fréquenter lors de nos virées estivales, nous propose une saison sur le même principe que la Chevrière, c'est-à-dire un mélange quintet-discothèque. Nous louons donc une villa et nous disposons à prendre le bassin d'assaut. C'est le début d'une nouvelle aventure, et quelle aventure !

Du 20 au 23 juillet, nous abandonnons momentanément le Neptune pour participer au festival de jazz de Saint-Sébastien, de l'autre côté de la frontière espagnole. Nous remportons le premier prix des groupes amateurs. On nous décerne aussi celui de la meilleure présentation – ma maniaquerie légendaire a porté ses fruits, puisque, à ma demande, nous nous étions habillés dans le style de Beatles (costume trois pièces en alpaga) chez Armand Thiery. On nous remet la Coupe du gouverneur de Saint-Sébastien, et on nous propose d'assurer le lendemain la première partie du concert du trompettiste Bill Coleman, du saxophoniste Hal Singer et du violoniste américain Stuff Smith à Bayonne. La presse espagnole et *Sud-Ouest* se font l'écho de l'événement. Le retour au Neptune sera triomphal…

La saison s'achève en beauté, avec notre participation au festival de Zurich – où l'on nous prend pour des musiciens romands, puisque nous parlons français.

Après avoir fait faire quelques travaux dans son établissement, Guy Pérucho tient à organiser une soirée pour la réouverture du Neptune. Il propose non seulement de faire venir notre quintet pour ce concert inaugural, mais aussi d'inviter Claude Luter et Maxim Saury. Excusez du peu… Je jubile. J'ai évoqué l'importance que Luter tient dans mon panthéon musical. Et Maxim Saury, pilier du Caveau de la Huchette, est la cerise sur le gâteau ! Guy m'offre les deux meilleurs clarinettistes français, aux styles diamétralement opposés et idéalement complémentaires. Ils avaient déjà déterminé, deux ans plus tôt, le choix de ma première clarinette de concert, une Série 9 de chez Selmer. Rendez-vous est pris pour le 15 décembre ; le Quintet tout entier est sur un petit nuage. La soirée dépasse nos attentes. Claude et Maxim se montrent aussi disponibles que charmants, le trio de clarinettes fonctionne bien, le public est ravi et tout le monde s'amuse beaucoup. Le lendemain, Claude vient dîner à la maison et déguster les fameuses tomates farcies de maman : c'est le summum.

Entre l'auditorium de l'ORTF de Bordeaux-Aquitaine, le Neptune, les tournées organisées par le disquaire Jean-Marie Monestier pour son label Black and Blue et nos autres concerts, nous avons de plus en plus souvent l'occasion de jouer avec des musiciens américains : Memphis Slim, Earl Hines, Sister Rosetta Tharpe, le Golden Gate Quartet, Hal Singer, Willie « The Lion » Smith, Milton Buckner (ancien arrangeur et pianiste de Lionel Hampton), Bill Coleman, le guitariste T-Bone Walker, Wallace Bishop, Jo Jones (ex-batteur – et quel batteur ! – de Count Basie), Buddy Tate (l'élégance incarnée), Johnny Letman (trompettiste, fan de tennis, un cigare à la main), Buck Clayton… Autant de rencontres extraordinaires, qui nous apprendront beaucoup. Nous avons le sentiment d'être bénis par les dieux du jazz…

« Sous les pavés, le jazz »

Pendant les « événements » de Mai 68, tout le monde se trouve plus ou moins en vacances forcées. Jean-Marie Monestier nous propose d'entrer en studio afin d'enregistrer un 45 tours pour son label Black and Blue. Deux titres : une reprise jazzy de « La bande à Bonnot » de Joe Dassin et ma propre version française du *Bye Bye Baby* de Fats Waller.

Quelques jours plus tard, malgré la pénurie d'essence et la grève dans les transports, je vais déposer sans encombre les bandes d'un concert de T-Bone Walker à France Inter pour « Le Pop-Club » de José Artur, avant d'aller jouer avec Claude Luter au Slow Club. Le 17 mai, François Biensan (à la trompette) et moi jouons au côté du même T-Bone Walker. Au cours de la mini-tournée que nous faisons dans la foulée avec lui, cette fois avec le quintet au complet, nous l'accompagnons de nouveau au Neptune, avec Buck Clayton, ancien soliste de Count Basie.

Après le concert, je suis rentré avec Buck Clayton à La Petite Auberge, notre hôtel à Arès, à côté d'Andernos. Nous avons bavardé jusqu'à 5 heures du matin en buvant des bières : il m'a raconté ses tournées avec Count Basie, les séances en studio avec Billie Holiday et Jo Jones à la batterie. Un vrai témoin de l'histoire du jazz, avec qui j'ai eu l'immense privilège non seulement de jouer, mais aussi de discuter une grande partie de la nuit !

« Si on montait un festival de jazz en août ? »

« Les enfants, j'ai une idée ! nous annonce Guy Pérucho au début de l'été 1968. Si on montait un festival de jazz en août ? » De la mairie à l'ORTF Bordeaux-Aquitaine, tout le monde soutient le projet. Jean « Doc » Arnautou, Patrick, François, Ralph, le Hot Club, moi-même (je dessine les affiches) et tous nos amis mettons la main à la pâte. Le festival accueillera évidemment Maxim Saury et Claude Luter, Claude Bolling, avec qui je jouerai aussi, ainsi que Milt Buckner à l'orgue Hammond en trio avec Buddy Tate au saxophone ténor et Wallace Bishop à la batterie. Le succès est au rendez-vous. Le public des vacanciers est séduit et, de mon côté, j'ai la joie de voir réunis mes parents, ma sœur et mon beau-frère dans le public.

Dans la foulée du premier festival de jazz d'Andernos, Arnautou a l'idée d'en organiser un à Bordeaux – qu'il baptise les « Jazz Sessions ». C'est pour nous l'occasion de faire la connaissance du maire, Jacques Chaban-Delmas, que je recroiserai souvent. Ce dernier soutient toutes les initiatives susceptibles d'occuper les nombreuses salles de spectacle de sa ville. Bordeaux accueillera notamment dans ce cadre Jimmy Smith, Earl Hines, Muddy Waters mais aussi les Français Claude Bolling et Guy Lafitte. Nous rentrons dans nos frais : nous recommencerons l'année suivante.

En raison des occupations de plus en plus prenantes des uns et des autres, nous mettons fin à notre groupe en 1969. Mais il s'agit maintenant de préparer la deuxième édition du festival d'Andernos et des Jazz Sessions II. À Andernos ce sera cette année les 15 et 16 août dans la Chêneraie, que nous transformons en théâtre de verdure. Nous innovons également avec une messe du 15 août en jazz. Au programme, Maxim Saury, les Haricots rouges, Dany Doriz et Stéphane Grappelli pour les Français, et quelques Américains dont Milt Buckner, Hal Singer et le bluesman John Lee Hooker. La télévision régionale couvre l'événement grâce à André Limoges.

Pour les Jazz Sessions II de Bordeaux, je crée une nouvelle affiche. Au programme cette année-là : Lionel Hampton et Erroll Garner, notamment. J'apprends à cette occasion que ce dernier avait pour habitude de placer sur son tabouret deux bottins de téléphone pour obtenir plus de souplesse. Le genre de petit détail dont je raffole !

« Allons enfants de la fanfare ! »

Fin 1969, c'est le départ pour l'armée. Les épaulettes gris clair de mon uniforme sont ornées d'une lyre, car je suis bien sûr recruté dans la fanfare militaire.

Un jour, le chef de musique demande pourquoi « un connard a fait mettre des préservatifs sur les clarinettes » pendant la répétition du défilé de fin de classes de la fanfare. Le connard, c'est moi, et j'écope de quinze jours de trou pour avoir répondu au capitaine – j'essayais simplement de me justifier ! Je suis convoqué dans le bureau du lieutenant-colonel, à qui je peux enfin expliquer que si les clarinettes et les saxophones ne sont pas protégés par des sacs plastique alors qu'ils sont exposés à la pluie fine très fréquente, ils vont se détériorer, en particulier les tampons qui servent à boucher les trous lors des mouvements de clés pour jouer les notes… Or, s'ils ne fonctionnent plus, la fanfare devra jouer sans clarinettes ni saxophones lors du défilé. Gênant… Le lieutenant-colonel ne peut évidemment pas désavouer son capitaine et me recommande de « fermer ma gueule » à l'avenir. Il lui parlera cependant, je ne ferai pas mes quinze jours de détention et nous répéterons dorénavant « couverts », sous l'œil noir du capitaine de musique. Peu m'importe : dans peu de temps, je serai débarrassé de lui. Le jour du défilé, il ne pleuvra pas.

« Le Lapin rouge a une moustache... »

En octobre 1970, Moustache, à qui l'on vient de confier l'animation des soirées jazz, me propose de jouer pendant un mois dans un club, le Lapin rouge, non loin de la gare Saint-Lazare. Lui-même est à la batterie, Daniel Amelot à la basse, Daniel Barda au trombone, Alain Bouchet à la trompette et Gabriel « Bibi » Garvanoff au piano.

Au Lapin rouge, Moustache attire le Tout-Paris et la fine fleur germanopratine du théâtre, de la littérature, du cinéma – j'y croiserai notamment Jacques Tati. L'orchestre fonctionne bien et enregistre, à la demande de Francis Blanche, le nouvel indicatif de son émission sur Europe n° 1, « Les kangourous ont la peau dure » – pour lequel, programme loufoque oblige, je dois faire volontairement une fausse note. J'entends encore Francis Blanche me dire : « Christian, surtout ne loupez pas ma fausse note ! »

Début novembre, je reçois un coup de fil de Poumy Arnaud, le batteur de Luter, qui me demande de remplacer Claude pendant les fêtes de fin d'année au club Les Cinq Rues, à Megève. Moi, remplacer Claude Luter ? Je crois rêver... Ça tombe bien, l'armée doit me libérer dans la première quinzaine de décembre.

Mais le décès de mon père le 2 décembre 1970 bouleverse toute la famille et met en suspens mes projets musicaux. Après la cérémonie à Pessac et avant de regagner le fort d'Ivry pour y achever mon service militaire, je soumets à mon oncle le cas de conscience qui me taraude : dois-je, alors que Jean n'est plus, aller jouer de la clarinette à Megève ? Robert me rassure : « Jean était très heureux et fier que tu remplaces Claude Luter, et c'est lui qui avait souhaité que tu apprennes la clarinette. Ce sera le plus bel hommage que tu puisses lui rendre. » La bénédiction de mon oncle, son frère, m'apaise. Hélène est du même avis, Colette et Pierrot aussi. Alors…

Je pars donc pour Megève, où je plonge brutalement dans un autre univers. Le premier choc passé, la chaleur de l'amitié et de la musique me met du baume au cœur. En grande partie grâce à la gentillesse de Poumy Arnaud, qui m'accueille au Cinq-Rues, et avec qui je joue tous les soirs, en compagnie de Jean « Glu » Lamy à la basse et Gabriel « Bibi » Garvanoff au piano, cet excellent musicien que j'avais rencontré trois mois plus tôt au Lapin rouge, avec Moustache.

« Au Cintra, on rencontre tout le gotha ! »

À mon retour à Paris, ma clarinette va bien me dépanner. À la demande du vibraphoniste Dany Doriz, directeur du Caveau de la Huchette, je constitue un orchestre, au sein duquel François Biensan me rejoint régulièrement avec sa trompette. Cette formation comptera parmi ses membres le tromboniste Claude Gousset et le batteur Pierre Lemarchand, qui a travaillé non seulement avec Gilbert Bécaud, mais aussi Django Reinhardt sur son dernier enregistrement. Pendant deux saisons, Pierre Lemarchand, Alain Bouchet et moi jouons au club Cintra, dont Moustache s'occupe désormais, square Louis-Jouvet, derrière l'Opéra. De Claude Brasseur à Guy Marchand, des plus belles actrices aux plus grands comédiens de théâtre et de cinéma, en passant par des journalistes, pilotes de Formule 1, gens de radio et de télé… le Tout-Paris se presse au Cintra, grâce à l'entregent de Moustache. Parmi les invités, Jo Jones, l'ancien batteur de Count Basie, a pour habitude avant de jouer de prendre un cognac au bar. Il est toujours tiré à quatre épingles et ses boutons de manchette font l'admiration du barman. La veille de son départ, Jo les déposera dans un petit écrin sur le bar : mieux qu'un pourboire !

Un soir, quelques musiciens de Count Basie, en concert à Paris, débarquent au Cintra vers minuit, dont Al Grey, tromboniste, Roy Eldridge, trompettiste, et Jimmy Smith, organiste. Après un petit souper, ces messieurs nous rejoignent sur scène : Jimmy Smith joue à quatre mains avec Eddie Bernard, le pianiste de Luter, et la *jam session* se prolonge jusque vers 3 heures du matin !

Toujours en 1971, je retrouve Moustache pour l'émission télé « Bienvenue » de Guy Béart, à laquelle je participe avec Michel Legrand, qui s'essaiera au trombone, et l'organiste aux pieds nus Rhoda Scott. Louis de Funès – qui a passé ses nuits parisiennes d'avant la célébrité à faire le pianiste de bar – est également invité. *Jam* avant et après l'émission. Petit à petit, mes rêves prennent vie…

« To Bix or not to Bix »

1973. Jean-Christophe Averty prépare pour la deuxième chaîne une émission racontant la vie légendaire du premier trompettiste blanc de l'histoire du jazz, Bix Beiderbecke (†1931). Le téléfilm s'intitulera *To Bix or not to Bix.* J'y jouerai le rôle du clarinettiste Pee Wee Russell, à côté de la belle France Dougnac et de nombreux musiciens-comédiens, notamment Claude Luter et Claude Bolling. Le rôle-titre est dévolu à Patrick Artero, miroir parfait du trompettiste romantique aux cheveux gominés. Le film est entièrement tourné sur un fond bleu dans les studios des Buttes-Chaumont, avec des marques à la craie au sol. Les images seront ensuite « montées » sur les maquettes du décor, l'intrigue se déroulant à Chicago !

Que j'ai pu les aimer, ces studios des Buttes-Chaumont… De vrais studios à l'odeur tiède, avec leurs caméras dont le nez pointait vers le sol quand elles ne tournaient pas. Les Buttes-Chaumont, où l'on traversait les ateliers de décors avant d'arriver aux costumes et au maquillage. Un lieu unique où l'on croisait les comédiens ou les invités des émissions de variété : Jean-Claude Brialy, Jean Yanne, Roger Pierre, Jacqueline Maillan, Jacques Chazot…

« Sidney, Louis, papa ? Vous m'entendez ? »

Pour moi qui n'ai jamais vu le maître du jazz New Orleans jouer, c'est un immense honneur, le 4 décembre 1973, de recevoir le prix Sidney-Bechet de l'Académie du jazz, des mains de ses présidents Maurice Cullaz et Georges Auric.

En 1974, le festival d'Andernos offre encore un plateau d'exception : Earl Hines, Eddie « Cleanhead » Vinson et un délicieux « *Tea for Two* » par Milt Buckner, dédié au fondateur du Hot Club, Hugues Panassié. Le dernier soir, je réalise un de mes rêves, puisque, en compagnie de mon complice trompettiste François Biensan, je joue avec l'ancien orchestre de Louis Armstrong, disparu trois ans plus tôt. Je joue au côté d'une de mes idoles, le clarinettiste Barney Bigard. Je ne possède aucune photo, aucune image, aucun enregistrement de cet événement, mais mes souvenirs suffisent. Le festival attire dix mille personnes en trois jours. Et mon père qui n'est plus là…

« Comment ça, tu n'as pas pris ta clarinette ? »

Grâce à un copain agent de voyages, je passe le 31 décembre 1974 aux États-Unis, en compagnie de Philippe Adler, journaliste à *L'Express* et à RTL, spécialiste de jazz et amateur de cigares. Lors de ce déplacement, il s'agit de présenter à des tour-opérateurs un parcours passant par La Nouvelle-Orléans. L'idée, justifiant l'invitation, était que nous en parlerions sur les ondes. Télévision américaine, pub, cinéma, Hollywood, visite des studios, La Nouvelle-Orléans… Je marche sur des trottoirs qu'Armstrong a peut-être foulés, dans le quartier français, sur les bords du Mississippi, je contemple ses eaux limoneuses, le brouillard qui monte de son lit le matin. Nous logeons dans le centre historique, rencontrons le maire pour parler festival, carnaval, jazz. Le soir, avec Philippe, je tombe sur le trompettiste Wallace Davenport dans un club où il se produit ; des retrouvailles, six mois après Andernos… Nous poursuivons notre tournée des clubs avec escale obligatoire au Preservation Hall, le plus ancien de tous. En 1983, Michel Sardou consacrera sa chanson « Préservation » à ce temple du jazz, sur laquelle il me proposera de jouer de la clarinette.

Début 1976, je vais passer cinq jours à New York, ce qui me donne l'occasion d'écouter à l'Eddie Condon Club, près de la 52e Rue, Vic Dickenson, ancien tromboniste d'Armstrong, avec qui j'ai joué à Andernos.

N'étant là que pour quelques jours, je n'ai pas emporté ma clarinette. Mais lorsque je salue Vic, il me propose aussitôt de me joindre à l'orchestre. Je suis venu les mains vides ? Qu'à cela ne tienne : je peux emprunter l'instrument de son ami Edmond Hall, un autre ancien de l'orchestre d'Armstrong. Hélas ! Edmond utilise une clarinette système Albert, c'est-à-dire avec un système de clés différent de celui que je pratique, assez courant à La Nouvelle-Orléans, qui importait beaucoup d'instruments allemands au XIXe siècle, si bien qu'un grand nombre de clarinettistes américains, de Sidney Bechet à Woody Allen, se sont formés sur ce système. Impossible de passer de l'un à l'autre. Je me contente donc de les écouter en buvant un scotch… et en me jurant de ne plus jamais partir sans ma clarinette !

« Venez donc dans mon studio… »

En 1977, je fais un tour en studio chez EMI-Pathé, à la demande du groupe Il était une fois, pour une petite participation à la clarinette sur « Y a des jours comme ça », sous la férule de Jean Musy, qui signe aussi quelques arrangements.

Dans la foulée, Jean-Jacques Souplet, un des directeurs artistiques de la maison de disques CBS, me fait participer à un 45 tours comportant deux reprises, « *Shame, Shame, Shame* » et « *I'm Not in Love* », le tube du groupe 10cc. L'enregistrement a lieu au studio Marcadet, avec Bernard Estardy, qui a notamment gravé tous les disques de Cloclo et une bonne partie de ceux de Sardou, pour ne citer que ceux-là.

L'été 1979 m'emportera comme de juste vers Andernos et son festival, que je présente toujours. Cette fois, je ne joue pas. Au programme figurent par exemple le saxophoniste Illinois Jacquet, le pianiste Jimmy Rowles, inspirateur de Diana Krall et surtout professeur de chant de Marilyn Monroe, et le bluesman Chuck Berry, qui arrive en Mercedes blanche… À son retour aux États-Unis, il regagne sa cellule de prison, où il purge une peine pour un problème fiscal – mais il est autorisé à sortir quand il s'agit de renflouer les caisses !

Pour inaugurer les années 1980, un de mes réalisateurs radio, Alexandre « Groucho » Marcellin, me suggère une reprise version clarinette de « *Rise* », titre phare d'un album instrumental du trompettiste Herb Alpert, qui s'est classé numéro 1 dans les hit-parades américains. Gabriel Yared, l'un de nos plus grands compositeurs de musiques de films (*37°2 le matin*, *L'Amant*, *Le Patient anglais*…), mais aussi l'auteur du générique du JT de TF1, se charge des arrangements. Nous en vendrons cent mille exemplaires !

« Je m'voyais déjà en haut de la piste... »

À l'invitation de son président, Jacques Fabbri, je participe au 47e gala de l'Union des artistes le 18 avril 1980, spectacle dans lequel chaque intervenant exécute un numéro de cirque. Le mien est sorti tout droit de l'imagination de Jacques Fabbri : sur la piste, l'orchestre de Maxim Saury entame « *Petite fleur* », de Sidney Bechet, puis s'arrête de jouer tout doucement ; et tandis que le noir complet se fait, la mélodie, elle, continue, venant d'une autre clarinette – la mienne ! –, qui descend de la plate-forme des trapézistes. Je vais réaliser mon rêve d'enfant : enfin, je me produis sur la piste d'un cirque, et pas n'importe lequel, puisqu'il s'agit du Cirque d'Hiver Bouglione, où je suis venu avec mes parents vingt-quatre ans plus tôt. Répétitions, harnais de sécurité, câble hissé par huit garçons de piste jusqu'à 12 mètres de hauteur sur la plate-forme, pendant que l'orchestre attaquera le morceau... Comble de bonheur, mon entraîneur n'est autre que le comédien-cascadeur Guy Delorme, que j'ai si souvent vu dans les films de Jean Marais (où il tient régulièrement le rôle du traître, avec son bouc et son œil inquiétant, tout son contraire dans la vraie vie...). Je répète même un jour sous le regard de M. Bouglione lui-même, coiffé de son éternel chapeau blanc ! Le gala est filmé pour Antenne 2, or ma prestation sera coupée au montage. Ma mère devra se contenter des photos en noir et blanc !

En 1982, je rentre en studio chez AZ, la maison de production d'Europe n° 1, pour un nouvel album composé par Pierre Papadiamandis, complice d'Eddy Mitchell et mélodiste hors pair. Nous enregistrons au studio Marcadet, avec des cordes de l'Opéra de Paris, des cuivres et Gilbert Montagné au piano sur quelques titres. Lors d'un raccord à faire, j'accompagne Gilbert dans l'escalier qui nous mène au sous-sol. Il descend à toute allure alors que je lui tiens le bras. « Attention, pas trop vite, on va se casser la figure ! » Et Gilbert de répondre : « Ah, désolé, j'avais oublié que tu n'étais pas aveugle. »

Pour la couverture de l'album, je pose devant Irmeli Jung, la photographe de Juliette Gréco. Rien que des pointures autour de moi, en somme. La promotion de cet album m'offre le luxe d'une discussion dans les couloirs des studios des Buttes-Chaumont avec Léo Ferré (immense artiste, mais ô combien abordable et affable, touchant avec son accent monégasque), à l'occasion d'une émission dominicale de Michel Drucker. L'invité, Éric Tabarly, avoue écouter Ferré et Claude Luter lorsqu'il est en mer. Claude et moi lui offrons donc un duo en direct sur le plateau. Encore un de ces bonheurs « de bord de route », comme je les appelle…

« Envoyez la musique ! »

En 1982, Annie Cordy prépare au théâtre de la Porte-Saint-Martin une comédie musicale, *Envoyez la musique*, signée Jacques Mareuil et Gérard Gustin. Bruno, son mari, me propose deux prestations à la clarinette avec accompagnement par l'orchestre de fosse. En prime, il me gratifie d'une scène de comédie – c'est déjà ça. On répète à la fin de l'été 1982 avant la première à Avignon. Je présente alors une émission matinale sur Europe n° 1, mais l'atmosphère au théâtre et l'énergie d'Annie compensent largement le manque de sommeil. Il m'arrive de me pincer pour me convaincre que je ne rêve pas, que je suis bien sur scène avec elle !

Je partage ma loge avec un artiste qui deviendra un de mes amis chers, Patrick Préjean ; attentionné et sincère, très attaché à l'amitié au long cours, Patrick est un comédien singulièrement précis dans le travail préparatoire de ses personnages, notamment lors d'un *Cyrano* ; il sait aussi faire des observations objectives mais délicates. Un ami.

Autour d'Annie Cordy, la troupe se compose aussi de Gérard Chambre, de danseuses, du trompettiste Michel Barouille… Tout ce petit monde se produit chaque soir devant une salle comble. Vers 19 heures, mes habitudes radiophoniques me conduisent à émettre, depuis la régie du plateau, un petit bulletin sur la troupe, avec quelques caricatures et plaisanteries sur les uns et les autres, plus les infos showbiz du jour. Cette émission quotidienne de « Radio Saint-Martin » dure cinq minutes, avec la bénédiction de la direction du théâtre…

À cette même période, Michel Sardou termine une série de concerts au Palais des Congrès, porte Maillot. Et pour la dernière, je vais refaire mon solo de clarinette sur sa chanson « Préservation ». Le problème, c'est que je joue alors au théâtre de la Porte-Saint-Martin. C'est donc en tenue du spectacle d'Annie Cordy que je vais profiter d'une fenêtre de battement de quarante minutes pendant lesquelles je n'apparaissais pas sur scène pour enfourcher une moto-taxi, faire la surprise à Michel devant trois mille spectateurs, l'embrasser et partir retrouver Annie, comme si de rien n'était.

« Rassurez-moi : vous êtes toujours musicien ? »

Même si la radio et la télévision ont pris une place majeure dans mes occupations, je consacre encore du temps à la musique, notamment à travers les concerts avec Moustache. En 1986, ce dernier décide de remonter pendant quinze jours un *remake* de l'Olympia 1955 de « Bechet-Luter », avec l'orchestre de Claude Luter. Moustache tient la batterie comme au bon vieux temps. Claude, lui, joue le rôle de Bechet au saxophone soprano, tandis que votre serviteur interprète celui de Luter.

En 1989, à mon emploi du temps mêlant RMC et TF1 s'ajoute mon retour au Méridien pour ses brunchs dominicaux, en alternance avec le big band de Claude Bolling. Pour ma part, je joue avec Ellingtonmania, le septet de mon ami trompettiste François Biensan, qui compte à son bord quelques-uns des meilleurs musiciens de jazz français : Philippe Milanta (piano), Bruno Rousselet (basse), François Laudet (batterie), Patrick Bacqueville (trombone), Claude Tissendier et André Villéger (saxophones). Deux heures de concert chaque dimanche dans le hall de l'hôtel transformé en restaurant, qui accueille deux à trois cents personnes. Ces sessions musicales vont durer six saisons. Au septet s'ajoute parfois le quatuor à cordes Aloysia, exclusivement féminin, dont est membre la violoniste Anne Gravoin.

Un soir, chez Maxim's, se produit le Count Basie Orchestra, dirigé alors par Buck Clayton. Les entendre était déjà un bonheur immense. Mais se souvenant de notre concert à Andernos vingt ans plus tôt, Buck m'a invité à rejoindre le big band sur scène… Je peux vous assurer que lorsqu'on a une telle « machine » de treize musiciens dans le dos, cela vous donne une sacrée confiance… Stressant mais épatant. Et surtout, inoubliable.

« Quatre mille CD vendus par jour ? Vous êtes sûr ? »

Petite incartade vers la télévision pour vous parler d'Alain Morisod, musicien et producteur de télévision en Suisse, avec qui je travaillerai cinq ans à la TSR. C'est grâce à lui qu'une nouvelle saveur se révèle à moi : la variété.

Alain nourrit le projet de reprendre son tube des années 1970, « Concerto pour un été », dans une version cordes et clarinette. J'en suis, cela va sans dire ! Pour un album, il nous faut onze autres titres, qu'Alain produira avec Pierre et Michel Célie, des amis de Devos. Pierre n'est autre que « l'ami Pierre » qui « se prenait pour Casanova » dans la chanson « Les bourgeois », de son ami d'enfance Jacques Brel. Au début de sa carrière, Pierre avait organisé quelques concerts dans le Nord avec ses deux copains artistes, Brel et Devos, tirant à la courte paille pour décider qui ferait la première partie de l'autre !

J'enregistre à Anières, près de Genève, dans les studios d'Alain. Au fil des ans, lui et moi avons bâti une belle complicité… Dès que l'un a l'idée d'un thème, l'autre tombe aussitôt d'accord. L'album, qui doit sortir en 1991, s'intitule *Aquarella*. Pour le lancer, les frères Célie procèdent à l'ancienne, avec un marketing bien charpenté et une distribution efficace via Sony-CBS. Résultat des courses : deux à trois mille CD s'envolent chaque jour des bacs, pour aboutir au total à… quatre cent mille ventes ! Notre premier disque d'or nous sera remis dans l'émission « Sacrée soirée » de Jean-Pierre Foucault, avec Henri Salvador. Je me réjouis de voir qu'il existe un public amateur de musique « cool », jazzy, élégante, option que certains jazzmen me reprocheront d'ailleurs, mais qui a trouvé sa place, comme cela avait été le cas des décennies plus tôt aux États-Unis, où de nombreux musiciens de jazz et de studio exploraient déjà ce que l'on appelle là-bas l'*easy listening*.

Devant ce succès, nous nous adjoignons l'arrangeur Jean-Luc Mailler et mettons en chantier un nouvel album, *Esquisse*.

La philosophie de Sony tenait en une phrase : quand ça marche, pourquoi arrêter ? C'est ainsi qu'en trente-six mois et quatre albums, nous vendrons un million deux cent cinquante mille CD. En mai 1993, nous recevons un disque de platine pour nos deux premiers opus.

Quelques jazzmen avec qui je jouais m'ont soufflé à l'oreille que je vendais mon âme au diable. Les mêmes reprochaient également à Claude Bolling de faire de la musique de publicité, d'accompagner Brigitte Bardot ou encore de composer des musiques de films. Ils oubliaient que grâce à cet « argent facile », Bolling aura fait vivre pendant plus de vingt ans un big band de treize musiciens au sein duquel figuraient certains de ces « incorruptibles »...

« Tu devrais venir à l'église plus souvent... »

Peu après la sortie de mon troisième album, *Couleur Havane*, j'ai de nouveau l'occasion de jouer du jazz dans une église : Sainte-Catherine, à La Flotte-en-Ré, dont la municipalité fête solennellement la réouverture après d'importants travaux de rénovation, et où officie mon oncle Robert. La journée du 20 mars 1994 débute par une messe célébrée par l'évêque de La Rochelle, Mgr David, qui remet à mon oncle très ému l'impressionnante clé – elle pèse 800 grammes ! – de la grande porte. C'est avec Ellingtonmania, la formation de François Biensan, que j'assure la partie musicale de la cérémonie. La veille, nous avons déjà donné un concert, organisé par le maire, qui a tenu à faire les choses en grand. Dans l'assistance figurent, entre autres personnalités, André Dussollier, Roland Giraud, Henri Salvador, Antoine Duléry et le ministre de la Culture Jacques Toubon, qui possède une maison sur l'île. Un dernier concert, le dimanche après-midi, dans l'église toute pimpante, réunit encore l'assistance de la veille, soit quelque cinq ou six cents personnes – dont toute ma famille qui a fait le déplacement. Mon oncle me glisse au creux de l'oreille : « Tu devrais venir jouer tous les dimanches, ça attire du monde... » Le soir, le retour en TGV est ponctué d'éclats du rire caractéristique d'Henri Salvador. Le contrôleur nous invite tous les deux à jouer et à lire les annonces au micro pour tous les voyageurs.

J'enchaîne avec un séjour en Suisse pour enregistrer mon quatrième album avec Alain Morisod, dont la sortie est prévue pour octobre 1994. Il s'intitule *Opaline* et devient, comme ses aînés, disque d'or… presque une habitude ! Mais je ne me sens pas blasé.

« Quand Harry rencontre Christian »

Depuis les années 1990, à la demande de mon ami André Diarté, je donne toujours des concerts dans le cadre du Festival du cinéma américain de Deauville. La musique m'offre encore de belles rencontres, tout en me permettant de retrouver régulièrement ces fidèles du jazz qu'étaient feus Carlos, Eddie Barclay ou Pierre Bouteiller…

En 1998 ou 1999, à la fin de notre concert, alors que je me trouve avec mon ami André Diarté, l'attachée de presse Nicole Sonneville me demande si je connais le morceau « Memories of You », car une figure du cinéma d'outre-Atlantique aimerait bien l'entendre. C'est ainsi que j'ai donné un concert privé, seul avec ma clarinette, face à Morgan Freeman !

Au palmarès de mes plus belles rencontres figure aussi Harry Belafonte, dont j'ai fait la connaissance en 1994 grâce à Jean-Michel Cazes chez mes amis du

Pays basque. Ce jour-là, il pleut, mais nous passons un moment exceptionnel avec un grand showman et comédien, qui a été l'ami de Kennedy et de Martin Luther King. En toute simplicité, nous parlant d'amitié et de fraternité, il nous dit combien il apprécie d'être ainsi reçu « en famille » pour partager le repas et déguster un médoc bien choisi ! Au dessert, gâteau basque, chant et clarinette sur « Summertime ». Quelques mois plus tard, nous revoyons Harry à Paris lors de son passage à l'Olympia. La soirée s'achève à sa demande au Pied de Cochon, aux Halles.

« Art Trio : trois têtes de l'art ! »

Vers la fin des années 1990, je continue de jouer dans différents clubs à Paris, avec la rythmique d'Ellingtonmania : le Petit Journal Montparnasse, le Petit Journal Saint-Michel, le Caveau de la Huchette, le Méridien, le Bilboquet, le Latitude, le River Café…

En 2000, je fonde un nouveau groupe, baptisé Art Trio. Cela fait quelque temps que j'ai envie d'une formation uniquement constituée d'une batterie, d'une guitare et de ma clarinette, sans le lien que la contrebasse apporte habituellement. Ce qui nécessite pour la partie rythmique et harmonique deux musiciens solides et une belle amitié, indispensable, selon moi, dans toute association professionnelle, artistique ou musicale. Je recrute tout d'abord Michel Denis, rencontré quelque vingt ans plus tôt sur un tournage avec Jean-Christophe Averty. Il a été deux décennies durant le batteur attitré du pianiste et chanteur de blues Memphis Slim, et il a notamment joué avec l'organiste Wild Bill Davis, le saxophoniste Johnny Griffin et le célébrissime drummer Art Blakey. Technicien précis, nuancé, au swing imparable, il a travaillé, dans le domaine de la variété, avec Roger Pierre et Jean-Marc Thibault. Marc Fosset, lui, est l'un des plus brillants guitaristes du moment. Il affiche une carte de visite plutôt attrayante : dernier partenaire de Stéphane Grappelli, avec lequel il s'est produit pendant dix-huit ans sur les scènes du monde entier, de Carnegie Hall à l'opéra de Sydney en passant par le Hollywood Bowl de Los Angeles et Berlin ; travail en studio et en concerts avec Martial Solal, Patrice Caratini et l'accordéoniste Marcel Azzola. C'est dire si l'aventure part sur de bonnes bases !

Pourquoi « Art Trio » ? C'est simple : nous avons tous les trois suivi une école d'art, les Arts décoratifs pour Michel, les Arts appliqués pour Marc et les Beaux-Arts pour moi. En outre, nous sommes tous les trois lauréats du prix Sidney-Bechet de l'Académie de jazz. Et nous aimons tous les trois le bordeaux et l'americano…

Notre premier concert se déroule le 10 novembre 2000 au Théâtre des Quatre-Saisons, à Gradignan, dans la banlieue de Bordeaux. Un hasard qui me donne la joie de retrouver le parrain de mon fils Julien, quelques amis des Beaux-Arts et Michel Daroque, le patron du restaurant-club de jazz bordelais Le Port de la Lune. De retour dans ma chambre, en allumant la télévision, j'apprends la mort de Jacques Chaban-Delmas. Une page d'histoire se tourne, une page de ma vie bordelaise aussi. Je me réjouis d'être passé le saluer quelques mois plus tôt à son domicile parisien de la rue de Lille.

Dès le lendemain, nous partons jouer à Nantes, autre ville riche de cette architecture XVIIe et XVIIIe si chère à Chaban et à Alain Juppé. Et vogue la galère ! Pendant une quinzaine d'années, Art Trio a navigué de clubs en mini-tournées et concerts, managé par Jacques Chartier, pour se transformer au gré de l'humeur en Art Quartet, avec la géniale Patricia Lebeugle à la contrebasse, en Art Quintet avec le vibraphoniste Dany Doriz, ou en Art Sextet avec Patrice Authier au piano et le tromboniste-vocaliste Patrick Bacqueville (un ancien d'Ellingtonmania et des concerts au Méridien).

Je me prête parfois à des aventures musicales plus audacieuses. Ainsi, en 2004, le chef Alain Passard me demande, dans le cadre de Vinexpo, d'illustrer musicalement chacun des plats servis lors d'un repas « arrosé » de cent cinquante convives au château Palmer ! De la bossa au blues, du jazz au classique, je me déplace entre les tables de Japonais, d'Américains, d'Allemands, d'Italiens, avant de m'asseoir à mon tour pour lever mon verre en compagnie du meilleur sommelier du monde 2004, Enrico Bernardo. Nous dégustons notamment un château Palmer 1959. Cette prestation m'est payée « en liquide millésimé », avec les 10 % réglementaires pour mon agent !

Autre incartade musicale : à la demande de Julien Doré, j'apparais en 2008 dans son clip « *Figures imposées* » pastichant les années 1980, où je joue non pas de la clarinette, mais du mélodica. Julien a aussi obtenu la participation de Catherine Deneuve !

En 2011, juste après avoir signé avec Radio Classique, je pars en tournée avec le spectacle *Âge tendre*, en tant que présentateur, mais aussi que clarinettiste sur « *Summertime* » accompagné par soixante-dix musiciens et choristes. Cent vingt dates en France, Belgique et Suisse, deux spectacles par jour qui vont m'amener à me partager – puisque j'officie au même moment à la radio – entre Mozart et Hervé Vilard, Bizet et Juvet, Falla et Alice Dona, Gershwin et Annie Cordy…

Après 2012, j'assure une série de concerts à bord des paquebots Ponant pour des croisières en Méditerranée. Mon « équipage » et moi naviguons entre Rome, Athènes et Séville. Notre répertoire de standards de jazz ravit Rémi Genevaz, le commandant, avec lequel nous ferons plusieurs croisières – quelques années plus tôt, nous l'avions fait « tanguer » au Caveau de la Huchette…

« *The show must go on !* »

La disparition de Marc Fosset en 2020 nous prive d'un ami, d'un homme délicieux, très spirituel et très humble – et quel musicien… Elle marque aussi un changement pour moi dans la manière dont les concerts de jazz vont désormais se dérouler. Il faut composer avec une nouvelle génération de musiciens. C'est là que j'ai le plaisir de partager la scène avec Patricia Lebeugle à la contrebasse, de rencontrer enfin le pianiste Pierre Christophe (grand spécialiste d'Erroll Garner, notamment) et de revoir un très bon ami depuis plusieurs années, le batteur au jeu et à la tenue si élégants, Laurent Bataille. Le nouveau Quartet Christian Morin est né et jouera jusqu'à essoufflement de son clarinettiste ! D'ailleurs, pour reprendre une blague qui circule parmi les musiciens : « Nous avons une demande qui vient du public. Mais nous allons continuer de jouer malgré tout. »

Depuis 1958 ou presque, j'ai gardé l'habitude quotidienne de monter ma clarinette et de jouer au minimum entre quinze et trente minutes – voire plus, si affinités avec les voisins ! C'est bon pour le souffle, la vélocité, la dextérité, les lèvres… et le moral ! Surtout quand un grand chef d'orchestre tel que le *so British* Paul Daniel vous demande d'interpréter « Summertime » de Gershwin avec l'Orchestre national de Bordeaux-Aquitaine. Noël 2020 : en plein confinement à cause du Covid, je vais avoir l'immense privilège de jouer avec des musiciens formidables (mais masqués), dirigés par un chef hors pair… devant des fauteuils vides. Heureusement, le concert sera retransmis en direct sur Radio Classique.

Un moment doublement émouvant pour moi : jouer dans une salle de cinéma où je venais enfant, transformée depuis en auditorium magnifique, et surtout située à 500 mètres de la rue de la Porte-Dijeaux que j'empruntais tous les jeudis pour aller prendre mes premiers cours de clarinette…

4

Un micro !
Mon royaume pour un micro !

Un micro !
Mon royaume pour un micro !

J'ai 26 ans, je viens d'être libéré de mes obligations militaires, et mon père est décédé depuis un an. C'est le temps d'un premier bilan : dix années de Beaux-Arts, de peinture, de dessin, d'amitiés, de clarinette, de jazz, de quartet, de Claude Luter. Une première histoire d'amour qui s'est mal finie, des musiciens de jazz américains croisés, des chansons, des cafés-théâtres, des expositions, des affiches, du graphisme, des génériques de télévision, André Limoges et ses émissions de radio, de la curiosité, l'envie de monter sur scène, d'être sous les projecteurs, de croiser des célébrités, le désir de faire rire, de « faire l'intéressant », l'envie de dessins humoristiques… Comment rester dans ces univers que j'aime et que je n'ai nulle envie de quitter ?

Fidèle auditeur de France Inter, je pense alors à la radio, qui m'intimide moins que la télévision. Moustache me recommande d'appeler Europe n° 1 et de demander le secrétariat du directeur des programmes, Pierre Delanoë, le célèbre parolier de Bécaud, notamment. Une femme charmante, disponible, Arlette Bergier, me répond. Nous prenons rendez-vous. Je lui demande :

— Est-il possible d'effectuer un stage à Europe n° 1 pour devenir speaker ?

Mon interlocutrice éclate de rire.

— Mais on n'utilise plus ce terme ! Maintenant, on dit « animateur de radio » ou « meneur de jeu ».

Reprenant son sérieux, elle me demande si j'ai des maquettes d'émissions qu'elle pourrait faire écouter à qui de droit. Hélas ! je ne possède rien de tel ; je n'y avais même pas songé.

— Bon, eh bien, on va vous faire venir pour un essai de voix et une petite maquette, conclut-elle.

Je crois que cela s'appelle la chance !

« J'aime beaucoup votre voix »

J'enregistre donc une maquette avec un réalisateur de la radio. Il s'agit de présenter quelques disques et de lire deux ou trois publicités sur fond musical.

Le destin, le hasard, la bonne personne : c'est ainsi que mon avenir va se dessiner. Un soir, au Cintra, Moustache me présente à l'un des responsables d'Europe n° 1, Claude Agnelli. Tête d'Indien, moustache d'aventurier, il roule en Jaguar décapotable avec un casque de cuir à l'ancienne. Un petit côté Charles Bronson. Moustache l'informe que je viens de faire une maquette pour sa station, Claude me promet de l'écouter. Trois jours plus tard, je l'appelle, comme convenu. Il m'explique que ma maquette n'est pas bonne et qu'il faut que j'en refasse une, dont il s'occupera. Nous fixons un rendez-vous, je m'y prépare en travaillant mon texte, mon programme, mes pubs…

Mais le jour J, Claude Agnelli n'est pas là ! Cependant, il a laissé des consignes. Le studio est réservé, un réalisateur est présent, avec un technicien, mais ce sont deux inconnus. Je m'exécute tant bien que mal… Pendant que j'enregistre, un petit bonhomme dégarni, moustachu, fumant la pipe, passe dans la cabine, bavarde quelques instants avec le réalisateur, puis s'en va. J'entre à mon tour dans la cabine, pensant que mon travail est « un peu mieux » que la fois précédente, et je demande qui est le fumeur de pipe. « Il voulait savoir qui tu étais. Il n'a pas beaucoup aimé ton timbre de voix. C'est Jean Gorini, le patron de la rédaction… »

Le patron, quoi, avec Maurice Siegel ! Je crains bien que mon deuxième essai ne soit pas plus transformé que le premier… Je repars dépité et plein de pensées acrimonieuses envers ce Jean Gorini, tout grand journaliste qu'il soit. Je suis inquiet. Je suis mal.

Nous sommes fin novembre 1971. Dans quelques jours, ce sera le premier anniversaire de la disparition de mon père.

Pendant un mois, je n'ai aucune nouvelle de Claude Agnelli, que je n'ose plus rappeler. Mais la veille de Noël, le téléphone sonne. C'est Arlette Bergier !

— Christian, Pierre Delanoë a écouté la maquette que Claude Agnelli lui a fait passer et il aimerait vous voir. C'est urgent ! Lundi à 17 heures, ce serait possible ?

— Bien sûr, aucun problème !

Je raccroche, ravi mais intrigué : pourquoi a-t-elle dit que c'était « urgent ? » Je n'ai même pas osé le lui demander. Je me pose la question pendant quatre jours : urgent = engagé ? Ou urgent = vous n'êtes pas fait pour ça ? Je doute. Le temps me paraît bien long jusqu'au lundi. Moustache s'amuse de mes angoisses, me rassure alors que je doute toujours…

Lundi 27 décembre 1971, 17 heures, bureau de Pierre Delanoë. Je salue Arlette Bergier et fais mon entrée, un peu intimidé. Je n'arrive plus à retrouver le titre d'une chanson de Bécaud dont il a écrit les paroles. Je suis face à un homme sec, avec une belle voix sonore et grave, qui me dit :

— Je vous trouve sympa… J'ai écouté votre maquette et… il y a des choses pas mal, il y a des choses franchement nulles, mais j'aime beaucoup votre voix. Alors voilà, un de nos animateurs qui fait le dimanche soir et d'autres émissions se lance dans la chanson, dans l'écurie de Claude François. C'est Patrick Topaloff…

Là, il se lève et ouvre la porte de son bureau :

— Arlette ? Quel est le dimanche où Patrick a un gala ? Le 9 ? Merci.

Il se retourne vers moi.

— Bon, vous allez le remplacer le 9… Et puis on verra pour la suite… Pour l'administratif, voyez avec Arlette. Le cachet, c'est 50 francs l'heure d'antenne. Je suis obligé de vous quitter, on se reverra, bien sûr, prenez rendez-vous. Bienvenue chez nous, et passez de bonnes fêtes.

Je viens d'entrer à Europe n° 1… J'y resterai quinze ans !

« Bienvenue sur Europe n° 1 ! »

Pendant une dizaine de jours, j'ai nagé dans l'euphorie : j'allais faire de la radio ! Travailler à Europe n° 1, c'était une référence, une sorte de conservatoire de la radio. Je me sentais un peu comme un jeune comédien qui viendrait d'être admis à la Comédie-Française. À cette époque, il n'y avait que trois grandes stations sur le territoire : France Inter, Europe n° 1 et RTL (plus RMC et Sud-Radio dans les régions méridionales). Et Europe n° 1 était largement la plus écoutée.

Deux jours avant le jour J, je rencontre le programmateur de l'émission pour la préparer. Il s'agit de présenter des disques en faisant vivre son humeur, en racontant des anecdotes, etc. Je prépare mes textes avec soin, notant minutieusement tout ce qu'on peut trouver à dire sur telle ou telle chanson, afin de ne pas être pris au dépourvu lors de ce baptême du feu.

Et dans la nuit du 9 au 10 janvier 1972, je commence à « causer dans le poste » ! À cette heure tardive, les couloirs de la station sont relativement déserts et il règne une atmosphère intime qui me rassérène un peu. Deux personnes accompagnent mes premiers pas à l'antenne : un réalisateur, Éric Bartonio, plus un technicien du son des plus désagréables : loin d'encourager le débutant que je suis, il multiplie les mines consternées et les commentaires négatifs. Comme je ne veux pas me rappeler son nom, nous l'appellerons comme il se doit, « M. Burnemauve ».

Le réalisateur, en revanche, me fait comprendre que je n'ai pas lieu de m'inquiéter : je ne m'en tire pas si mal que ça pour un néophyte et j'aurai tout le loisir de corriger le tir par la suite. Et je suis presque rassuré lorsque le chef d'antenne, Daniel d'Holéguy, me lance : « À bientôt, j'espère ! » J'ai un pied dans la place, c'est le principal ! Il ne me reste plus qu'à apprendre mon nouveau métier. L'avantage, à Europe n° 1, c'est qu'on nous donne justement l'occasion d'apprendre, en nous faisant commencer par les émissions de nuit, heures de faible écoute, qui constituent un peu un laboratoire pour animateurs débutants.

Ces trois premières heures d'antenne filent comme trois minutes ! Le lendemain, j'apprends avec plaisir que Claude Agnelli m'a écouté. Il me dit deux choses, deux clés qui vont m'ouvrir la voie des ondes : « Sois toi-même et fais comme si tu t'adressais à une seule personne » et : « Raconte… »

« Papa aurait été fier de toi », me dit maman qui m'a écouté du début à la fin. Treize mois qu'il nous a quittés… Petit à petit, je commence à me reconstruire en me trouvant des sortes de pères de substitution, de nouveaux points de « re-père », si j'ose dire : Claude Luter, Moustache, Maxim Saury, et à présent Claude Agnelli et Pierre Delanoë dont je me rapprocherai bientôt… Plus tard, il y aura Pierre Bellemare, Maurice Siegel (le patron d'Europe n° 1), Robert Willar, le « Chichinou » de Francis Blanche, et bien d'autres encore qui deviendront pour moi des modèles, comme André Limoges l'a été à Bordeaux.

La carrière de chanteur de Patrick Topaloff décolle et, s'il conserve ses émissions de la semaine, les galas occupent désormais presque tous ses week-ends. Bientôt, je vais donc le remplacer tous les dimanches soir.

Pour autant, je ne peux pas, financièrement, m'en tenir à la radio, et le dessin et la musique continuent à arrondir mes fins de mois. Je m'habitue à ce triptyque professionnel, qui assurera toujours mon équilibre.

« Raconte des histoires »

« Raconte des histoires », m'avait recommandé Agnelli. Début février, la Saint-Valentin me donne l'idée de narrer non pas des histoires d'amour, mais plutôt des règlements de comptes, avec le « massacre de la Saint-Valentin », épisode funeste de la guerre des gangs dans le Chicago des années 1930. En bon amateur de jazz, je suis évidemment passionné par l'époque de la prohibition : Al Capone, les *speakeasies*, Eliot Ness et ses Incorruptibles… Je me procure des livres traitant de ce thème et m'en inspire pour rédiger mes interventions de la soirée. Détail amusant, la voisine qui habitait la maison mitoyenne du garage où a eu lieu le fameux massacre s'appelait Alphonsine… Morin ! Pour obtenir l'autorisation de passer quelques disques de jazz, je m'adresse à Arlette Tabart, dite « Babar », la patronne de la programmation. Non seulement elle accepte, mais elle me choisit Duke Ellington et Billie Holiday. Je sens qu'on va très bien s'entendre ! Le lendemain de l'émission, Delanoë m'appelle pour me donner quelques tuyaux : toujours rappeler de quoi on parle après les pauses musicales, à l'intention d'éventuels auditeurs arrivés entre-temps, et ne pas faire trop long.

« Je n'en crois pas mes oreilles »

En chinant dans les caisses d'un bouquiniste, au marché aux puces, je déniche deux ouvrages traitant de Gustave Eiffel et de sa tour, ma longiligne voisine devant laquelle je passe toujours en me rendant rue François-Ier, adresse historique d'Europe nº 1. Je décide alors de raconter sa vie. En huit jours, je prends des notes sur l'ingénieur Gustave Eiffel et ses premiers travaux, la création de la tour, le montage financier qui lui a permis de voir le jour, l'Exposition universelle de 1889, le premier coup de pioche donné le 28 janvier 1887, les travaux, les protestations des « antitour », l'inauguration, etc. Depuis mon troisième passage à l'antenne le dimanche soir, on m'a attribué un nouveau réalisateur, Jean-Marc Véran, avec lequel je m'entends très bien et qui sait me guider et m'expliquer le métier. Cet ancien de l'Efap (École française des attachés de presse) et de RMC, où il a connu Pierre Lescure et Jean-Pierre Foucault, deviendra par la suite directeur de la communication d'Europe nº 1, puis de RTL. De son côté, Babar choisit quelques disques pouvant coller à mon récit. Mon émission dure trois heures, avec le grand journal de la rédaction de 22 h 30, rendez-vous important pour les auditeurs rentrant de week-end. Les dirigeants d'Europe nº 1, eux, en profitent quelquefois pour écouter les nouvelles voix testées juste après.

Le lendemain, lundi, Jean-Marc et moi nous retrouvons à Europe n° 1 pour commencer à préparer l'émission du dimanche suivant : il y sera encore question de la tour Eiffel, de la pub Citroën qui s'afficha un temps sur son armature, des visites des « people » de l'époque, des expériences plus ou moins raisonnables tentées dans son enceinte, et de tous les services qu'elle a pu rendre aux Français (émetteur de radio, relais militaire, station météo...). C'est alors que le standard m'appelle :

— Christian, on a quelqu'un pour toi.

— Allô ?

— Monsieur Morin ? demande une voix, manifestement celle d'un monsieur âgé.

— Oui.

— Bonjour, je me présente : René Le Grain-Eiffel, président d'honneur de la Société de la tour Eiffel. Je suis le petit-fils de Gustave Eiffel...

Je n'en crois pas mes oreilles.

— Je tenais à vous remercier d'avoir parlé de mon grand-père en termes aussi élogieux, hier soir. De surcroît, vous n'avez dit aucune sottise sur Gustave Eiffel ! Tout était exact. Un seul petit reproche, si je puis me permettre : vous aviez des disques un peu longs et, compte tenu de mon âge [il a alors 83 ans, l'âge de la tour !], je me suis un peu assoupi vers la fin... Mais c'était épatant !

C'est la première fois que je parle à un auditeur, et non des moindres, pour un travail sur lequel je me suis vraiment donné à fond. Jean-Marc a aussitôt le réflexe professionnel : il faut l'interviewer pour dimanche prochain ! Mon interlocuteur accepte volontiers de nous recevoir. Dans son appartement au pied du Trocadéro, en face de la tour, il nous montre tous les plans originaux, et même un bulletin scolaire de son grand-père… Ensuite, il nous emmène visiter les mécanismes des ascenseurs du pilier ouest, tous d'origine ! J'ai l'impression d'entrer dans un livre de Jules Verne.

Par la suite, je déjeune à deux ou trois reprises avec lui au restaurant de la tour, au premier étage. Il vient me chercher dans sa Simca 1000 et se lamente sur la construction de la tour Montparnasse : « Regardez ce qu'on construit entre les pattes de la tour Eiffel, la tour de mon grand-père. Si ce n'est pas malheureux ! » Il accepte cependant d'assister à l'inauguration de l'intruse, à la suite de quoi je lui envoie un article du *Parisien* qui parle de lui, intitulé « La tour, prends garde » !

Il exprime sa gratitude à Pierre Delanoë, et c'est mon premier courrier d'auditeur, à peine trois mois après mes débuts à l'antenne :

> […] Il m'est infiniment agréable d'exprimer ma sincère admiration pour la manière dont votre collaborateur, M. Christian Morin, a présenté les deux parties de cette émission d'une façon vivante, précise, et sans commettre

> une seule inexactitude. Enfin, par expérience professionnelle, je sais quelle somme de recherche suppose une préparation aussi méticuleuse et je tiens à en féliciter M. Morin.

Voilà, c'est ça, la magie de la radio, son pouvoir, cette intimité qu'elle crée avec des inconnus qui vous accueillent chez eux, cet auditoire impalpable mais bien présent qui se sert à sa guise dans ce que vous lui offrez : musique, paroles, voix… Ce média exerce à mon sens une séduction plus subtile que le chant des sirènes du petit écran.

Parmi les vedettes de l'antenne, une certaine Germaine Soleil – ça ne s'invente pas, c'est son vrai nom – dispense ses conseils avisés en matière d'astrologie tous les soirs de la semaine sous le nom de « Madame Soleil ». Cette femme attachante, et surtout pleine de bon sens, fait un tabac. On me confie la relance des auditeurs qui interviennent à l'antenne – à moi de dire : « Nous avons un appel de Jacqueline, de Metz. Jacqueline, c'est à vous ! » – ainsi que la lecture des pubs – les messages préenregistrés sont encore très rares – et l'annonce des flashes d'information. L'horaire ne m'empêche pas de continuer à faire de la musique, si nécessaire ou si je le souhaite.

J'apprends tous les aspects du métier de présentateur radio ; par exemple les pubs, qu'il faut lire en direct en vingt ou trente secondes, ce qui est très utile pour bien jauger le temps, le tout dans une atmosphère amicale. J'enregistre aussi des spots pour la régie publicitaire de la station, Régie n° 1, sous la houlette notamment de Gérard Delouvain, l'un des responsables des studios d'enregistrement publicitaire, qui arborait une fine moustache à la Clark Gable. Cet homme m'a appris énormément de choses, avec ses signes de tête m'indiquant quand commencer, ralentir, ponctuer, respirer…

À l'approche de l'été 1972, Jean-Marc Véran me conseille de ne pas trop bouger de Paris, afin d'être disponible pour d'éventuels remplacements. Ça tombe bien, je n'ai rien prévu, hormis le désormais rituel festival d'Andernos, et, bien sûr, un peu de musique et de dessin dans la capitale. Et de fait, je vais faire pas mal de remplacements. À tel point que, à la rentrée, on pensera davantage à moi. Je récolte aussi quelques compliments de personnes de la maison ; cela fait toujours plaisir ! Certains – contrairement à Jean Gorini, qui d'ailleurs ne m'en a jamais reparlé – apprécient ma voix. Quelques anciens d'Europe comparent même mon timbre à celui de Michel Cogoni, qui présentait dans les années 1960 « Séance de nuit » et faisait rêver les dames et les demoiselles…

« Chers auditeurs, la parole est à vous »

Ma présence radiophonique s'affirme à partir de la rentrée 1972. Jacques Paoli, une des grandes voix de la station et de la rédaction – l'homme d'« Europe-Midi » jusqu'en 1970, date à laquelle il a passé le micro à André Arnaud –, essaye une formule inédite. Il fait installer dans le grand studio d'Europe n° 1 une dizaine de tables rondes, autour desquelles des spécialistes en tous genres et des auditeurs sont réunis pour dialoguer en direct tous les après-midi, sur un thème précis. Jacques Paoli, relayé à l'occasion par le comédien Bernard Verley, le journaliste François Jouffa ou moi-même, passe de table en table pour cueillir au vol des conversations. L'émission, baptisée « Carré bleu », est si complexe qu'elle exige deux réalisateurs ! Elle me permet de rencontrer Martial Courtois et Jean-Marie Pantalacci, qui deviendront de bons compagnons de route à Europe n° 1 et resteront mes amis.

Pour ma part, je suis affecté à la tranche 13 h 30-17 heures, au côté de Caroline Wilson, qui présente, pendant la première demi-heure, les nouveautés du disque, parmi lesquelles figure alors en bonne place « Une belle histoire », interprétée par Michel Fugain, dont les paroles sont signées Pierre Delanoë. Le premier jour, j'ai une légère extinction de voix – le trac, peut-être ? –, et c'est à coups de grands verres d'eau glacée que je maintiens le cap. Le lendemain, sur les conseils de Caroline, je consulte la sœur de Fugain, Claude, qui est phoniatre. Elle trouve mes cordes vocales un peu « boudinées ». Sans doute une conséquence de la colonne d'air que l'on utilise pour jouer de la clarinette – elle me croyait chanteur !

« Carré bleu », émission ambitieuse (peut-être trop), remporte un succès d'estime, mais ne décolle pas dans les sondages. Elle ne dure donc qu'un an. Paoli, qui fait à cette époque partie des patrons de l'antenne, me confie alors la tranche du samedi de 11 heures à midi, pour présenter « Radio Zinc », qui préfigure avec quelques années d'avance les excellentes *Brèves de comptoir* de Jean-Marie Gourio. Le journaliste Jean-Pierre Dartois laisse traîner le micro de son Nagra dans les bistrots à l'heure de l'apéro, lorsque les clients commentent le monde… et, après un montage tout en finesse, nous livre chaque semaine de savoureux bijoux. Aux commandes : Martial Courtois, Jean-Marie Pantalacci ou Jean-Marc Véran. Pour les fêtes de Noël, nous sommes plusieurs animateurs à « décorer » l'antenne à notre façon, grâce à quelques guirlandes de chansons adaptées pour l'occasion, sur des textes de Daniel Patte, docteur ès Brel et Ferré, issu de la rédaction et, pour l'interprétation, Julie. Cette dernière est arrivée à la radio en même temps que moi (promo 1972) et sa mère, qui m'aimait bien, nous aurait volontiers mariés… mais Gérard Leclerc veillait !

Je reprends, avec Anne Perez, qui imitait si bien Brigitte Bardot, « Tu es le soleil de ma vie », enregistrée cette année-là par B.B. et Sacha Distel. Anne me présente à Maurice Biraud, avec qui elle a partagé l'antenne. Il me recommande de continuer à me comporter au micro comme je le fais, à ses yeux, dans la vie : correct, élégant, mais sans bouder l'humour ni la plaisanterie. Dire « merde », mais en smoking, à l'anglaise ! Grâce à Anne, qui est comédienne et a fait le Conservatoire avec Marielle, Rochefort et Belmondo, je rencontre également Jean Yanne et Michel Duchaussoy. Croiser dans les couloirs toutes ces voix de l'antenne m'emplit de bonheur. Me voilà enfin vraiment rentré « dans le poste » !

Je côtoie Robert Willar, Harold Kay, Pierre Bellemare, Christiane Collange, Hubert Wayaffe, Christian Barbier, Viviane Blassel, Pierre Weil, Vonny, Jean-Philippe Allain (l'homme des petits matins de l'antenne), Maryse et tant d'autres... dont Francis Blanche, encore là quelque temps (il écrit cette année-là les dialogues de *La Grande Bouffe*, le film de Marco Ferreri). Je repense à tous ces moments où nous avons ri, en famille, à l'écoute de ses canulars téléphoniques. Les envolées loufoques et parfois improvisées de Francis étaient relayées par le rire communicatif de Robert Willar. Lorsque ce dernier devait lire une pub à l'antenne, le spot de trente secondes se transformait couramment en deux minutes et demie de joyeux délire, pour le plus grand plaisir des annonceurs comme des auditeurs !

L'été approche : je vais travailler sur une nouvelle émission, réalisée par Martial Courtois et produite par Marie-France Brière, sur une idée de François Jouffa. Le principe de « Star Story » : inviter un artiste qui va raconter uniquement son enfance et sa jeunesse, en s'arrêtant au début de sa carrière publique. L'émission sera enregistrée puis montée, à l'exception de la première, qui se fera en direct, avec Sacha Distel. À la fin de ses réponses, j'ai du mal à enchaîner tant j'ai l'impression d'écouter la radio chez moi et non plus de la faire ! Marie-France Brière me remet rapidement d'équerre en m'engueulant dans le casque ! « Du rythme, surtout toi qui es musicien ! », crie-t-elle. Le montage des émissions ultérieures me fera mieux comprendre la chose.

Après le festival d'Andernos, je suis de retour à Paris. Déjà la rentrée 1973-1974 se profile à l'horizon. Elle est assombrie par la mort, le 28 septembre, d'un grand du music-hall, qui animait en outre les matinées d'Europe n° 1 avec Maryse : Fernand Raynaud décède dans un accident de voiture, au volant de sa Rolls. Maurice Siegel lui-même vient lui rendre hommage à l'antenne, ce qui illustre bien l'esprit de « grande famille » qui régnait dans la station. Maryse, qui a auparavant travaillé au côté de vedettes comme Bourvil, Roger Pierre et Jean-Marc

Thibault, est profondément affectée. Le monde de la radio et du spectacle tout entier est en deuil.

« C'est dimanche ? Tant mieux ! »

En ce qui me concerne, la rentrée apporte quelques petits changements. Jacques Paoli me propose la tranche du dimanche soir, de 21 heures à minuit, entrecoupée par le journal de 22 h 30. Partant du principe que l'auditoire se compose en grande partie d'automobilistes rentrant de week-end et de gens que la perspective d'une nouvelle semaine de boulot n'enthousiasme guère, il faut leur donner du rêve, en évoquant toutes les distractions possibles à venir : matchs de foot, films, représentations théâtrales et expositions, à Paris comme en province, sorties de livres et de disques… Le dimanche soir doit être un « coffre à loisirs ». J'arrive même à convaincre Jacques Paoli de la nécessité d'une séquence de jazz d'une demi-heure ! Le titre de cette longue émission est aussi une idée de Paoli : « Dimanche Retour ». Je travaille régulièrement avec deux programmateurs de l'équipe de Babar : Maxi, ainsi surnommé à cause de sa taille, et Jean-Pierre Abraham. Privilège là encore, Maurice Siegel, le patron, qui souvent le dimanche soir rentre de Deauville, écoute toujours les infos… et moi par la même occasion. À plusieurs reprises, j'ai la chance d'être convoqué le lundi dans le bureau directorial, après la conférence de rédaction, pour quelques remarques personnalisées du big boss : « Ne donnez pas trop votre avis sur les disques que vous n'aimez pas, me recommande-t-il. Ils sont choisis pour les auditeurs… Moi aussi, je préfère Duke Ellington à… d'autres choses, mais Christian, ne prenez pas le micro pour un “dégueuloir” ! » Je me souviendrai toujours de ce conseil.

Je fais des pubs en semaine, au côté de Christiane Collange, dans son « Forum » de 13 h 30 à 14 heures, et quelques autres avec Maryse pour la régie. Je la trouve très professionnelle, mais la connais encore peu. Plus tard arrivent Gérard Klein et Jean-Claude Massoulier, avec « Les Bonshommes ». Curieusement, les animatrices ne sont désignées que par leurs prénoms : Julie, Viviane, Vonny, Brigitte et Maryse. Seules Anne Perez et, plus tard, Françoise Rivière échappent à cette règle machiste et dépréciative.

« Le numéro un sur Europe n° 1, cette semaine »

Au dimanche soir va bientôt s'ajouter l'animation du « Hit-Parade » (j'y resterai pendant sept ans) –, de 15 à 18 heures. Arlette Tabart me fait travailler la présentation à l'américaine, afin que je sache parler sur l'intro instrumentale des chansons et me taire au moment où le chant commence… Ainsi, il y a toujours de la musique à l'antenne. Pour la dynamique, Arlette me demande même de me tenir debout dans le studio. J'apprends, j'apprends, j'apprends… et les jingles pop envahissent mes dimanches après-midi.

Cette année-là, Michel Sardou va rester trois mois numéro 1 avec *La Maladie d'amour*, un tube énorme, une bonne chanson. Autre succès de la saison : Serge Lama et ses *P'tites Femmes de Pigalle*.

« Séquence jazz »

Au début de l'année 1974, Moustache me rejoint à la radio pour la « Séquence jazz » du dimanche dans laquelle nous recevons désormais un invité qui nous présente ses morceaux préférés. Au cours des deux années qui suivront, nous accueillerons ainsi Jean-Pierre Marielle, Claude Sautet (ancien critique de jazz à *Combat*), Georges Moustaki, Raymond Devos, Jean-Christophe Averty, Serge Gainsbourg, Sylvie Vartan, Pierre Richard, Julien Clerc, Michel Duchaussoy, Pierre Perret, Sempé – avec qui je ferai quelques dessins pendant l'émission –, Jean-Pierre Beltoise, Sacha Distel, Hugues Aufray, Catherine Lara, Mort Shuman, Michel Audiard (qui voulait réhabiliter Al Capone car, disait-il, sans la prohibition et ses bars clandestins, le jazz n'aurait jamais vu le jour), et bien d'autres. Je me souviens particulièrement de la troublante Marie Laforêt, que je recroiserai régulièrement par la suite. Je suis un grand admirateur de son talent de comédienne, notamment de son interprétation de la Callas dans *Master Class*. Éblouissante.

C'est dans ma Coccinelle que Claude Wargnier (le directeur technique d'Europe n° 1), Moustache et moi allons enregistrer notre émission chez Georges Brassens, dans le 15e. Me voici entouré de trois moustachus (Wargnier a un peu la même allure que Brassens) en train de discuter de Gerry Mulligan et d'Armstrong ! Brassens nous propose de rester dîner ; hélas ! Moustache et moi jouons au Cintra… Je le regrette encore.

Pendant l'enregistrement, Brassens nous avoue qu'à l'origine il souhaitait devenir pianiste, mais que, l'arrivée du cinéma parlant ayant brutalement réduit les débouchés dans cette profession, sa mère s'inquiétait énormément pour son avenir. « Alors je me suis mis à écrire des chansons ! », conclut-il avec son accent si caractéristique. Quelle humilité chez cet homme ! Je lui ai raconté que mon oncle Robert écoutait « Le gorille » en douce…

Le 26 mai, nous consacrons une émission spéciale d'une heure à Duke Ellington, qui vient de nous quitter deux jours plus tôt, à 75 ans. Moustache le connaissait bien : il avait joué avec lui et Armstrong en 1961 à Paris, lors du tournage du film *Paris Blues* avec Paul Newman et Serge Reggiani.

L'été approche et on va me confier une tranche estivale, à l'heure où il fait chaud et où l'on se repose : « Siesta ». Je passe donc une bonne partie des vacances à Paris (ce sera d'ailleurs souvent le cas pendant mes années « radio »), ce qui me convient parfaitement : j'adore cette ville en juillet-août. Avec José et d'autres amis, nous écumons les terrasses avant d'aller faire un bœuf dans quelque club où je ne joue pas officiellement. Flâner en bonne compagnie sur les bords de Seine par 30 degrés, tandis qu'une brise tiède vous rafraîchit, ne fait pas du tout regretter les plages bondées.

En octobre 1974, à Europe n° 1, se produit un léger couac : Gérard Carreyrou interviewe le Premier ministre Jacques Chirac, qui refuse de répondre à une question jugée par lui inopportune sur la réforme du Conseil constitutionnel. Carreyrou insiste, Chirac reste silencieux, couvre le micro de sa main… À l'antenne dans « Europe-Midi », on ne coupe pas au montage le léger silence, le blanc significatif du chef du gouvernement. Les auditeurs entendent et comprennent la dérobade. M. Chirac est outré ; les conséquences ne se font pas attendre : un petit coup de force du pouvoir secoue la station, pourtant privée… Accusé de persiflage, Maurice Siegel tombe en disgrâce. Il est relevé de ses fonctions de directeur général de façon plutôt cavalière. Après vingt ans ! En fait, quoique « privée », la station appartient à l'État, majoritaire via la Sofirad. Jean Gorini et Georges Leroy démissionnent par solidarité. Maurice Siegel écrit un livre explosif dont le titre est éloquent : *Vingt ans, ça suffit !* En 1975, il fonde le magazine *VSD*.

« Attention, voilà Georges ! »

Jean-Luc Lagardère devient notre nouveau directeur général, et la radio commence à changer… Pendant la saison 1974-1975, je passe toujours mes week-ends à l'antenne. À cela s'ajoutent des lectures de pubs dans quelques émissions de l'après-midi qui font chauffer le standard tous les jours. Pour répondre aux appels des auditeurs, on emploie des étudiants qui travaillent une ou deux heures par jour. Je remarque justement une de ces intérimaires, une jeune fille, jolie, d'une très belle allure. De l'autre côté de la vitre, elle m'adresse un petit sourire, auquel je réponds bien sûr, mais tout cela est furtif…

Comme je l'aperçois tous les jours et que je me suis ouvert de mon petit béguin pour elle à un ingénieur du son, Pierre Hubert, dès que ce dernier l'aperçoit, il m'avertit discrètement dans le casque : « Voilà Georges ! » « Georges », l'étudiante en droit, me paraît chaque fois plus belle… Un jour, prétextant m'intéresser aux appels d'auditeurs pendant l'émission de Christiane Collange, je vais « voir si tout va bien » et surtout observer Georges de plus près. Petit salut, deux ou trois banalités pour faire connaissance… J'apprends qu'elle se prénomme Marie-Caroline. Je me sens un peu ridicule en regagnant ma place, mais les jours suivants, elle ne se borne plus à passer devant le studio : elle fait une pause dans la régie, sourit un peu à une ou deux bêtises que je distille à l'antenne… Je finis par l'inviter à dîner. D'un commun accord, nous décidons de garder le secret sur notre flirt. Pierre Hubert continue à utiliser notre nom de code et à m'annoncer, comme s'il s'agissait d'un copain de régiment : « Voilà Georges ! »

Cette année-là, je ne passe pas le réveillon de la Saint-Sylvestre avec Georges : comme prévu, je me rends aux États-Unis. Lors d'une escale à Miami, je vais écouter Sammy Davis Jr. au Diplomate et j'ai la chance de le rencontrer : il m'informe de sa prochaine venue à Paris. Le lendemain, je visite une radio de la ville, WQAM. Le directeur, qui sait que je fais de la radio, me demande carrément combien je « vaux » et me propose un contrat. « Un accent français comme le vôtre, m'explique-t-il, plaît énormément aux Américains ! On écrira vos textes, vous apprendrez la langue et vous vous plairez, chez nous. » Tentant, mais je décline… D'une part, j'ai commencé à planter mes jalons en France depuis trois ans, et d'autre part, la Floride me semble vraiment trop loin ! Bref, je me suis dégonflé.

« Je sens que ma carrière décolle »

Je regagne Paris début janvier 1975, les yeux et les oreilles éclaboussés de rêve américain, et de plus en plus amoureux de Marie-Caroline. Dans les couloirs d'Europe n° 1, je croise Pierre Bonte, l'homme de « Bonjour, monsieur le maire », qui me signale qu'Alain Jérôme cherche un présentateur pour une nouvelle émission sur FR3 : il me conseille de me mettre sur les rangs, on ne sait jamais…

À l'époque, les bureaux de FR3 sont à 250 mètres d'Europe n° 1, rue François-Ier, juste à côté de chez Dior. Rendez-vous est pris et me voilà, assez impressionné, face à Alain Jérôme : jusqu'à présent, je ne l'avais vu qu'à la télévision, dans ses fameux « Dossiers de l'écran ». Il se révèle chaleureux, sympathique et simple. Mais je ne suis pas le seul sur sa liste, tant s'en faut : les autres candidats s'appellent André Torrent, de RTL, et Gérard Holtz. J'assiste à leurs essais, ce qui sape encore un peu plus mon assurance. Forcément, je les trouve bons, meilleurs que moi. Entre mes souvenirs éblouis de la télévision américaine et le décalage horaire, lorsque mon tour arrive, je me sens détaché, fataliste, de bonne humeur. Lorsque je m'emmêle dans l'explication du jeu que je dois présenter – qu'on nous a fait apprendre au préalable –, je réussis à retomber sur mes pieds avec humour et fais rire tout le monde, ce qui accroît ma décontraction et me vaudra de décrocher le rôle !

Ma première aventure télévisuelle va commencer. Ce jeu, intitulé « Altitude 10 000 », produit par Alain Jérôme et Pierre Vignal, est plutôt intelligent ; il plaît d'ailleurs beaucoup à l'Éducation nationale. La chaîne s'est procuré un stock d'images de la France vue du ciel, prises à différentes altitudes, qui permettent d'en découvrir les reliefs, les fleuves, les cultures, les villes… Les concurrents doivent reconnaître le site ou la ville figurant sur l'image. Plus ils sont loin du sol lorsqu'ils trouvent la bonne réponse, plus ils touchent d'argent convertible en kilomètres-avion sur Air France. S'ils ne trouvent pas sur ces paliers successifs, au sol, ils bénéficient d'indices historiques, dispensés par – excusez du peu ! – Michel Mohrt, André Castelot ou Alain Decaux.

Je suis désormais tous les jeudis à 20 h 30 sur FR3. Nous tournons à Lille deux ou trois jours par mois, afin de faire travailler les équipes locales de la chaîne qui ont été les premières à diffuser ce jeu.

Malgré son succès, « Altitude 10 000 » ne durera qu'une saison : pour la prolonger, il aurait fallu renouveler le stock d'images avec des prises de vue par avion ou par hélico, trop coûteuses. C'est dommage, mais je viens de faire mes débuts à la télévision.

À Europe, en plus de mes créneaux habituels, je travaille désormais avec Geneviève Leroy sur une petite chronique du monde du spectacle et du showbiz, de 13 heures à 13 h 30. Geneviève est l'épouse de Charles Leroy, journaliste à la rédaction, plus connu sous son pseudonyme de Charles Villeneuve – à son arrivée, on lui avait demandé de changer de nom car il y avait déjà un Leroy à l'antenne, Georges Leroy, qui était de surcroît l'un des patrons.

De nouveaux noms s'ajoutent aux gloires plus anciennes de la station : Étienne Mougeotte, Alain Duhamel, Gérard Carreyrou, Jean-Claude Dassier, Gilles Schneider, Laurent Cabrol, François Jouffa, Catherine Nay, Jean-Marie Lefèvre, Robert Namias, Olivier de Rincquesen, Stéphane Paoli, Bernard Pivot, Jean-François Kahn, François Chalais qui compte déjà parmi les « noms » d'Europe n° 1, Albert Ducrocq, sorte de professeur Tournesol lunaire aux emportements formidables, Frédéric Pottecher pour les grands procès et, bien sûr, Albert Simon, star de la météo, dont la voix de « coq déplumé » – c'est lui qui la qualifiait ainsi – était due à une opération du larynx ratée qui l'avait laissé aphone pendant cinq ans. Il avait travaillé pour les Américains pendant la guerre, puis pour la compagnie aérienne TWA, avant d'atterrir à Europe n° 1 en 1958. Il collectionne les photos de nuages et déambule souvent dans les couloirs, son petit chapeau à la main.

Côté programmes, Danièle Gilbert nous arrive de la télévision, tout comme Stéphane Collaro et Guy Montagné, ainsi que Denise Fabre, qui va occuper la tranche 11 heures-midi avec « Pile ou Face ». Gérard Klein, qui connaîtra toutes les grandes radios ou presque, est des nôtres à l'époque, tout comme Jean-Claude Laval, François Diwo et Yves Bigot, sans oublier Jean-Loup Lafont, qui va installer à l'antenne sa version moderne du fameux « SLC-Salut les copains » de Filipacchi : « Mozik ».

Jean-Loup Lafont rapporte également d'outre-Atlantique un concept qui relance efficacement la popularité de la station, « Europe Stop » : si vous avez à l'arrière de votre voiture un autocollant d'Europe n° 1 avec le portrait d'un des animateurs ou journalistes, écoutez bien la radio en conduisant : à tout moment, une voiture de la station peut vous suivre et donner votre numéro d'immatriculation en direct à l'antenne. Si vous entendez et que vous vous arrêtez, l'animateur présent dans la voiture vous rejoint et vous propose de choisir entre trois enveloppes gagnantes, dont l'une contient 10 000 francs, 8 200 euros aujourd'hui ! Ce jeu va faire un carton. Je fais d'ailleurs gagner le premier million un matin vers 7 h 30, à Lille où je me trouve avec Hubert pour plusieurs opérations de terrain, à l'occasion des fêtes de fin d'année. L'auditrice qui vient d'empocher 10 000 francs me rappelle qu'elle a gagné une montre lors d'un jeu quelques mois auparavant et m'engueule presque parce qu'elle ne l'a pas encore reçue ! Ainsi va la vie.

Au moindre dérapage, nous sommes aussitôt convoqués après l'émission chez Pierre Delanoë pour rectifier le tir. En cours de prestation, les réalisateurs gèrent le problème, ce qu'ils font très bien. Martial Courtois ou Jean-Marie Pantalacci, par exemple, amis inséparables dans la vie, savent nous porter à bout de bras, nous freiner, réveiller notre bonne humeur grâce à la leur, mais aussi monter et rythmer une émission. Tous deux m'ont pris en main presque dès mes débuts ; grâce à eux, j'ai commencé à pratiquer l'autocritique, qui me permettait de savoir, en sortant du studio, à quel moment je m'étais planté, où j'en avais trop fait, etc. Mais ils m'ont aussi appris l'autosatisfaction mesurée, car se flageller en permanence ne fait pas non plus progresser ! En somme, à l'instar de Paoli, Siegel et Agnelli, ils m'ont appris à garder les pieds sur terre, à rester moi-même, tout en continuant à rêver. Mon père les aurait bien aimés, je crois…

Martial a longtemps réalisé l'émission de Philippe Gildas et Maryse, le matin de 6 h 30 à 9 heures, le fameux « Faites vos prix », puis celles de Gilles Schneider, de Jacques Ourévitch et plus tard de Michel Drucker et de Coluche – qu'il fallait bien « tenir » à l'antenne, on s'en doute, sans toutefois le contrarier, délicat exercice dans lequel ce réalisateur excellait.

« Tour de France et tour Eiffel : pourquoi choisir ? »

En juin 1975, réunion-cocktail à Europe n° 1 en vue du Tour de France. Double bonheur pour moi, puisqu'on va non seulement évoquer la couverture d'un événement que je suis avec passion depuis l'âge de 8 ans, mais aussi car c'est « Panta » (Jean-Marie Pantalacci), membre de la rédaction, qui me présente à ceux qui vont couvrir l'événement : le grand Robert Chapatte ; Jean-René Godart, un débutant à l'époque ; Fernand Choisel, célèbre journaliste sportif de la station, avec sa gueule à la Gabin ; et face à moi, Jacques Anquetil, qui va jouer les consultants. Je serre la main du héros de mon enfance ! Nous nous reverrons trois ou quatre fois, avec Raymond Poulidor. Un parcours est fait de désirs, de chance, d'envies, de rêves… En voilà un autre qui se concrétise, grâce à Panta. Et ça n'est pas fini.

Panta et moi passons une partie de l'été à l'antenne en remplacement de Gérard Klein, pour une émission de vacances. Je propose notamment aux auditeurs « ensoleillés » de leur faire entendre des bruits de la ville susceptibles de leur manquer en vacances : marteaux-piqueurs, bus, klaxons, téléphone, ambiance sonore d'un bureau, sirène d'alarme, etc.

L'après-midi, Hubert, archétype des disc-jockeys de l'époque de « Salut les copains », et copain lui-même des yé-yé, de Carlos à Johnny et de Sylvie à Françoise Hardy, qui aborde la vie avec une bonne humeur contagieuse, présente « Chiche », une émission dans laquelle il se propose de relever les défis que les auditeurs voudront bien lui lancer. L'un d'eux, artiste peintre, lui demande d'accrocher une de ses œuvres au Louvre ! J'assiste Hubert pour ce challenge et me voilà dans une voiture-émettrice, devant le Louvre, faisant tout pour attirer l'attention des gardiens. Pendant ce temps, Hubert, qui est resté en studio, chuchote dans son micro qu'il est dans la place et qu'il approche de la salle où il a prévu d'installer le tableau. Quand il dit qu'il passe devant telle fenêtre, je réponds bien sûr que je l'aperçois – nous avons chacun un plan du musée sur les genoux pour ne pas nous tromper ! Ce que nous n'avions pas prévu, c'est que la sécurité s'émeuve : on évacue le Louvre en plein jour. Le ministère de la Culture nous passe un savon, car les facéties d'Hubert ont provoqué la fermeture du Louvre pendant toute une journée, en pleine saison touristique ! La direction de la station adressera une lettre d'excuses au ministère et au musée.

Une auditrice a une autre idée : nous faire courir la dernière étape du Tour de France en direct ! Nous voici, Hubert et moi, sur un tandem, pendant deux heures. Notre étape – sur le tracé de la véritable dernière étape du Tour – est émaillée de gages (dont la dégustation d'une choucroute à la brasserie L'Alsace, sur les Champs-Élysées) et fractionnée en quatre ou cinq mini-parcours. Suivis par deux voitures de la station, nous pédalons sur les quais, rue de Rivoli, etc. À notre arrivée devant les studios d'Europe n° 1, rue François-Ier, nous sommes accueillis par des auditeurs venus nous attendre ! C'est ça, Europe !

Nous terminons en beauté, relevant un défi lancé par Hubert lui-même alors que nous nous rafraîchissons, avec

Moustache, au Club Saint-Germain, rue Saint-Benoît : Hubert me défie de monter au sommet de la tour Eiffel par l'escalier, en jouant de la clarinette pendant deux heures. Chiche : je vais le faire ! Le lendemain, Hubert est en studio, moi au Champ-de-Mars. Une voiture émettrice est garée en relais entre les pattes de la Dame de fer si chère à mon cœur. Panta m'accompagne avec un micro et un radiotéléphone car, selon le principe du jeu, Hubert peut à tout instant de son émission nous mettre à l'antenne, sans nous prévenir, puisque le défi consiste à jouer du blues non-stop pendant deux heures ! Marie-Caroline est venue me soutenir. Nous grimpons ainsi jusqu'au deuxième étage de la tour – nous n'avons pas eu l'autorisation d'utiliser l'escalier menant au troisième étage, interdit au public. Le public, justement, composé de touristes français et étrangers, croit, malgré le casque sur mes oreilles et la présence de Panta et de son micro, qu'un type qui joue de la clarinette dans l'escalier de la tour Eiffel fait forcément la manche. Nous récoltons ainsi quelques piécettes, mais pas assez pour payer le dîner du soir avec Hubert et arroser mon exploit !

« On demande un homme à tout faire ! »

Désormais, je croise régulièrement Panta et Martial au gré de mes affectations. Europe n° 1 est devenue pour moi une troisième famille, après la vraie et celle du jazz

– Moustache, Luter et Saury (j'annoncerai d'ailleurs à l'antenne la naissance de Julie, sa fille, aujourd'hui excellente batteuse de jazz : bon sang ne saurait mentir !). Je suis si avide d'apprendre et je me sens tellement bien que je vais, à l'initiative du responsable des grilles de programmes, Jean-Claude Buchez, devenir un peu l'« homme à tout faire » de la station, capable aussi bien de présenter le « Hit-Parade » que le jeu « Pile ou face » ou de remplacer Stéphane Collaro au pied levé…

Denise Fabre étant désormais à l'antenne à partir de 9 heures, la direction me confie l'émission qu'elle animait auparavant de 10 h 30 à 11 h 30, « Pile ou face ». Les auditeurs doivent choisir, en direct, le mot « pile » ou « face », puis identifier la voix célèbre qui le prononce. Parfois, un invité comme Claude François ou Gilbert Bécaud m'accompagne autour d'un programme axé sur son répertoire. Chaque fois qu'un candidat perd, on ajoute de l'argent dans la « marmite » : nous atteignons en 1976 un total de 160 000 francs (soit plus de 117 000 euros aujourd'hui) !

Bien sûr, Europe n° 1 avait son restaurant d'entreprise. Mais la vraie cantine de la station, celle des gens de la télé, de la presse, de la politique et des dîneurs d'après-spectacle, c'était Chez Edgard, rue Marbeuf. Le propriétaire, Edgard Saada, nous y accueillait avec toute la chaleur et la générosité de sa Tunisie natale. Nous prolongions l'antenne autour d'une table avec ou sans nos invités, choyés par le directeur Paul Benmussa et son maître d'hôtel, Jean-Jacques. Le cœur de la vie des médias battait entre ses murs ou, aux beaux jours, sur sa terrasse. Aujourd'hui, ce restaurant mythique a laissé la place à un magasin de vêtements…

« Aujourd'hui, nous sommes en direct de… »

Le 21 juin 1976, premier jour de l'été, toute l'antenne se déplace à Nangis, chez Pierre Perret et son épouse Simone. La plupart des émissions vont être réalisées là-bas. C'est Yves Abraham qui est chargé des « opérations extérieures » telles que celle-ci, avec, pour le montage technique, toujours délicat, Claude Wargnier.

À Nangis, on n'attend plus que notre entrée en scène. Nous sommes si bien accueillis que nous serions volontiers restés huit jours à nous faire dorloter par notre adorable hôtesse ! Pierre Perret lui-même se prête à toutes nos interviews avec bonne humeur, depuis les infos du matin jusqu'au soir. Il passe ainsi successivement entre les mains d'Ivan Levaï et de Gérard Klein, après quoi nous enchaînons avec « Pile ou face », au bord de sa piscine. Viennent ensuite l'apéritif et le déjeuner, toujours à côté de la piscine. Le président d'Europe 1, Sylvain Floirat a fait le déplacement… À l'heure du café, Viviane Blassel enchaîne, puis ce sera l'émission « Mozik » de

Jean-Loup Lafont. Un pari de toute l'équipe nous conduit à interpréter ensemble « La cage aux oiseaux ». Pierre est au saxophone et moi à la clarinette, en direct depuis l'église de Nangis, avec la bénédiction de monsieur le curé, lui aussi présent ! Il est temps ensuite de piquer une tête dans la piscine.

Ce même été 1976, alors que Christophe débarque dans le hit-parade avec sa « Señorita », Pierre Bellemare abandonne la direction des programmes, trop occupé par l'antenne, la télévision et ses activités de production. René Cleitman, le nouveau directeur des programmes, met en place l'après-midi une émission intitulée « Tout peut arriver », animée par deux anciens complices de RMC, Jean-Michel Desjeunes et Pierre Lescure. Anne Sinclair y mène quelques interviews, tandis que les flashes d'info sont assurés par Jean-Pierre Blanzac. Mes dimanches radiophoniques sont maintenus.

Yves Duteil me rend quelquefois visite entre le « Hit-Parade » et « Dimanche Retour », pour casser la croûte. J'ai en effet noué de vrais rapports amicaux avec certains artistes. Je vois débuter les stars de demain : Nicoletta, C. Jérôme (un garçon délicieux), Louis Chedid (qui vient lui-même apporter ses disques au studio tout en tenant par la main son petit Matthieu), Michel Fugain et son Big Bazar, Alain Souchon, Catherine Lara, Daniel Balavoine, Didier Barbelivien, Claude-Michel Schönberg, Herbert Pagani, Véronique Sanson, Nicolas Peyrac…

Jean-Jacques Souplet, un des directeurs artistiques de la maison de disques CBS, me demande d'enregistrer les commentaires de leur catalogue audiovisuel pour leur congrès annuel, ainsi qu'une interview filmée d'une jeune débutante rousse : Mylène Farmer.

« Lever de rideau dans cinq minutes ! »

Un matin de 1976, le téléphone sonne dans le petit bureau que j'occupe à Europe n° 1. C'est Jacques Marouani, le producteur de Dave :

— Christian, Dave va faire son premier Olympia et j'ai pensé à toi pour le présenter !

L'Olympia... ça ne se refuse pas ! Je suis cependant très impressionné et inquiet.

Dave doit se produire pendant neuf jours dans la fameuse salle créée par Bruno Coquatrix avec, en première partie, Anne-Marie Godard, un numéro de mime en lumière noire, quatre mains blanches qui occupent le plateau et, en vedette américaine – doublement américaine ! –, Jeane Manson. Guy Mattéoni dirige l'orchestre.

— Ce serait bien que tu joues en ouverture, me propose Jacques Marouani. Deux thèmes, tu vois ? Et il faut absolument un texte pour présenter le numéro de mime pendant son installation derrière le rideau ; il y a une minute trente ou deux minutes à combler.

Marie-Thérèse Cuny, qui écrit pour Bellemare ses « Histoires extraordinaires », me trouve une histoire géniale sur une main droite jalouse de la main gauche… et Pierre Bellemare accepte de rédiger un mot de présentation sur moi pour le programme. Tout s'annonce bien, mais c'est quand même l'Olympia.

Je ne sais pas encore que la plus grande trouille de ma vie m'attend le soir de la générale. Le spectacle a été choisi pour la première expérience de retransmission par câble avec la SFP, dirigée par Jean Drucker. Le public de cinq salles de cinéma du Massif central – région d'origine du président Giscard d'Estaing – va ainsi assister au spectacle en simultané. Le réalisateur, René Gainville, m'explique qu'ainsi toute la salle sera éclairée à partir du lever de rideau et le public filmé dès mon apparition. Moi qui comptais sur le fameux « trou noir » masquant un peu le public…

L'heure approche, et je donnerais cher pour me trouver n'importe où, mais ailleurs ! Fines moustaches, allure élégante, Bruno Coquatrix, c'est la coutume, vient saluer le plateau. C'est parti. L'orchestre attaque. Je commence à jouer en coulisse, soutenu par la batterie, le rideau s'ouvre, et là, pleins feux partout. Aux premiers rangs, uniquement des têtes connues ; certains m'adressent un petit signe amical. Je ferme les yeux pour me concentrer sur la musique… Après, il faudra prendre la parole. Ne pense à rien, sois naturel… Fais comme si tu parlais à une seule personne… Facile, quand on voit fort bien les deux mille spectateurs de la salle ! Mais tout s'enchaîne, tout se déroule sans anicroche. Lors d'un retour sur scène, j'entends en haut une voix crier : « À poil ! » Vieux réflexe des Beaux-Arts, je lance : « Après vous… » On m'applaudit, le public rit… ça va mieux. Jeane Manson chante, puis c'est l'entracte avant le spectacle de Dave. Le plus dur est fait et tout se passera bien, pour les artistes comme pour la télé, Bruno Coquatrix ou Jean Drucker. Dave est consacré, et moi, je respire plus librement. Le spectacle, c'est ainsi : dès que ça va mieux, on oublie le trac et on n'a plus qu'une envie… recommencer le lendemain !

Je retrouve Dave et beaucoup d'autres artistes lors des 1res Olympiades d'Europe n° 1, pour lesquelles je dessine le carton d'invitation. Il s'agit de réunir en un même lieu les artistes les plus renommés et toute la presse, parisienne et provinciale, afin d'organiser réellement des olympiades moins sérieuses que les vraies… La première édition se déroule à Marrakech. La radio vient au complet, les principales émissions sont réalisées depuis le Maroc, et il ne faut pas moins de deux avions pour acheminer le matériel ainsi que les invités.

Dans le premier avion ont pris place Claude François, Pierre Perret, Dave, Jean-Michel Caradec, Johnny Hallyday, Daniel Guichard, Nicolas Peyrac, Henri Salvador, Philippe Lavil, Annie Cordy, Sheila, les membres d'Il était une fois, Enrico Macias, Jean-Claude Bouttier, Guy Drut, Mort Shuman, Michel Sardou, Hugues Aufray, Carlos, Denise Fabre, Stéphane Collaro, Francis Cabrel, Dick Rivers, Eddy Mitchell, Alice Dona, Serge Lama… ainsi que quelques nouveaux arrivés au sein des équipes d'Europe n° 1, dont Pierre Péchin et Gonzague Saint-Bris ! Hubert a ce bon mot : « Si l'avion s'écrase, nous ne saurons jamais lequel d'entre nous tous a le meilleur attaché de presse ! »

Après Marrakech, il y a le Kappa Club en Grèce, puis le Sénégal. Les articles de presse dépassent les espérances les plus optimistes du service communication. Comme, par ailleurs, Lagardère se lance dans le sponsoring, notamment avec le football (Lens puis Nantes et ses Canaris), on ne parle que de nous ! Et les auditeurs suivent. Europe n° 1 tient la corde.

« Nous interrompons notre programme… »

Été 1977 : je tiens l'antenne le matin et, pour avoir l'esprit clair, je dois me lever à 6 h 30. Un jour d'août, encore mal réveillé car je ne me suis pas couché très tôt la veille, j'entends mon radio-réveil m'annoncer : « Dès 9 heures, Christian Morin fera une émission spéciale sur Elvis Presley en compagnie de Pierre Lescure. » Quoi ? Mais je ne suis pas au courant ! J'appelle le chef d'antenne, qui me donne la clé du mystère : Elvis est mort.

— J'allais t'appeler, ajoute-t-il. Viens vite, les programmateurs vont arriver pour tout préparer, Lescure aussi…

Donc, toute la matinée, émission exceptionnelle consacrée au King. Pierre Lescure me propose de jouer le candide et de lui poser toutes les questions susceptibles de tarauder les auditeurs, sur la vie d'Elvis, ses débuts, sa mère, etc. Pierre, cet « enfant du rock », démontre à l'antenne, outre sa connaissance encyclopédique du sujet, son don d'analyse et sa clarté journalistique. Le tout sur fond de répertoire du King : un régal ! Les auditeurs endeuillés apprécient.

Je devrai, en direct à l'antenne, annoncer d'autres drames : l'attentat du Drugstore de Saint-Germain-des-Prés, qui survient alors que je présente le hit-parade, ou encore l'accident du Tupolev au Salon aéronautique du Bourget…

Et puis, un samedi après-midi de 1978, le 11 mars, coup de fil de Françoise Coquet et de Michel Drucker chez qui il devait venir répéter : Claude François est mort ! Immédiatement, Maxime Bouchon et moi bouleversons l'antenne pour lancer trois heures d'émission improvisée. Maxime utilise la musique des « Chariots de feu », de Vangelis, pour ponctuer ; depuis, chaque fois que j'entends ces notes, je pense à la disparition de Claude. Quelques personnalités défilent au micro ou nous les joignons par téléphone, tel Paul Lederman, le producteur de Cloclo. Tout le monde est sous le choc de cette mort brutale, de cet accident stupide. Le lendemain, je vais me recueillir devant sa dépouille, alors que ce jour-là, il m'avait invité chez lui au Moulin. Il paraît simplement endormi... Les obsèques auront lieu le 15 en l'église d'Auteuil, noyée sous la foule des amis et des anonymes.

Le 9 octobre, Jacques Brel rejoint définitivement ses chères Marquises. Je n'ai jamais pu le voir sur scène.

Enfin un souvenir agréable de cette funeste année 1978 : Florence Arthaud participe à la première Route du rhum ; Europe n° 1 est partie prenante de l'aventure. Je passe tout un après-midi à interviewer la navigatrice, sur son bateau installé place du Trocadéro, tandis qu'une passerelle permet au public nombreux de circuler tout autour. Féerique.

Sport toujours, avec le tennisman Patrice Dominguez. Ensemble pendant une saison, nous ferons une émission sur le sport tous les dimanches matin. Sa collaboratrice Béatrice Malicet, excellente joueuse de tennis, me donnera des cours et deviendra l'épouse de Michel Leeb.

« Il est minuit ! Encore ? »

Pour le Nouvel An, le programme est organisé de longue date, sur une idée de Pierre Bellemare, le volet technique étant mis au point par Claude Wargnier. Et quelle mise au point ! Du 31 décembre 1977 au 1er janvier

1978, toutes les heures, il sera minuit quelque part sur l'antenne d'Europe n° 1. Avec le concours d'Air France, la station a envoyé vingt-trois équipes, chacune composée d'un animateur ou d'un journaliste, d'un technicien et d'un réalisateur, aux quatre coins de la planète, afin qu'il y en ait une sur chaque fuseau horaire. Notre mission : dénicher des Français du bout du monde, de préférence travaillant dans des secteurs inattendus. Je suis envoyé à Rio de Janeiro. Trois jours à l'hôtel Méridien avec quelques compatriotes. J'obtiens une interview du poète brésilien Vinícius de Moraes, puis je rencontre le grand guitariste Edu Lobo. J'invite aussi un restaurateur français arrivé dix ans plus tôt, alors qu'il ne parlait pas un mot de brésilien. À minuit, heure de Rio, je prends l'antenne depuis la terrasse du Méridien, pour raconter, avec l'aide du directeur Robert Bergé, la fête de Iemanjá, déesse des eaux et de la fertilité à qui tous les Cariocas viennent demander d'exaucer leurs vœux pour la nouvelle année. Entre les airs de bossa-nova et les anecdotes de mes invités, l'émission passe très vite, et la nuit aussi. Nous repartirons avec quelques coups de soleil, après une copieuse feijoada, version locale du cassoulet.

L'aventure est magique ; les auditeurs en redemandent ! À la fin de l'année suivante, je m'envole pour Anchorage, en Alaska. Sur place, je pars à la recherche d'autres Français exilés, pour leur demander comment ils ont atterri là et ce qu'ils y font. C'est ainsi que je découvre une épicerie fine gérée par un compatriote, où l'on trouve les denrées les plus chics – foie gras, caviar, bordeaux, sauternes, bourgogne, jambons du Pays basque, confitures… –, presque toutes en provenance de l'Hexagone. Son propriétaire accepte d'être interviewé à condition qu'on ne donne pas trop de détails sur lui. C'est un ancien de l'OAS qui a refait sa vie ici et qui ne tient pas du tout à faire de vagues ! Il nous dit qu'il manque vraiment une chose à Anchorage, une chose que les Américains adorent : une vraie boulangerie fabriquant du pain français. À l'entendre, c'est la fortune assurée pour tout boulanger assez courageux pour tenter l'aventure… Autre rencontre, cette fois avec un de ces trappeurs du Grand Nord, Esquimau au visage buriné, venu en ville vendre des fourrures et des pépites d'or. Comme beaucoup de ses compatriotes, il abuse de l'« eau de feu des Blancs » dans laquelle il dilapide les quelques dollars durement gagnés. À 23 heures le 31 décembre, nous sommes connectés avec Paris, depuis le petit studio d'une radio locale. Je fais mon émission, diffuse quelques interviews et lance sur les ondes un appel aux boulangers en mal d'aventure. Peu après, un jeune couple alsacien nous contacte ; nous les mettons en rapport avec l'épicier et ils ouvriront une boulangerie là-bas ! L'équipe et moi finissons la soirée en compagnie d'autochtones. Le whisky coule à flots pour arroser la venue de l'an 1979 !

Retour à Paris où je retrouve une Denise Fabre fort marrie, car à Tokyo, d'où elle revient, tout était fermé le soir du 31 !

« C'est l'histoire d'un mec à la radio »

En pleine saison, un raz-de-marée s'apprête à fondre sur Europe n° 1. « Vous qui écoutez Europe n° 1 parce que votre poste est cassé et que vous ne pouvez plus entendre France Inter ou RTL, bonjour ! » Coluche déboule sur les ondes et la radio ne sera plus jamais la même… Il a été engagé pour réveiller l'antenne. La direction, Étienne Mougeotte et Philippe Gildas en tête, ne sera pas déçue. Martial Courtois tient les manettes, car une formule 1 mérite un pilote chevronné, tandis que Robert Willar donne la réplique à Coluche. Parmi les autres acolytes de Coluche, son pote Jean-Jean, qui dort tout le temps, ce qui se ressent sur son débit verbal, et l'un de nos futurs grands acteurs, son autre pote Gérard Lanvin. Le titre de l'émission annonce déjà la couleur : « On n'est pas là pour se faire engueuler ! » Ça ne risque pas, car l'audience triple et les annonceurs affluent, cinq fois plus nombreux que par le passé. Même quand ils se font démolir par Coluche, ils en redemandent. Quant à moi, je me suis toujours bien entendu avec Michel Colucci. Il m'aimait bien parce que, me disait-il, en tant qu'ancien des Beaux-Arts et musicien, j'étais un peu plus « saltimbanque » que les autres animateurs.

Le talent d'improvisateur et la fantaisie innée de Coluche font merveille ; il peut faire rire sur les sujets les plus inattendus. Par un bel après-midi, il se lance ainsi dans une histoire promise la veille aux auditeurs : « Comment le petit Morin s'est mis à la clarinette. » « Martial, mets-moi un fond de musique classique… » Et, avec des violons en arrière-plan, on apprend que enfant, alors que j'étais à la chasse avec mon père – qui n'a jamais été chasseur –, j'ai reçu une décharge de chevrotines dans les « bijoux de famille », ce qui me posa quelques problèmes pour faire pipi, le « tuyau » étant percé de toutes parts… Le médecin consulté conseilla à mes parents de me trouver un professeur de clarinette qui m'indiquerait la position des doigts pour boucher les trous et faire pipi normalement. Rires en studio. « Et voilà comment le petit Morin a commencé la clarinette ! » Robert Willar, Chichinou, était plié en deux. Coluche aurait pu s'arrêter là, mais non, il avait une autre chute : « D'ailleurs, un qui jouait bien de la clarinette, avant, c'est Maurice Herzog » (alpiniste amputé des dix doigts, gelés lors de l'expédition de l'Annapurna en 1950). Ça n'a pas fait rire tout le monde : le standard a reçu des appels outrés… Coluche abandonnera la radio à la fin de l'année, accaparé par ses spectacles. Il reviendra quelques années plus tard sur cette même antenne, grâce à Philippe Gildas, pour nous traiter tous d'« enfoirés »...

Cette même saison 1978-1979, Jacques David fait une tentative pour occuper l'antenne vingt-quatre heures sur vingt-quatre. J'accepte d'assurer le relais du créneau 1 heure-5 heures du matin. L'idée de Jacques est de proposer une radio de services, populaire, nerveuse, avec des infos pour les étudiants. On fera même une expérience de standard pour permettre à des étudiants d'échanger des conseils. En début d'émission, les artistes, musiciens et comédiens passent en sortant de leur spectacle ou du restaurant, pour bavarder un peu, assurer leur promo. Nous essayons aussi de distraire, avec de la musique et des récits, les insomniaques et les travailleurs de nuit : je discute à l'antenne avec des boulangers, des infirmières, des médecins... et même quelques gardiens de phare ! Je ne tiendrai que quatre mois et demi, c'est éreintant pour moi... et aussi trop compliqué pour la station : fin de l'expérience.

« Un autographe, monsieur Morin ? »

À la rentrée 1979, j'assure toujours une dizaine d'heures d'antenne pendant le week-end, appuyé par le réalisateur Alexandre Marcellin. De temps à autre, quelques opérations extérieures ont lieu avec le podium d'Europe n° 1, comme la fête de la Mirabelle, à Metz, qui me donnera l'occasion de rencontrer et de présenter l'un des maîtres de la bossa-nova, Sergio Mendes, puis Joan Baez, que Maryse et moi présenterons devant onze mille Messins et Messines enthousiastes, mais auxquels je devrai dire de faire le silence absolu, exigence suprême de la chanteuse folk engagée.

J'anime la dernière nuit de la décennie 1970 sur Europe n° 1. Mais auparavant, je présente Dorothée, qui se produit sous un chapiteau installé sous la tour Eiffel et remporte comme d'habitude un triomphe auprès de son jeune public. Une vague de froid glacial vient de s'abattre sur la capitale. Le verglas couvre les rues ; la serrure de ma voiture est gelée. Pour la débloquer, une seule technique, bien connue : faire pipi dessus... Je m'exécute. Or, le public commence à sortir et une dame, suivie de sa petite famille, se précipite vers moi en criant : « Christian Morin ! Christian Morin ! Un autographe, s'il vous plaît ! » Je remets hâtivement de l'ordre dans mes affaires et réponds bêtement : « Je n'ai pas de stylo ! » Et j'éclate de rire en songeant à la situation deux minutes auparavant... L'autographe dûment signé, je repars tout doucement vers Europe n° 1 pour ne pas patiner sur la chaussée glissante. Les rues sont désertes, et bon nombre de réveillons en Île-de-France ont été annulés à cause du mauvais temps.

Retour à la télévision après « Altitude 10 000 » et « Rire et Sourire », cette fois sur Antenne 2 : j'anime

« Les Descendants », une émission produite par Philippe Alfonsi et réalisée par Alexandre Tarta. Deux classes d'adolescents doivent découvrir les ancêtres célèbres des invités, à partir de documents, de renseignements et grâce aux questions qu'ils leur posent. L'Éducation nationale adore, le public, moins, et « Les Descendants » sont supprimés au bout d'une saison.

« Décrochez-moi la lune »

À la radio, outre mes week-ends, je commence à assurer les débuts d'après-midi. Dans l'émission « Décrochez-moi la lune », nous organisons un jour une conversation entre un admirateur d'Arletty et l'inoubliable Garance des *Enfants du paradis*. Pour ce faire, la réalisatrice Hélène Autheman, son équipe et moi-même activons nos réseaux, avec un coup de pouce de Jean-Claude Brialy, à l'époque lui aussi sur Europe n° 1, qui connaît bien l'actrice. Et l'auditeur voit son rêve se réaliser : il est tellement ému que c'est Arletty qui finit par lui poser des questions ! Pour la remercier, il souhaite lui envoyer des roses, mais Arletty lui explique avec sa gouaille inimitable :

— Je n'y vois plus, ce serait dommage que je n'apprécie pas votre gentil cadeau…

— Que préférez-vous à la place, alors ?

— Vous voulez vraiment me faire plaisir ? Du champagne !

Elle en recevra une caisse.

Une autre fois, nous permettons à un passionné de formule 1 de bavarder avec Jacques Laffite. Le rendez-vous téléphonique a été compliqué à mettre en place, car à ce moment-là, Jacques était en train de jouer au golf en Écosse, où il vivait… Or sa voiturette est tombée en panne, et il n'est pas arrivé à temps au club-house où nous devions le joindre. À l'époque, pas de portable… Son absence deviendra le fil rouge de l'émission, et il ne surgira à l'antenne que deux minutes avant la fin. La conversation se poursuivra bien entendu hors antenne…

Mais la plus belle histoire reste celle de ce rescapé du terrible attentat du Drakkar, à Beyrouth, en 1983. Nous l'avons aidé à retrouver l'homme qui l'avait soutenu psychologiquement pendant qu'il était coincé sous les décombres de l'immeuble qui abritait les forces militaires françaises. Un témoignage tellement émouvant que Gilles Schneider le rediffusera le lendemain matin.

« Live from Los Angeles… »

Avant de quitter Europe n° 1, Pierre Lescure a une idée aussi simple que brillante, pour contrer le « Stop ou encore » du dimanche sur RTL. Ce sera « Le Disque des auditeurs » : quatre heures d'antenne le dimanche matin avant le journal. J'ai le plaisir de l'animer avec Maryse ; c'est une véritable consécration pour moi de devenir le partenaire de celle qui a travaillé naguère avec Bourvil, Fernand Raynaud ou Roger Pierre, et qui anime tous les matins l'antenne avec Philippe Gildas. Et puis, il y a sa voix ! Et son rire… car nous rions beaucoup. À son contact, je m'améliore, je me sens mieux.

Pendant la dernière heure et demie, nous recevons un invité. Les auditeurs choisissent des chansons piochées dans son répertoire… Se succéderont Enrico Macias, Jean Ferrat, Henri Salvador. La direction nous envoie, avec notre réalisatrice Françoise Reichenbach, aux États-Unis pour deux émissions, l'une avec Sylvie Vartan et l'autre avec Mireille Mathieu – qui se trouvent à ce moment-là sur le sol américain. Premier dimanche avec Sylvie Vartan dans un hôtel de Los Angeles. L'émission se passe à merveille, Sylvie Vartan se montre charmante, son petit David à ses côtés… Nous partons ensuite pour San Francisco, où nous retrouvons Mireille Mathieu et Johnny Stark, avant de les accompagner à San José. La chanteuse se produit en anglais devant deux mille spectateurs, puis, en grande professionnelle, elle ajoute à son concert des titres en allemand et en espagnol pour son public dont une grande partie est germanophone ou hispanophone ! Retour à San Francisco pour dîner dans le meilleur restaurant de Chinatown. Le lendemain, nous partons pour Las Vegas assister au show de Paul Anka. Il nous a envoyé son jet privé et, à l'arrivée, deux limousines nous attendent sur le tarmac. Je nage en plein

TÉLÉVISION

Candidate exceptionnelle d'un soir de 1989 : Hélène Morin, dite Maman.

« Altitude 10 000 » : ma première émission TV produite par Alain Jérôme. (1975)

Sur la TSR, Daniel Balavoine et Michel Berger sont plus attentifs à la présence de Miss Suisse, Lolita Morena, qu'au présentateur. (1982) © D.R.

Première interview de Céline Dion en Europe, sur la télé suisse. Mon ami Michel Drucker devra patienter une semaine… (1983) © D.R.

Avec Silvio Berlusconi et Amanda Lear, La 5 est lancée depuis Milan. (1986)

À droite. **Ornella Mutti, une des nombreux invités de Berlusconi pour inaugurer La Cinq. (1986)**

Photos © Giornalfoto, Milan/D.R.

Émission pour la TSR en Suisse avec Guy Breton, où nous rejouons *La Bête humaine*.(1983)

© Studio Marny/Mulhouse/D.R.

Pour Patrick Sébastien, c'est toujours « Carnaval » : en Jacques Chirac/Lucky Luke (1987) et en Julio Iglesias plus vrais que nature ! (1984) © François Gaillard/D.R.

1987 à 1992 : cinq ans en compagnie d'Annie Pujol, devant 12 millions de téléspectateurs chaque soir ! (1987) © TF1/D.R.

Folle rencontre avec le fou chantant Charles Trenet que j'ai eu la folie d'accompagner à sa demande (1992). © D.R.

L'équipe de « Succès Fous » : Guy Lux en producteur, Patrick Roy, Philippe Risoli et un certain Joffrey de Peyrac, l'amant d'Angélique… (1992) © D.R.

Quel dommage que ce show télé en duo avec Michel Leeb n'ait jamais vu le jour… (1980) © D.R.

COMÉDIE

Jean-Laurent Cochet, mon maître du théâtre, qui m'a accepté comme débutant dans sa jeune classe. (2004)
© D.R.

Dans le rôle de Beaumarchais et dans un costume qu'avait porté avant moi Jacques Toja à la Comédie-Française. (2001) © J.L. Seigner/Alamo/Corbis/Sygma/D.R.

Au théâtre Tête d'or à Lyon, essayage du *Vison voyageur*
à ma maîtresse (Dominique Mérot), avec l'aide de mon associé (Michel Jeffraud).
(2002) © D.R.

Un cliché de la troupe de *Lily et Lily* aussi pétillant que nos moments sur scène
avec Annie Cordy. (2007) © D.R.

Elle avait plus que de beaux yeux, Michèle Morgan… Ici, dans le rôle de ma belle-mère dans *Tiroirs secrets.* (1985) © Philippe Lenglin/Parisien Libéré/D.R.

Comment ruiner un costume et une carrière cinématographique, en compagnie de Michel Galabru, dans *Les Diplômés du dernier rang* de Christian Gion. (1982)
© Les Films du Gave/D.R.

Quand on est charcutier-boucher accusé de meurtre, être arrêté par l'inspecteur Alain Bashung est vertigineux (*Le p'tit Curieux* de Jean Marbœuf, 2004).

Dans *Mercredi, folle journée* de Pascal Thomas, rencontre parent-prof impromptue avec Vincent Lindon. (2000)

Dans *Casablanca Driver*, de et avec Maurice Barthélemy, je deviens un présentateur belge et kitsch des années 1960. (2004) © Jérôme Plon/Photo12/Move Movie

Dans *À cause des filles..?* de Pascal Thomas, je suis encore un mari trompé, cette fois-ci par Audrey Fleurot. Tant pis pour moi… (2018) © D.R.

RENCONTRES

Mon seul soutien politique public, pour un Bordelais de cœur, Jacques Chaban-Delmas (élections municipales de 1988).
© D.R.

Toujours à l'écoute des conseils de Charles Aznavour. (1987) © D.R.

Mot d'excuse swinguant de Cabu, empêché d'assister à mon concert aux Bouffes parisiens. (2014)
© V. Cabut

Petite gourmandise de dessinateurs… lors de mon émission de jazz sur Europe 1. (29 septembre 1974) © C. Morin/© Sempé

Avec Alain Delon en train de fomenter notre prochain canular téléphonique, en Suisse. (1985) © D.R.

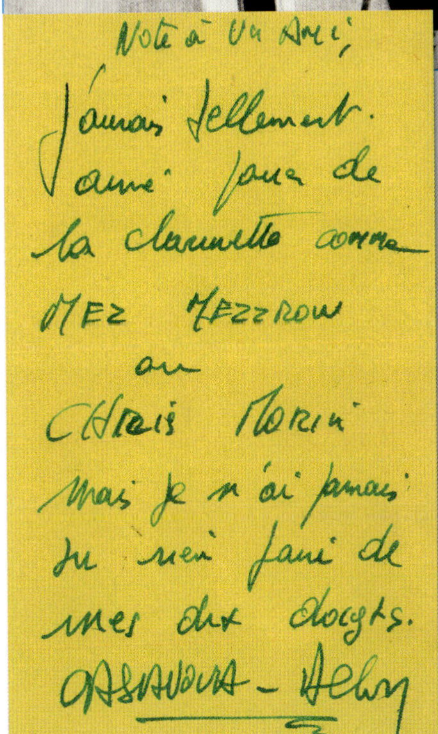

Note à un Ami ;
Jamais tellement
aimé jouer de
la clarinette comme
MEZ MEZZROW
ou
CHRIS MORINI
mais je n'ai jamais
su rien faire de
mes dix doigts.
CASANOVA – Delon

À gauche : de table à table au Fouquet's, petit mot d'Alain Delon (alors en tournage du *Retour de Casanova* d'Édouard Niermans, 1992).

La télé suisse vaut de l'or à mes yeux, puisqu'elle m'a permis ce duo de clarinettes avec Raymond Devos. (1983) © D.R.

Bénévole pour les bonnes causes et pour une franche rigolade avec Patrick Préjean. Je suis encore arrivé deuxième… (2013)
© Rémi Blomme/D.R.

Philippe Gildas me manque. Et à vous aussi, sans doute. (2014)
© D.R.

Inimitable amitié entre Jean-Pierre Foucault et Laurent Gerra, sacré trio ! (2022)
© Manolo Mylonas/Radio Classique/D.R.

Avec deux Michel, le rire reste le propre des copains ! (2022) © Manolo Mylonas/Radio Classique/D.R.

EN ROUTE POUR DE NOUVELLES AVENTURES...

Première année de découvertes, autant pour Julien que pour moi. (1986) © C. Morin

Lequel des deux influence l'autre ? (2015) © C. Morin

Bénédicte avec son époux tout neuf, le 21 mai 2022 à Paris dans la mairie du 16ᵉ arrondissement. © C. Morin

© C. Morin

American dream ! Quarante musiciens entourent Paul sur scène. Après son spectacle, nous soupons tous avec lui au Caesar Palace, dont le chef est lyonnais. Comme nous envoyons régulièrement quelques « pastilles » de notre séjour à l'antenne, nous interviewons le chef, à la maman duquel Mireille Mathieu et Paul Anka envoient leur salut ! Notre voyage se clôt par un dimanche matin en compagnie de Mireille, avant de regagner Paris.

« Je parie que tu vas aimer cette émission ! »

Revenons en France et quelques années en arrière. En septembre 1981, après l'élection de Mitterrand, ça swingue forcément à la direction comme à la rédaction d'Europe n° 1. Étienne Mougeotte démissionne et Philippe Gildas prend la direction de l'information, mais aussi des programmes. Lourde tâche… Arrive également un nouveau P-DG, amateur d'histoire, d'ULM et de motos, Pierre Barret, avec qui Gildas va très bien s'entendre.

Le matin, Gilles Schneider (futur directeur de France Inter, puis de RFI) remplace Philippe sur la tranche 6 h 30-9 heures, avec, aux manettes, Martial Courtois. Maryse et moi obtenons la matinée. Notre émission, « La Boussole », mêle jeux, voyages, bonne humeur et complicité jusqu'à 13 heures, entrecoupés de plages musicales choisies par le nouveau patron de la programmation, l'élégant Albert Emsalem, un homme qui connaît bien son domaine. Nous conservons également les dimanches matin.

En décembre 1982, je reçois un coup de fil de Pierre Bellemare :

— Cricri, tu n'es pas sans savoir que je vais présenter une nouvelle émission sur FR3, aussi ai-je pensé à toi pour me remplacer dans « Les Paris de TF1 » [émission qu'il animait tous les soirs à 19 h 30]. Peux-tu venir nous rejoindre, Jean-Paul Rouland, Georges Folgoas et moi, lundi vers 18 heures au Palais des Congrès ?

C'est ainsi que je me retrouve, fin 1982, aux commandes d'une émission que j'ai vraiment aimé animer, car la mécanique était, comme souvent avec l'équipe Bellemare, merveilleusement huilée. Lors de mon premier enregistrement des « Paris de TF1 », avec Enrico Macias, voyant les images sur un écran témoin, j'eus vraiment l'impression d'être chez moi, devant mon téléviseur, et pas du tout sur un plateau. J'attendais de voir Bellemare apparaître, tout simplement… Je suis très reconnaissant à Pierre de m'avoir mis le pied à l'étrier.

Le jeu consistait à deviner, à l'aide d'un reportage, si l'invité était réellement passionné de voitures anciennes, collectionneur de livres rares, ou autre. L'émission était remarquablement préparée et peaufinée par Jean-Paul Rouland. Parmi les candidats figurait une fort jolie comédienne en herbe, fraîchement débarquée à Paris après une école de cirque : Corinne Touzet. Elle a très vite attiré l'œil de la réalisatrice Marion Sarraut et entamé la carrière que l'on sait.

« Coucou, c'est Christian ! »

La rentrée 1980-1981 m'apporte un second joli cadeau en provenance de l'autre versant des Alpes. J'ai en Suisse un ami, un frère apporté par la vie : Alain Morisod, pianiste, compositeur, arrangeur et depuis peu producteur, pour la Télévision suisse romande (la TSR), d'une grande émission de variété mensuelle, version locale de « Champs-Élysées ». Il me propose de présenter son show. J'accepte son offre avec enthousiasme : grâce à lui, je vais faire mes premières vraies armes à la télévision. Nous sommes issus de milieux similaires, simples et je crois empreints de bon sens : mon père était imprimeur, le sien, boucher. Notre tandem fonctionnera à merveille pendant cinq ans, avec « La Grande Roue », « Studio 4 » et « Trèfle d'or ». Je n'ai pas d'assistant, je prépare moi-même toutes mes interventions, ce qui me fait apprendre beaucoup de choses, techniques et artistiques. La dernière année uniquement, avec l'amicale autorisation de Michel Drucker, je bénéficierai de la précieuse collaboration de son premier assistant, son alter ego – lui aussi va très vite devenir un ami –, le très efficace et très calme Éric Barbette.

Un après-midi, alors que je suis en train de parler sur l'antenne d'Europe n° 1 de la musique de *Pour la peau d'un flic*, en terminant par « Bravo, monsieur Delon ! », je reçois un coup de fil en régie. On me dit qu'Alain Delon veut me parler depuis Genève. Je crois à une blague de Morisod, mais c'est bel et bien Delon qui me dit : « Bravo, monsieur Morin, mais j'aimerais bien faire de la télé en Suisse à votre invitation ! » Emballé, je mets au point l'émission avec Morisod. Pour le passage de ce monstre sacré du cinéma, nous n'avons pas de mal à remplir notre plateau. Delon se montre détendu, aimable, riant beaucoup lorsque Daniel Prévost tente de lui faire croire qu'il possède lui aussi un CAP de charcutier.

Au moment de passer à table au Griffin's, le restaurant où nous allons dîner chaque fois après l'émission, on m'avertit que mon épouse Marie-Caroline, alors enceinte, est au téléphone. Delon m'emboîte le pas, entre avec moi dans la cabine téléphonique et s'empare du combiné :

— Allô, Christian ? Pourquoi tu ne m'as pas appelée à la fin de l'émission ?

— Tu sais comment ça se passe, on est toujours débordés, je préférais t'appeler du restaurant.

— Comment ça s'est passé avec Delon ? Il a été sympa ?

— Oh, très bien. Il a été très agréable, charmant. Et Delon a été très professionnel, lui répond Delon « façon Delon ».

— Qu'est-ce que vous faites, là ? Vous dînez ensemble ? Je trouve que tu n'as pas la même voix que d'habitude... Mais qui est à l'appareil ?

— Alain Delon.

— Arrête tes conneries !

— Marie-Caroline, je ne vais pas vous faire marcher plus longtemps. Je vous embrasse, bonne soirée. Je vous présente mes hommages et je vous passe Christian...

Marie-Caroline n'en revenait pas d'avoir eu le bonheur d'échanger quelques mots au téléphone avec le héros de *La Piscine* !

Par la suite, Nana Mouskouri, Jean-Claude Brialy, Sacha Distel, Michel Sardou, Raymond Devos, Michel Berger, Véronique Jannot, Chantal Nobel, Dalida, Jean Ferrat, Daniel Balavoine (qui deviendra un habitué), Claude Luter, Annic Cordy et Coluche défilent sur notre plateau genevois. Le passage de Coluche sera mémorable. Il avait souhaité que je réinvite Alain Delon, mais celui-ci, quoique tout à fait d'accord sur le principe, n'était pas disponible. Coluche souhaite aussi la présence de l'illusionniste Dominique Webb, car il a une petite idée :

— On sort toujours un lapin d'un chapeau, me dit-il. Pourquoi on ne ferait pas sortir un chapeau du cul d'un lapin ?

J'appelle Dominique Webb, qui relève le défi :

— Pourquoi pas ? Je vais fabriquer un haut-de-forme en mousse. Plié dans la main, il reprendra sa forme initiale le moment voulu.

Sur le plateau, le test est formidable. Coluche se réjouit d'avance du tour spécialement concocté à son intention. Hélas ! en pleine émission, le chef de plateau m'apprend qu'on nous a dérobé le chapeau. Je suis furieux et, de plus, j'ai peur que la lapine albinos planquée dans un carton sous mes pieds n'attrape un coup de chaud. Mais enfin, comme me le fera remarquer Coluche avec une belle philosophie :

— Si tu avais annoncé à l'avance le numéro aux téléspectateurs, là, c'est vrai, t'aurais eu l'air con ! Mais puisque personne n'était au courant, il n'y a que toi et moi qui sommes contrariés…

Il avait raison. Par chance, l'émission s'est très bien déroulée, grâce à lui et à des images exclusives de son record de vitesse à moto, 250 kilomètres-heure – putain de moto… Pour finir, puisque nous sommes en Suisse, Coluche s'assied sur une grosse balance afin de recevoir son poids en chocolat !

En 1983, Alain Morisod (qui fut le pianiste de Fernand Raynaud en 1972-1973) et moi préparons une émission pour célébrer le dixième anniversaire de la disparition de l'humoriste. Sur le plateau se réunissent Bernard Haller, Sim, Frédéric Dard et Raymond Devos. Pour l'occasion, Raymond et moi nous embarquons dans un duo de clarinettes sur « Dardanella », avec le grand orchestre d'Alain Morisod et ses choristes. Un vrai show à l'américaine...

Or, la Suisse possède aussi son contingent de Burnemauve. Alain Morisod, producteur, ayant présenté son projet d'émission au directeur des divertissements de la TSR, on lui attribue un producteur administratif – procédure normale. Malheureusement, devant le succès de notre émission depuis trois saisons, Marcel Burnemauve, dont les dents rayent le parquet, réussit, tout en conservant la production de l'émission, à faire remercier l'instigateur de cette belle aventure, Alain Morisod lui-même ! Il essaie même de me récupérer, mais je lui réponds que ce n'est pas mon genre de « faire un enfant dans le dos » à un ami. Bref, qu'il ne compte pas sur moi pour le suivre dans son entreprise de démolition...

Le lundi, je reçois un appel surpris de Jacques Martin à Europe n° 1 :

— On me demande de te remplacer en Suisse parce que tu es malade, et voilà que je t'entends à la radio ! Qu'est-ce qui se passe ?

Je lui raconte toute l'affaire. Non seulement Jacques me soutient, ajoutant qu'entre amis il faut s'entraider, mais il me demande, pour s'amuser, si je vois un inconvénient à ce qu'il sème un peu la pagaille, grâce à quelques amis journalistes suisses, qu'il aimerait mettre au courant de l'affaire. Il a évidemment ma bénédiction.

Le lendemain, l'affaire prend de l'ampleur en Helvétie ! *Le Matin* titre : « TSR : Martin… tintin ! » Mon admiration et mon respect pour Jacques n'en font que croître. Un peu plus tard, il rejoindra la famille Europe n° 1 (bientôt Europe 1), tout comme celui qui finira par me remplacer : Thierry Le Luron – qui me surnommait « Morinounet » avec la voix d'Alice Sapritch ! Délicat comme à son habitude, il m'avait téléphoné au sujet de cette relève, et je lui avais répondu que cela ne posait aucun problème entre nous.

« Puni » pendant toute une saison, Alain Morisod, après avoir reçu le soutien de plusieurs journaux, de politiques, et surtout de trente mille téléspectateurs signataires d'une pétition en sa faveur, est revenu la saison suivante, avec moi dans sa valise, et le succès a de nouveau été au rendez-vous. Un jour, nous recevons sur notre plateau une adolescente de 14 ans dotée d'une voix étonnante : Céline Dion. La jeune Québécoise se révèle déjà très professionnelle, très à l'aise au micro et charmante. Je suis alors loin de me douter que je viens de réaliser, en ce 7 décembre 1983, la première interview en Europe d'une future star mondiale, quelques jours avant Michel Drucker !

Celui que je considère comme le plus grand showman que la France ait connu avant Johnny Hallyday, Gilbert Bécaud, est le parrain de notre nouvelle émission. Sachant Gilbert passionné par la conquête de l'espace, je réussis à obtenir, grâce à mon ami Patrick Baudry, une superbe maquette de la fusée Ariane ; petit cadeau supplémentaire, Alain et moi avons organisé un coup de fil en direct de Houston, d'où Patrick se prépare à décoller à bord de la navette spatiale américaine. Quelques jours plus tard, Patrick s'envole de Cap Canaveral pour une balade autour de la Terre – dont on célèbre aujourd'hui le quarantième anniversaire.

Quant à moi, à propos de quarantième, je célébrerai cet anniversaire au cours d'un show spécial consacré à Henri Salvador, avec Françoise Dorin, entre le rire inimitable du premier et l'humour élégant de la seconde. Une autre émission nous réunira autour d'un piano qui accueillera successivement Claude Bolling, les sœurs Labèque, Daniel Balavoine et Michel Berger, lesquels nous offriront un émouvant duo sur « Une minute de silence ».

Ces cinq années avec Alain ont forgé une fraternité aujourd'hui vieille de quarante-cinq ans ! Après la fin de « Trèfle d'or », il produira d'autres émissions pour la TSR, dont son plus grand succès populaire (critère le plus important à ses yeux), « Les Coups de cœur », qui dureront vingt ans !

« Alors, raconte… ou pas »

Tous deux musiciens, Michel Leeb et moi avons l'idée d'un show télévisé à l'américaine dans l'esprit de celui qu'animaient Jerry Lewis et Dean Martin. Tout est prêt : maquettes, photos de plateau, smokings et autres costumes, écriture des sketches et mise en place de l'émission sous l'œil de notre future réalisatrice, Marion Sarraut. Hélas ! ce projet ne verra jamais le jour et je ne deviendrai pas le Dean Martin hexagonal… Les « puissances décisionnaires » d'Antenne 2 doutent de notre notoriété débutante ! Elles n'ont peut-être pas su à quel point elles se trompaient. En effet, le soir des Victoires de la musique 2010 que je coprésentais, Charles Aznavour me dit après l'émission : « Vous savez, mon petit Christian, j'ai un regret avec vous et Michel Leeb : j'aurais bien aimé produire un show avec vous deux en tant que musiciens. Je pense que ça aurait très bien marché. » Trop tard.

Bien souvent, des artistes comiques tels que Michel sont cantonnés à leurs rôles de clown. Pourtant, il a su montrer la diversité de ses talents en incarnant brillamment des rôles dramatiques, notamment dans *Douze hommes en colère* ou *Amitiés sincères*.

En attendant, je me mets à la cuisine avec Michel Oliver, dont je fréquente souvent le Bistrot de Paris. Il a repris le flambeau de son père Raymond et présente sur Antenne 2 des émissions culinaires, qu'il mène de main de maître avec, à la réalisation, un Girondin de mes amis, Jacques Cristobal, qui a travaillé sur « Cinq colonnes à la une » et « Apostrophes » de Bernard Pivot. Michel aime bien qu'un copain soit présent pendant qu'il prépare ses recettes tout en les commentant avec sa faconde et son accent qui met l'eau à la bouche. Il nous fait jouer les commis de cuisine. Olivier de Rincquesen, d'Europe 1 (lui aussi Bordelais), et moi sommes souvent ses comparses. Les enregistrements se font à Neuilly dans un ancien cinéma ; pendant la pause, toute l'équipe déjeune dans le quartier… sauf lorsque Michel nous dévoile l'art de préparer un foie gras. Pour les besoins de sa démonstration, il doit en cuisiner trois à cause des temps de cuisson. Ce jour-là, personne ne sort déjeuner !

L'été venu, TF1 cherche une idée pour remplacer mes « Paris » de 19 h 30. Georges Folgoas décide de rediffuser « Alors, raconte… », émission en noir et blanc qu'il a naguère produite sous forme de séquences à thème, et de me la faire présenter. Je joue le mari esseulé à Paris, femme et enfants étant partis en vacances, qui fait ses courses et rentre chez lui pour raconter des blagues aux téléspectateurs à l'heure de l'apéro. Cela fonctionne. Résultat : à la rentrée, Georges propose dans la foulée un mélange d'extraits de « Alors, raconte… » et d'anecdotes narrées par un comédien venu évoquer son métier. Nouveau départ pour une saison sur TF1, avec un invité différent chaque semaine : Michel Leeb, Carlos, Michel Galabru, etc.

« Il y a un beau microclimat, ici »

En 1982-1983, mon ami Morisod ayant été évincé de la télévision suisse, et moi à sa suite, je rejoins Maryse sur Europe 1 pour une nouvelle émission qui demeurera l'un de mes meilleurs souvenirs de radio. « Microclimat », c'est son titre, est entièrement composée de micro-séquences – le but, d'après son créateur Philippe Gildas, étant d'inciter les auditeurs à rester à l'écoute, quart d'heure après quart d'heure. Chaque jour, un auditeur fête son anniversaire à l'antenne ; j'évoque le jour de sa naissance au travers de chansons, de musiques, de bulletins météo, de fausses pubs d'époque reconstituées et mêlées aux vraies – grâce à l'aval du patron de la régie publicitaire, Jean-Yves Laneurie. Puis Maryse enchaîne ses micro-rubriques de mode, de beauté et de curiosités, avec un ou des invités. Un partenariat avec mon ami Christian Bailly, fondateur de la librairie parisienne La Galcante, spécialisée dans les vieux journaux, nous permet en outre d'offrir aux auditeurs un journal daté du jour de leur naissance. Nos invités principaux subissent, si je puis dire, le même traitement, puisque chacun d'eux n'a droit qu'à trois fois trois minutes de micro-interview. De Julio Iglesias à Serge Gainsbourg en passant par Sylvie Vartan, Amalia Rodrigues ou Mireille Darc, tous se prêtent au jeu de bonne grâce. Jean-Charles de Fontbrune vient nous parler de Nostradamus trois minutes par jour, et Guy Breton, après ses célèbres « Histoires d'amour de l'histoire de France », concocte une jolie séquence de trois minutes intitulée « Histoires d'humour de l'histoire de France ». En 2008, j'illustrerai à sa demande son dernier ouvrage *Les Sourires de l'histoire* (Anne Carrière).

C'est aussi avec Guy Breton que nous avons réalisé pour la télévision suisse romande une émission depuis le musée du Train de Mulhouse, émaillée d'anecdotes sur les chemins de fer, dont tous les participants étaient en costumes d'époque. Guy et moi avons eu le bonheur de conduire – avec l'aide de vrais cheminots, cela va de soi – une locomotive de 1917 sur 3 kilomètres. Lui jouait les conducteurs et moi, les chauffeurs, gavant la chaudière, pelle à charbon en main ! Avec notre accoutrement, nous semblions tout droit sortis de *La Bête humaine*. Un rêve d'enfant exaucé et la possibilité de jouer un peu la comédie avec le célèbre historien.

« J'ai tant de points communs avec Richard Gere... »

Un dimanche matin de 1983, je lance une idée à l'antenne, par plaisanterie : pourquoi, dis-je à Maryse et aux auditeurs, ne ferions-nous pas notre émission depuis un porte-avions ? Les pubs et les dédicaces s'enchaînent comme à l'accoutumée... jusqu'à un coup de téléphone du ministère de la Défense ! Au bout du fil, le capitaine de vaisseau Thireault, du Sirpa, m'annonce que l'opération que j'ai suggérée par plaisanterie peut se faire sans problème ! Il propose une rencontre pour convenir d'une date et régler l'organisation de ce déplacement. C'est ainsi que Maryse, Gérard Guillemenot (notre ingénieur-réalisateur) et moi-même nous retrouvons à bord du *Foch*, en rade de Toulon. Nous y passons deux jours, invités par le commandant Raoul d'Hérouville – qui deviendra amiral – pour préparer et réaliser notre émission en direct le dimanche matin. L'occasion pour nous de visiter cette ville flottante, d'admirer son fonctionnement, les hommes à la manœuvre. Je sympathise avec l'aumônier du bord qui, faveur rarissime, m'emmène visiter le sous-marin *Agosta*. C'est grâce à ces rencontres avec des hommes exceptionnels que, cinq ans plus tard, alors que je travaille pour TF1, je vais obtenir par dérogation spéciale l'autorisation de porter l'uniforme blanc de la marine, pour jouer sur le ponton d'atterrissage du *Foch* avec la musique de la Flotte, dans le cadre d'une de ces folles émissions dont Yves Mourousi a le secret ! J'ai l'impression d'être transporté dans le film *Officier et gentleman*... sauf que, à ma connaissance, Richard Gere ne joue pas de clarinette.

« Viens m'embrasser (avec ou sans tes support-chaussettes) »

Un après-midi, au détour d'un couloir de la radio, Patrick Sébastien me parle de sa nouvelle émission de variété pour TF1. Ses multiples talents d'auteur, d'inventeur et d'imitateur font de lui une véritable « bombe » dans sa catégorie. Des artistes renommés, des journalistes et des chanteurs doivent imiter d'autres personnalités en reproduisant une scène de film ou un numéro, grâce à l'habileté de l'excellente maquilleuse Brigitte Louis ; il faut ensuite deviner qui se cache derrière qui. Après m'avoir expliqué ce projet, Patrick retire ses lunettes, me les pose sur le nez, observe le résultat et décrète :

— Toi, tu vas me faire une imitation de Julio Iglesias !

Pari tenu ! Je travaille le sujet, choisis la chanson « Viens m'embrasser » et prépare chez moi mon numéro, qui doit s'achever par un strip-tease… partiel, je vous rassure. En septembre 1984, j'essuie donc les plâtres de « Carnaval », en même temps que Jacques Chirac, alors maire de Paris, le premier invité politique de Patrick. Lorsque je descends de scène en caleçon pour le saluer, il me félicite :

— C'était très drôle… Je disais à mon collaborateur, au début de votre strip-tease : « Ce serait amusant qu'il ait des porte-chaussettes. » Et vous avez des porte-chaussettes ! J'ai passé un bon moment, bravo !

C'est ma première conversation avec le futur président de la République. Je possède d'ailleurs une photo surréaliste de cette rencontre avec Guy Lux (le vrai) déguisé, Miss France 1984 dans son propre rôle, un Jacques Chirac tout ce qu'il y a de plus authentique et un faux Iglesias – votre serviteur, rhabillé – aux dents blanchies avec du vernis à ongles immaculé, comme cela se faisait sur les plateaux de cinéma des années 1930.

« Viens m'embrasser (tout simplement) »

L'après-midi du 8 février 1985, tandis que j'étais à l'antenne d'Europe 1 entre 14 et 16 heures, ma réalisatrice Hélène Autheman, Viviane et Madame Soleil lancent en direct un défi aux auditrices : celui de me dissuader de convoler en justes noces et de les « quitter » ainsi pour toujours. En effet, une heure plus tard, Marie-Caroline et moi allons nous marier à la mairie du 16e arrondissement, entourés de nos familles et de nos amis les plus proches, les membres du quartet de Bordeaux, les collègues d'Europe 1, Michel Drucker et sa femme Dany, Mike Marshall, Philippe et Édith Lavil, l'éditeur Michel Lafon et son épouse et les jeunes mariés Philippe et Maryse Gildas. Mes beaux-parents, Jean et Édith, nous reçoivent chez eux avec tendresse. Je reçois les télégrammes d'une foule de personnalités et je ne peux m'empêcher de vous en citer quelques-uns :

> Tant pis pour toi. J'avais tout fait pour te protéger. Bordeaux est de nouveau en deuil.
>
> Je t'embrasse,
>
> Serge Lama

À 16 h 30 à la mairie du 16e, dans la foule, il y aura un cri : « NON, NON, NON ! Ce sera moi, moi, moi ! » Je hais le bonheur, mais néanmoins, je vous souhaite beaucoup de joie et de soleil à tous les deux.

Je vous embrasse jalousement,

Jean-Claude Brialy

Ma jeune épouse m'accompagne désormais dans mes allers-retours entre Paris et Genève. En tout cas, tant qu'elle peut encore prendre l'avion. Car un bébé est en route. Et le 21 août 1985 à 8 heures, nous voilà parents d'un petit bonhomme de 4,02 kilos. Je songe brièvement à Count Basie, lui aussi né un 21 août… Mais je pense surtout à mon père, qui n'aura jamais connu son petit-fils.

À Europe 1, le journal se termine sur ce scoop :

— Avant de clore ce flash, cette dernière information qui montre combien le personnel d'Europe 1 a été sensibilisé par la campagne en faveur de la relance de la natalité en France. Christian Morin est depuis 8 heures pile ce matin l'heureux papa d'un Julien, Julien qui pèse 4 kilos et 20 grammes et mesure 52 centimètres. Julien et sa maman Marie-Caroline se portent bien, Coluche aussi, vous allez le retrouver tout de suite à 10 heures passées de 4 minutes. À tout à l'heure…

Coluche enchaîne immédiatement en improvisant :

— Oui, je tiens à dire pour les femmes qui n'ont pas d'enfant que 52 centimètres, pour Christian Morin, c'est la taille du gosse !

Maryse explose de rire, trouvant que cela commence très fort. Coluche est lancé :

— Des fois qu'y aurait des dames qui diraient « dites donc, 52 centimètres. S'il pouvait passer par là, heu, s'il pouvait arriver à la maison… »

Coluche sur le sujet :

— Eh bien, à propos de Christian Morin, on se disait : « Mais alors, la clarinette, ça rend sourd ou quoi ? » Et finalement, non ! Il y est arrivé, il a eu… enfin, c'est surtout sa femme, il faut être honnête, qui a eu un enfant, c'est un petit Julien, voilà, c'est l'information la plus importante de la journée !

À 13 heures, c'est André Arnaud, dans « Europe 1 midi » qui, après avoir annoncé la naissance de mon fils, confirme que j'ai bien su « meubler » les longues soirées d'hiver.

J'ai attendu que Julien sache ce que représentait Coluche dans les années 1970-1980 pour lui faire entendre ce témoignage, dont il est aujourd'hui extrêmement fier ! Michel Colucci meurt une dizaine de mois plus tard, en juin 1986, dans un accident stupide. Entretemps, il a créé les Restos du Cœur. Philippe Gildas lui a donné l'antenne et ouvert le standard pour lancer son projet. Le premier jour de l'opération, fin 1985, je suis au micro avec Maryse et il nous paraît logique d'offrir notre cachet aux Restos. Coluche reçoit le soutien de nombreuses personnalités politiques, parmi lesquelles Jacques Chaban-Delmas. « Ton maire, c'est un mec bien ! », m'a dit un jour Coluche, qu'on ne pouvait certes pas soupçonner de sympathies gaullistes. Lui aussi, c'était un mec bien.

« Bienvenue sur La Cinq ! »

Fin 1985, lors du tournage de ma dernière émission en Suisse avec Alain Morisod, Tony Scotti, l'époux de Sylvie Vartan, me parle du projet de « Canale Cinque » française de son compatriote Silvio Berlusconi. Il se trouve que le futur leader italien, ou du moins certains de ses collaborateurs, ont vu mon émission genevoise avec Alain Delon.

Celui-ci est d'ailleurs pressenti pour jouer les médiateurs avec le cinéma français et faire accepter les fameuses coupures publicitaires, à l'époque jugées inconcevables, lors de la diffusion des films ! Les choses, la vie, les gens évoluent... L'animatrice d'Europe 1 Françoise Rivière, embarquée dans l'aventure, me pousse elle aussi à m'investir dans ce projet. Je reverrai plusieurs fois Alain Delon dans ses bureaux qui, à propos de La Cinq en France, m'alertera sur les problèmes politiques à venir, me déconseillant de m'engager sur le long terme.

L'accord est finalisé, pour un semestre uniquement, avec Berlusconi en personne, entouré de ses collaborateurs italiens et français. Je fais également la connaissance d'Hervé Chabalier qui, avec Capa, va fournir nombre de reportages à La Cinq.

Le 22 février 1986, je vais vivre une aventure exaltante. Pendant quatre heures, je coprésente la première émission de présentation, « Voilà La Cinq », avec Roger Zabel, entouré d'une pléiade de personnalités : Trenet, Aznavour, Sacha Distel, Eddy Mitchell, Ugo Tognazzi, Bécaud, Sylvie Vartan, Gainsbourg, Mireille Mathieu, Johnny, Henri Salvador, Michel Platini, Lino Ventura... Roger et moi partageons les invités de ce plateau exceptionnel, qui se sont mis sur leur trente-et-un. Nous-mêmes sommes en smoking, avec un simple micro-cravate. Interdiction de laisser nos mains dans nos poches, pas question de recourir à nos fiches : pour ce grand show, nous travaillons avec des réalisateurs issus du théâtre, qui nous ont fait répéter nos interventions comme une pièce où nous devons tenir un rôle précis. Berlusconi entend que tout soit impeccable. Le générique est signé Claude Lelouch, et les membres de la future troupe de La Cinq, dont Guillaume Durand, Stéphane Collaro, Alain Gillot-Pétré, Amanda Lear et Élisabeth Tordjman, émergent d'un Concorde reconstitué en studio !

Je collabore avec deux Italiens célèbres : Ornella Muti et Ugo Tognazzi. Un sketch est prévu avec chacun d'eux. Lors de nos répétitions, Ornella a en permanence trente photographes à ses pieds, sous l'œil vigilant de l'époux de la diva, footballeur célèbre, réputé pour son caractère jaloux, mais qui s'est montré charmant avec moi. Hormis lui, nul n'a jamais voulu croire que nos longues conversations entre les prises tournaient presque toutes autour de la cuisine. J'ai notamment expliqué à ma partenaire une recette de pâtes fraîches au foie gras dégustée chez Pierre Perret. Elle m'a répondu que sa gourmandise de Méditerranéenne l'obligeait à surveiller sa ligne et qu'elle emportait donc toujours sa « bascoule » sur les tournages, « pour né pas prendré dou poids ». Pour la remercier de sa participation, je lui ai offert non pas des fleurs, mais du foie gras !

Avec Tognazzi, le sketch était le suivant :

— Mon cher Ugo Tognazzi, c'est très aimable à vous d'être venu sur le plateau de La Cinq.

— Mais ça me fait plaisir, et je connais très bien Silvio Berlusconi, et je connais très bien le public français que je salue.

— À propos de saluer le public français, seriez-vous assez aimable pour dire simplement, en présentant vos cinq doigts à la caméra, « Bienvenue sur La Cinq » ?

— Je ne peux pas. C'est très gênant pour moi, si je fais ce geste…

— Vous précisez seulement : « Bienvenue sur La Cinq, Canale Cinque. »

— Non, non, je ne peux pas. Ça me gêne un peu de faire de la publicité par rapport à mon métier, et puis il y a toujours les gens qui interprètent mal…

J'insiste. Il refuse très aimablement et continue :

— Je ne suis pas un pilote de course : les pilotes, ils ont tous les logos de leurs sponsors sur leur tenue. Vous comprenez, je ne peux pas faire comme eux.

Et il se retourne pour quitter le plateau. Dans le dos de sa veste est cousu un gros logo La Cinq, et il s'en va sous les rires et les applaudissements du public.

Cette première émission rassemble vingt millions de téléspectateurs !

« Cherchez la femme »

Très vite, j'entame les tournages de l'émission « Cherchez la femme » : plusieurs candidates subissent des épreuves pour être l'heureuse élue, couverte de cadeaux somptueux et clinquants à l'image de la télé berlusconienne (parmi ces candidates, Karin Viard, toute débutante). Je présenterai toutes les émissions avec Amanda Lear – qui en anime déjà la version italienne. Puisque nous allons procéder comme pour les shows à l'américaine, il nous faut quelqu'un pour écrire nos sketches de plateau. Je pense à Didier Kaminka, que je connais depuis 1972, lorsqu'il sévissait sur Europe 1 avec Xavier Gélin. Devenu auteur, scénariste, réalisateur et dialoguiste, notamment des *Ripoux*, le film de Claude Zidi, il accepte, mais à condition qu'on lui adjoigne un assistant, compte tenu de son emploi du temps chargé :

ce sera Pierre Aknine. Amanda est brillante, perspicace, intelligente, drôlissime, elle connaît évidemment à fond l'émission ; par ailleurs, ce qu'elle me raconte de Dalí, dont elle fut naguère la muse, est fascinant. Nous nous entendons fort bien (avec un point commun, le dessin) et passerons six mois on ne peut plus agréables, sans jamais une ombre au tableau – contrairement à nos personnages à l'antenne, qui forment un duo élégant, certes, mais dont chacun s'évertue à tirer la couverture à lui, étalant aux yeux du public sa supposée supériorité... Didier Kaminka et Pierre Aknine nous cisèlent de petits bijoux de textes, drôles et empreints d'autodérision, et je me réjouis de ce travail plus proche de la comédie que de l'animation classique.

Un dernier souvenir de Silvio Berlusconi. Ce tycoon de l'audiovisuel, incollable sur la chanson française, capable de chanter en français dans le texte les succès de Trenet ou de Ferré, nous a invités à dîner chez lui à Milan, Roger Zabel et moi, convaincus que nous, « le blond et le brun », allions lui porter bonheur... Nous avons évoqué les Beaux-Arts, il m'a fait admirer quelques œuvres de sa collection : un tableau du XVIe siècle, un triptyque du XIVe. Si une certaine intelligentsia lui a parfois reproché le mauvais goût de sa télévision, chez lui, c'était autre chose ! Malheureusement, cette période, enchantée pour moi, a été marquée par deux drames touchant deux copains : en janvier 1986, l'hélicoptère de Daniel

Balavoine s'est écrasé pendant le Paris-Dakar et, six mois plus tard, Coluche a percuté un camion trop gros pour lui.

« Mais il y a combien de Burnemauve dans cette station ? »

Une atmosphère étrange règne à Europe 1 en ce début de saison 1986-1987, car Philippe Gildas a quitté la direction de l'antenne pour Canal+. On m'attribue un début d'après-midi peu exaltant que je baptise « Pousse-Café ». Cela fait quinze ans que je travaille à Europe 1, et je n'ai toujours qu'un contrat moral : rien de signé en une décennie et demie. Nous sommes nombreux dans la maison, à cette époque-là, à n'avoir ni contrat... ni moral !

Je me dis qu'il faudrait que je conçoive des émissions à mon sens plus intéressantes et que j'arrive à les faire accepter... Puisqu'il n'existait aucune émission consacrée à l'humour et à ses chantres, de Robert Lamoureux à Guy Bedos, de Bourvil à Pierre Desproges, de Fernand Raynaud à Coluche, Jean Raymond, Pierre Repp, Patrick Sébastien ou Devos, je suggère un projet avec un invité et une question : qu'est-ce qui vous fait rire, et qui vous fait rire ? Ce sera « Comic Box », le dimanche, pendant une heure et demie. J'y recevrai des personnalités aussi variées qu'Anne Sinclair, Uderzo, Roger Hanin, Jackie Sardou ou Mireille Darc. Il est toujours savoureux de découvrir l'humour d'autrui. Lorsque je convie Pierre Desproges, j'ai la surprise d'avoir en direct au téléphone un auditeur très spécial, Guy Bedos, à qui Pierre fait remarquer que je privilégie les « jeunes » comiques comme lui et n'invite jamais les « vieux » comme Bedos. Défi relevé : j'invite Guy à passer à l'antenne. « Comic Box » sera mon ultime émission sur Europe 1. Je la clos en beauté avec Michel Leeb, le 25 mai 1987. La manière dont fonctionne désormais cette station de radio ne me convient plus. Surtout, j'ai des rapports très compliqués (et je ne suis pas le seul !) avec Jean-Pierre Elkabbach – un Burnemauve à sa façon, tout grand professionnel qu'il fût.

De plus, je suis confronté à un responsable des programmes gai comme une porte de prison, et qui surtout donne l'impression qu'on le dérange dès qu'on l'approche. Encore un Burnemauve, qui réussit même à faire capoter mon projet de parrainage par la Fnac autour du jazz. Deux amis ont essayé de me convaincre de rester malgré tout : Jean-Yves Laneurie, le patron de la régie publicitaire, et Ivan Levai. J'ai apprécié leurs efforts et je leur en demeure reconnaissant. Mais, quand on s'ennuie dans un théâtre où l'on a jadis interprété de meilleures pièces, il vaut mieux aller jouer ailleurs que se répandre en civilités avec un directeur qui ne les mérite pas. Et quel directeur… Trois Burnemauve dans une maison, c'est trop ! Il y aura d'ailleurs d'autres départs, d'autres éloignements souhaités. Celui de Pierre Bellemare, par exemple, puis ceux de Carreyrou, Villeneuve, François Diwo, puis Drucker !

On a pensé que j'avais claqué la porte parce que la télévision me tendait la main. Il n'en est rien. Je préférais l'époque Delanoë-Siegel-Bellemare-Cleitman-Gildas à celle qui a suivi. En ce début d'été 1987, une page se tourne. Je suis inquiet, englué dans mon malaise, sur une voie de garage. Comme pour inaugurer cette période sombre, trois mois plus tôt, mon ami Moustache s'est tué en voiture, à l'entrée de Paris. C'est un appel de Jacques Cristobal, d'Antenne 2, qui me l'a annoncé : la nouvelle venait de tomber à la rédaction. J'ai averti celle d'Europe 1, qui m'a demandé de faire un papier pour le journal de 19 heures. Mais l'évocation de tant de souvenirs s'est révélée trop dure, et j'ai craqué à l'antenne, incapable de terminer mon intervention. Heureusement, le journaliste qui présentait l'édition de 19 heures ce soir-là, Jean-Claude Kerbourc'h, a aussitôt pris la relève.

« Un "P" pour 500 francs... »

Mon nouveau théâtre radiophonique est RMC. Je rencontre Stéphane Banessy, directeur de l'antenne, et je retrouve aux programmes mon excellent camarade Jean-Pierre Foucault. Le directeur de la station, Pierrick Borvo, m'accueille très aimablement et se déclare ravi de me recevoir dans son « écurie ». Il règne une atmosphère chaleureuse, presque familiale, qui me séduit d'emblée. Je noue rapidement des liens au sein de la rédaction, avec Jean-Luc Gallini et avec Marc Lavédrine, directeur de la régie publicitaire.

On me propose la tranche 11 heures-12 h 30, que je vais occuper quotidiennement, avec Claire Cardell, pendant cinq saisons. Cinq années durant lesquelles Foucault et moi nous partagerons les matinées, puisqu'il anime la tranche 8 h 30-11 heures. Je finis même par être rejoint par son complice Léon, aussi intelligent que drôle, très pince-sans-rire à l'anglaise. Pour être présenté aux auditeurs, je suis convié à participer à l'émission de Françoise Hardy sur l'astrologie, diffusée le samedi après-midi. Je garde un excellent souvenir de ce moment et j'aime beaucoup Françoise Hardy, aussi bien la femme que l'artiste, bien que je l'aie peu connue.

De juillet 1987 à juin 1990, mon émission s'appellera « 11 heures chez vous ». Questions et jeux autour du parcours de notre invité sont préparés de main de maître par Philippe Thuillier, qui travaillera aussi pour la télévision. Entre nous s'établit une bien agréable complicité : non seulement j'ai plaisir à faire équipe avec lui, mais je sais pouvoir me reposer entièrement sur son professionnalisme. Enfin, je peux utiliser tout ce que j'ai appris en quinze années d'antenne ! Mes invités sont de tous bords : Jack Lang, Paul-Loup Sulitzer, Charles

Aznavour, Jean Piat, André Castelot, Michel Drucker, Renaud, Jacques François... Les émissions sont réalisées à Paris avec Caty Pierre aux manettes. Sauf l'été, où le studio se transporte en terrasse ou dans les studios de Monaco, avec quelquefois une balade en bateau sous la responsabilité du « capitaine » Foucault, pour un pastis et quelques poissons aux îles de Lérins.

La télévision, de son côté, est en plein chamboulement. Bon nombre d'animateurs sont partis sur La Cinq. Depuis le 15 avril 1987, Hervé Bourges a mené à bien sa mission : privatiser TF1, en passant le relais à Francis Bouygues – non sans avoir auparavant introduit sur la chaîne un nouveau jeu, « La Roue de la fortune », inspiré d'une émission américaine.

Et c'est à moi que l'on demande de le présenter à partir de la rentrée. Je fais la connaissance du producteur et réalisateur de la version hexagonale, puis, comme dirait mon ami suisse Morisod, me voilà parti pour une nouvelle aventure !

Ma future partenaire s'appelle Annie Pujol. Elle est adorable, pas compliquée, native du Sud-Ouest ; le courant passe immédiatement entre nous. Nous allons présenter « La Roue de la fortune » à ses spectateurs tous les soirs à 19 h 30, sauf le dimanche, soit trois cent treize prestations par an !

C'est à Jean-Pierre que revient l'honneur d'ouvrir le bal, le mercredi 2 septembre 1987 : première édition de « Sacrée Soirée ». Le lundi suivant, le 7 septembre à 19 h 30, Annie et moi atterrissons, annoncés par Éric Lacœuilhe, notre voix off, sur le plateau de « La Roue de la fortune », à la rencontre de quelques millions de téléspectateurs… chaque soir !

Au tout début de « La Roue », j'ai essuyé les reproches amicaux de Jacques Chancel que je croisais au Fouquet's, devenu ma nouvelle cantine – en raison bien entendu de sa proximité avec les studios parisiens de RMC, rue Magellan, mais surtout parce que son patron, Maurice Casanova, n'était autre que l'ancien directeur du Bilboquet, rue Saint-Benoît, club germanopratin où j'avais sévi avec Moustache ! Chancel jugeait que j'avais tort de me « galvauder », disait-il, en présentant un jeu :

— Écoute, toi qui joues de la clarinette, qui dessines, qui fais de la radio, tu ne devrais pas faire ça.

Bien d'autres m'ont fait ce genre de commentaires ! Mais quand mon « petit » jeu s'est mis à bien marcher, puis très bien, et de mieux en mieux, le ton a changé : « Tu as bien fait de signer avec TF1 ! », n'a-t-on pas tardé à me dire. « Annie et toi, vous êtes sympas… » Ainsi va la vie. Curieusement, des amis américains plutôt intellos m'avaient, eux, encouragé à présenter ce programme, qu'ils appréciaient dans sa version originale. Outre-Atlantique, on se moque des étiquettes : rien à voir avec la manie française de vous cantonner dans un domaine spécifique et de vous interdire d'en sortir !

Souvent réducteur, voire caricatural… et surtout dommage. J'ai envie de reprendre à mon compte les mots qu'a adressés Jean Poiret à un critique :

— Excusez-moi, je vais faire un effort… Je suis désolé, mais tout ce que je fais, ça plaît au public !

La première saison de « La Roue de la fortune » démarre en trombe, dès octobre, avec la nouvelle grille de rentrée. L'émission trouve rapidement son public ; il nous arrivera même, l'hiver, d'atteindre des scores de l'ordre de dix, onze ou douze millions de téléspectateurs – c'est impensable aujourd'hui. Il faut reconnaître qu'à l'époque il n'existe que six chaînes. La benjamine, M6, qui a pris le relais de l'éphémère TV6, émet depuis moins de un an, avec Jean Drucker aux commandes ; Canal+ est une chaîne payante, elle n'est donc pas accessible à tous ; La Cinq entame malheureusement son déclin ; Antenne 2 et FR3 sont des chaînes d'État et, quand on allume la télé… c'est automatiquement TF1 qui apparaît ! Ces éléments jouent en notre faveur. Produite par Marc Gurnaud, avec Guy Job aux manettes, l'émission est d'abord tournée dans les studios de Boulogne, puis à Bry-sur-Marne. En six ou sept jours, nous « mettons en boîte » un mois et demi de présence à l'antenne. Notre générique est l'œuvre de Gérard Pullicino, qui deviendra un très grand réalisateur – notamment des shows de Johnny Hallyday et de *Starmania* – ainsi que l'alter ego et le complice de Nagui pour les émissions *Taratata*.

Évidemment, je change de costume plusieurs fois par jour – un costume différent pour chaque émission. Grâce à Annie Roux, marraine de Julien, qui travaille désormais avec le couturier Louis Féraud, je possède entre vingt et trente costumes fournis par lui, en plus de ma garde-robe personnelle.

J'ai droit à une demi-heure de battement entre deux prises pour apprendre les anecdotes relatives aux proverbes, titres de films ou de livres « du jour ». Pas de fiches en plateau ; l'école Berlusconi et mon travail en Suisse ont entretenu ma mémoire… Succès oblige, TF1 organise de temps à autre des sélections de candidats en province. Ces prestations attirent une foule énorme, souvent de trois à quatre mille personnes pour une poignée de places. Je me souviens de la Grand'Place de Lille noire de monde. Et puis aussi devant la mairie de La Rochelle.

Je profite de ce déplacement pour faire un saut à l'île de Ré où je rejoins mon oncle Robert qui célèbre une messe à La Flotte. Il me propose de lire, comme au bon vieux temps, une page de l'Évangile. Robert me fait signe et je surgis depuis un pilier près de l'autel. Je me lance dans la lecture à la surprise des fidèles ! Je n'ai jamais autant signé d'autographes dans une sacristie que ce jour-là.

« Dessine-moi un Petit Prince »

Une fois « La Roue de la fortune » enregistrée pour tout l'été, je m'installe à Monaco pour deux mois. Mes émissions se font depuis notre terrasse, avec notre second réalisateur, Didier Reynaud. Je retrouve dans cette « colonie de vacances » deux copains, Jean-Pierre Foucault et Patrick Roy, autre figure de l'antenne de RMC. Ma mère, qui séjourne régulièrement à Menton, en profite pour garder le petit Julien.

Marie-Caroline et moi nous séparons à la fin de l'année 1988. Notre jolie histoire prend fin – elle aura tout de même duré douze ans – sur une dernière promesse, que nous avons toujours respectée scrupuleusement : faire en sorte que Julien n'en pâtisse pas. À nous d'accomplir les efforts nécessaires. Julien me voit tous les jours, puisque je continue à l'emmener à l'école chaque matin. Nous avons « réussi » notre divorce, et nulle tension particulière n'a porté d'ombre à nos relations, demeurées excellentes. Julien s'entendra lui aussi très bien avec sa demie-sœur Judith, dont je deviendrai le parrain.

En juin 1988, à l'école de Julien, je rencontre une jeune femme. Elle aussi accompagne son fils. Conversation, banalités, puis un caté, un autre… Elle est Panaméenne, se prénomme Alma, et peu à peu germe une jolie aventure, qui durera six ans.

Mon ami José Cifuentes, qui fait partie du Lions Club de Saint-Maur, nous parle d'une association destinée à réaliser les rêves d'enfants gravement malades, baptisée « Les Petits Princes ». Alma et moi y adhérons – j'en deviendrai le parrain au côté d'Yves Duteil.

Bien sûr, nous sollicitons nos amis afin de réaliser les rêves des enfants : Uderzo pour des dessins, Alain Prost, Guy Forget, Patrick Baudry et son « Space Camp », Brialy, Alain Decaux et sa femme Micheline Pelletier… et beaucoup d'autres. Un rêve réalisé ne guérit pas, hélas ! mais il aide psychologiquement le petit malade et sa famille. Aujourd'hui, Dominique Bayle est toujours à la tête de cette magnifique association qu'elle a fondée avec un parrain qui a pris la relève haut la main : Laurent Petitguillaume.

« J'ai un petit cadeau pour vous… »

En juin 1989, TF1 se prépare à célébrer le bicentenaire de la Révolution française, mais aussi le centième anniversaire de la tour Eiffel. Étienne Mougeotte me demande de présenter l'émission qui lui rendra hommage en direct : j'accepte avec enthousiasme. Le Champ-de-Mars est noir de monde, le spectacle fabuleux, féerique, idéal, très bien orchestré et réalisé par Guy Job. Je passe cette soirée en smoking sur une plate-forme que l'on surélève et descend selon les besoins, entre deux et six mètres du sol, pour ne pas gêner les cadreurs des télévisions étrangères, bien présentes, elles aussi. J'ai une pensée émue pour M. René Le Grain-Eiffel, qui avait tant apprécié mes premières émissions sur Europe 1… Quelle soirée ! Je prends congé des téléspectateurs en leur exprimant mes regrets : je ne pense pas être disponible pour le bicentenaire de ma belle amie au regard d'acier, mademoiselle Eiffel. Quelques jours plus tard, sur le plateau de « La Roue de la fortune », un homme vient me voir pour me féliciter de ma présentation et des anecdotes que j'ai racontées sur la construction de la Tour. Il a participé aux récents travaux de réfection et de nettoyage du monument et, pour me remercier, il m'offre un paquet assez lourd, emballé dans du papier journal, qu'il me remet avant de tourner les talons, sans même que j'aie eu le temps de déballer mon cadeau : un boulon d'origine de la tour Eiffel, avec l'écrou qui fonctionne encore, car, bien qu'il ait été monté en 1887, au début des travaux, son pas de vis est intact. Il pèse 1,980 kilo ! Comme ce monsieur n'a pas laissé ses coordonnées, je n'ai jamais pu le remercier. J'espère qu'il lira ces lignes et se reconnaîtra !

Autre cadeau reçu du public, cette fois-ci sur le plateau de « La Roue ». Une candidate s'approche pour évoquer mes débuts à Europe 1. Elle se rappelle une émission de mai 1972, un dimanche soir, consacrée à Sidney Bechet, pour le treizième anniversaire de sa disparition. Quelle mémoire ! Elle se souvient de tout. De plus, cette candidate a racheté l'ancienne maison de Bechet, où elle a retrouvé, à la cave, des papiers oubliés, parmi lesquels celui qu'elle est venue m'offrir : un contrat avec Columbia Records Inc., 799 Seventh Avenue, New York, daté du 27 octobre 1948, concernant la reproduction mécanique d'une composition musicale intitulée « *Spreadin' Joy* » (« Répandre la joie »). On y apprend que Bechet touchait des royalties de « *one and one-half cents net* » (« 1,5 cent net ») sur chaque vente… et ce contrat porte la signature autographe du musicien ! Ce cadeau vient s'ajouter à la petite « fortune » de souvenirs que l'on aime à épingler dans sa mémoire – et accrocher au mur avec fierté !

Le public encore peut parfois me réserver plus que des cadeaux : c'est le cas des téléspectateurs inattendus de « La Roue de la fortune ». Parmi eux figurent quelques férus de jeux de hasard qui apprécient me voir tourner la roue : André Castelot, Jean Piat, Christine Gouze-Raynal, productrice et femme de Roger Hanin, qui regardait le jeu en compagnie de ses copines à l'heure de l'apéritif… et enfin Françoise Sagan ! Parfaitement, la grande romancière qui a si bien su croquer la bourgeoisie riche et désabusée ! Un jour, je me suis trouvé assis à côté d'elle dans la loge de maquillage avant de passer dans une émission sur les jeux de hasard. Je la salue poliment, l'ayant reconnue, mais pas persuadé que c'est réciproque. Elle me dit alors, avec sa diction hésitante si personnelle :

— Je vous vois régulièrement dans « La Roue de la fortune »…

— Je suis surpris, parce que les jeux à la télévision sont très critiqués, et vous, qui êtes une intellectuelle…

Elle m'interrompt :

— Non, non, moi, ça m'amuse ; ça ne me gêne pas du tout… Chacun fait ce qu'il veut.

Et là, je sens qu'elle veut me parler de quelque chose de plus personnel :

— Je voulais vous demander : il y a quelques jours, dans les cadeaux que vous offrez, il y avait un ensemble de petits meubles pour mettre devant la cheminée. Il y avait un petit banc… Quel est son prix ?

— Ça vous intéresse ?

— Ce serait pour ma maison en Normandie.

— Écoutez, je ne vais pas vous donner son prix, mais donnez-moi votre adresse.

Le banc a été livré chez elle. Peut-être y a-t-elle écrit l'un de ses derniers livres, *Et toute ma sympathie*. En tout cas, elle avait la mienne.

« On a bien ri »

Pour l'été 1989, Guy Job prépare une série sur l'humour, baptisée « Fou rire » : neuf émissions de quatre-vingt-dix minutes à base de documents et de sketches sur des thèmes variés – les vacances, l'amour, le camping… – que TF1 m'offre de présenter. Je propose de la coanimer avec un homme de grand talent, humoriste, comédien et auteur : Jean Poiret. Ce dernier accepte, et je passe avec lui cinq jours épatants en studio. Être au côté de Jean Poiret me remplit de joie ; il pratique avec art et élégance l'écriture et la dérision ; il a l'œil qui frise, en émule de Sacha Guitry et adepte de l'absurde. Je ne me lasse pas de le voir travailler et improviser. En bonus, Cabu illustre comme il sait si bien le faire les annonces des sketches. Devant le succès de l'émission, nous recommençons l'année suivante, cette fois depuis le bar de l'hôtel Lutetia. Je suis alors accompagné par un comédien à la philosophie mi-surréaliste mi-terrienne : Jean Carmet. Le seul qui se soit permis de crier pendant un spectacle du mime Marceau : « Plus fort ! » Je lui voue une admiration totale.

Pour la sortie de mon livre de dessins *Une année pour rire*, début 1988, Jean-Pierre Foucault m'a invité dans « Sacrée Soirée ». Parmi les surprises qu'il m'a réservées, il y en a une de choix : un petit bonhomme haut comme trois pommes, habillé en artiste peintre de la fin du XIXe siècle, a débarqué sur le plateau, tenant à la main le journal *Sud-Ouest* de 1964, dans lequel un de mes premiers dessins humoristiques avait paru. Ce peintre miniature a aujourd'hui 40 ans, parle remarquablement l'anglais et l'espagnol, possède le charme de sa mère, l'humeur et l'humour de son père. Aujourd'hui, il est compositeur de musiques de films et de publicités. Vous avez deviné : c'est Julien Morin ! Mais en 1988, je m'attendais d'autant moins à le voir sur le plateau de Foucault, accompagné par sa marraine, l'ayant laissé deux heures plus tôt sagement installé à la maison. Après m'avoir donné le journal en balbutiant un petit mot à Jean-Pierre, il s'est baladé sur le plateau entre les caméras, aussi à l'aise que chez lui. Double émotion pour Jean-Pierre et moi, cette « Sacrée Soirée »-là.

« Ils sont fous chez Morin ! »

À RMC, la formule de mon émission vient de changer. Avec le soutien de Jean Bardin et de mes nombreux complices, je reçois un invité central, pivot de l'émission, prétexte à une mécanique très simple : sa vie, sa carrière et des anecdotes à son propos servent de levier à toutes sortes de questions, portraits, plaisanteries, mises en boîte et autres gags. L'auteure-scénariste et dialoguiste Joëlle Goron brosse chaque jour un portrait de notre invité. Nappée d'une belle dose de rires, de bonne humeur, de délire verbal – nous restons cependant toujours corrects ! –, l'émission, dont Joëlle Goron, avec la bénédiction d'Albert Uderzo, a trouvé le titre, « Ils sont fous chez Morin ! », est enregistrée et montée avec finesse par Gilles Lanoue.

Parmi nos invités, deux nous ont marqués par leur simplicité et leur disponibilité : Jean d'Ormesson, dont l'œil aussi bleu que sa chemise et le charme intelligent remportaient tous les suffrages ; et François Périer, humble face à sa si belle carrière, nous dévoilant sa grande complicité avec Bernard Blier.

Sur le plateau de « La Roue de la fortune », Éric Lacœuilhe, notre voix off, présentateur des cadeaux en jeu et lecteur de nos pubs, recevait souvent la visite de l'un de ses amis d'origine lyonnaise, « monté » à Paris, un certain Laurent Gerra. Il faisait des imitations géniales et, pendant les pauses, prenait le micro d'Éric pour parodier Gainsbourg ou quelques autres, à la grande joie du public présent pour l'enregistrement de l'émission. Je le trouvais tellement doué – déjà ! – que je lui ai proposé de faire quelques essais pour RMC dans mon émission. Caty Pierre était également impressionnée par son talent, tout comme mon directeur des programmes, Yves Mourousi (lui aussi un génie dans sa catégorie), à qui j'avais fait écouter la bande. Hélas ! Mourousi n'avait pas de budget pour embaucher notre jeune Lyonnais en cours de saison. Dommage… Laurent Gerra sera bien vite détourné vers France Inter par Virginie Lemoine. Nous sommes restés amis.

L'audiovisuel a quelque chose de permanent : son mouvement, sa mécanique. En cinq années à RMC, j'ai vu passer successivement pas moins de trois directeurs : Pierrick Borvo, Hervé Bourges et enfin son dauphin Jean-Noël Tassez. Trois patrons différents en cinq saisons, il faut le faire, et surtout suivre (et comprendre) la politique d'antenne de chacun. L'audiovisuel, c'est comme les images, ça bouge tout le temps... souvent avec les mêmes erreurs.

« Donnez-moi un historien au hasard... »

Lorsque j'ai reçu André Castelot pour son ouvrage sur Charles X, il m'a dit combien il appréciait « La Roue de la fortune », me prouvant au passage qu'un intellectuel de son niveau pouvait fort bien goûter une émission populaire – et l'avouer ! Un jour, après m'avoir raconté l'histoire de la tunique du Christ jouée aux dés par deux soldats romains, il m'a proposé de préparer un livre sur les jeux de hasard, de l'Antiquité à nos jours. Je lui ai répondu que l'historien, c'était lui, pas moi.

— Bah... bah... Tu feras ça très bien, et en plus je dirige une collection chez Perrin, mon éditeur. Tu es engagé !

Bon. Il me faudra deux années de travail, avec un étudiant en histoire, recruté sur « La Roue de la fortune », pour effectuer des recherches à la Bibliothèque nationale – Internet n'existait pas encore – avant de pouvoir m'atteler à l'écriture. Au bout de cinquante pages, la difficulté de la tâche m'a incité à faire appel à Claude Dufresne, homme de radio et historien. Grâce à lui, j'ai pu mettre de l'ordre dans l'épaisse documentation amassée. Résultat : un beau livre… qui n'a pas très bien marché. De ma part, les lecteurs attendaient, je crois, un livre sur les coulisses de la télé plutôt qu'un ouvrage d'histoire ; quant aux passionnés, ils n'ont pas imaginé un seul instant que le contenu de ce livre écrit par moi pût être digne de leur intérêt.

On y apprend par exemple comment, le 21 mai 1539, par l'édit de Châteauregnard, le roi François Ier a organisé la première « Loterie royale de France », dont le but officiel était de relever les finances publiques, ruinées par les guerres contre Charles Quint. Le monarque estimait en outre que ce serait un excellent moyen de « distraire ses sujets du blasphème ».

Les historiens m'ont toujours fasciné. Lorsque j'étais le voisin d'Arthur Conte, dans le 15e arrondissement, j'ai organisé quelques dîners avec lui et Guy Breton, lançant un sujet sur lequel je les savais en désaccord, juste pour le plaisir de les écouter se chamailler en dégustant un bon bordeaux. Un vrai régal. Un soir, j'ai également réuni André Castelot, Claude Dufresne et Alain Decaux pour un dîner au cours duquel je me suis là encore contenté d'écouter. Recevoir l'histoire de France chez soi est un privilège rare. Et d'ailleurs, je continue d'en bénéficier chaque matin sur Radio Classique, en compagnie de mon ami Franck Ferrand.

« Avis de recherche »

Patrick Sabatier, alors sur TF1, m'invite dans son « Avis de recherche », grand succès d'audience qui consiste à retrouver tous les copains d'école d'une personnalité. Je n'ai rien à faire, sinon me laisser porter par les événements et les surprises !

En ouverture, un petit film sur mes premiers pas. Les premières photos de moi, les dessins de captivité de mon père… Le tout commenté par André Castelot, façon « Tribune de l'histoire » ! Je découvre ainsi avec émotion la reconstitution des lieux de mon enfance et de mon adolescence, la rue Alexis-Millardet, à Bordeaux. Puis un à un arrivent sur le plateau ma mère et ma sœur, les membres du quartet jazz, Jean « Doc », François et Patrick. Annie Pujol, très bonne danseuse, fait un numéro de claquettes ; un orchestre de cordes réuni spécialement m'offre un « tapis » d'accompagnement, sur des arrangements de Biensan, pour jouer un de mes thèmes favoris, « *Be My Love* ». Et ce n'est pas fini : surgit pratiquement toute ma classe de première année des Beaux-Arts, le rideau s'ouvrant sur le groupe en cours de dessin, avec au milieu Josiane, notre ancien modèle, venue tout spécialement d'Angleterre où elle vit dans une immense propriété, mariée à un lord ! Vient alors la plus belle (pour moi) des bandes dessinées, lorsque Patrick Sabatier me demande, reprenant l'idée d'une ancienne émission de la télévision en noir et blanc, « Du tac au tac », de Jean Frappat, de commencer un dessin, puis de le couvrir pour ne plus laisser apparaître que quelques traits, afin qu'un autre prenne le relais, et ainsi de suite. Ce jour-là, mon œuvre est ainsi complétée par Uderzo, Morris (*Lucky Luke*), Gotlib et Binet (*Les Bidochon*). Malheureusement, quelqu'un a « emprunté » la fresque humoristique, que je n'ai jamais revue.

D'autres invités encore surgissent du chapeau de mon hôte : Jacques Chaban-Delmas, « mon » maire, qui n'arrive pas les mains vides. Je reçois une boîte capitonnée de satin rouge avec une plaque à mon nom et la date, le 9 février 1990 ; elle renferme un exceptionnel saint-émilion château Ausone 1945. Cette bouteille a mon âge ! En échange, Patrick me demande d'imiter l'ancien Premier ministre de Georges Pompidou. Situation délicate : si je fais souvent des imitations de Chaban, m'exécuter en sa présence me trouble quelque peu. L'émission s'achève avec, en guise de générique de fin, mon bizutage, où j'apparais « légèrement » dévêtu, coloré et emplumé, sous l'œil amusé de notre prof de gravure Mlle Expert et celui de Michèle – ma Michèle des Beaux-Arts. Toute la famille est là : Colette et Pierrot, mes nièces et ma mère, les amis proches, sans oublier mon oncle Robert, qui nous bénira tous… pour une longue fin de soirée. Comme à son habitude, Patrick Sabatier a réussi un tour de force avec ses équipes, pour réunir en deux heures de télévision tant d'années de vie et d'amitié. Inoubliable.

« Avec la télé, on a un succès fou ! »

Depuis la rentrée 1990, en plus de RMC et de « La Roue de la fortune », j'assure une nouvelle émission sur TF1. « Succès fous », au titre inspiré de la fameuse chanson de Christophe, est né d'une idée de Guy Lux. Nous allons revisiter le passé en chansons, grâce aux tubes ayant marqué les auditeurs. Pour la présentation, Dominique Cantien, en prêtresse de la variété, avait décidé d'engager les animateurs des trois jeux qui cartonnaient à l'époque sur la chaîne, « Le Juste Prix », « Une Famille en or » et « La Roue de la fortune ». Je me retrouve donc avec Patrick Roy et Philippe Risoli. Léla Milcic, complice de Guy Lux, prend en charge la production et, Arlette Tabart, ma Babar d'Europe 1, la programmation. Des danseuses nous accompagnent et nous tournons des sketches prétextes à quelques gags, parodies de séries télévisées ou de films et autres folies costumées – la présentation classique, elle, se fait en smoking. Pour une séquence librement inspirée de *Chantons sous la pluie*, nous inondons un studio entier à Boulogne. Au fil des émissions, nous endossons tour à tour des costumes de moines, de bonzes ou de danseurs de flamenco – voire des Bee Gees ! Patrick Roy, qui aime chanter, fera revivre Elvis Presley, Risoli réinterprétera le feuilleton *Mission impossible* et je deviendrai Toulouse-Lautrec, le tout devant la caméra de l'excellent Gilles Amado.

L'émission va durer trois saisons, le succès étant au rendez-vous. Ces passages loufoques nécessitent, on s'en doute, une certaine préparation, entre l'écriture des textes, la mise au point des costumes et les répétitions, les mercredis de midi à minuit. Jeudi, mise en place des ballets et des artistes invités ; vendredi, dernières répétitions, filage du spectacle ; tournage le soir pour, après un montage au cours de la nuit, une diffusion le lendemain samedi, à 20 h 30, sur TF1. L'aventure me vaudra aussi de jouer du saxophone alto derrière Paul Anka interprétant « Diana » et de la clarinette au côté de Charles Trenet. Le lendemain de l'émission, le poète m'envoie ce charmant petit mot : « Encore bravo pour votre dentelle musicale qui mettait en valeur "Le bal de la nuit". À bientôt. Sentiments amicaux. Charles Trenet. »

En 1991, « Succès fous » atteint sa vitesse de croisière et, en mai, je fais un petit crochet pour une spéciale « Toute la musique qu'on aime au cinéma », produite par Jean-Claude Camus et Dominique Cantien avec, notamment, Patrick Bruel et Jeanne Moreau. On peut dire que je ne chôme pas, entre les enregistrements de « La Roue » à Bry-sur-Marne, les tournages de « Succès fous » à La Plaine-Saint-Denis dans les studios de Claude

Carrère, et mes émissions à Radio Monte-Carlo, cinq jours par semaine, j'ai un emploi du temps bien rempli et bien calé qui me comble. J'allais oublier les brunchs du Méridien, et les moments partagés avec les amis. Comme toutes les mamans du monde, la mienne redoute que je me surmène et me recommande de me reposer.

— Mais enfin, après tes enregistrements de « Succès fous », tu pourrais quand même rentrer te coucher… Dîner à 23 h 30 ou minuit, on n'a pas idée !

— Oui, maman, promets-je, en faisant évidemment tout le contraire.

Comme autrefois, quand j'étais jeune.

« Quand ça change… ça change… »

Comme le proclame sentencieusement l'un des personnages des *Tontons flingueurs*. Septembre 1992 va apporter bien des bouleversements professionnels. Nous décidons de tourner la page de « Succès fous », afin d'éviter de tomber dans la routine. À RMC, mon contrat n'est pas renouvelé ; je continue cependant à enregistrer des pubs pour la station. Une terrible nouvelle vient obscurcir davantage cette période d'incertitude : Patrick Roy souffre d'un cancer des os très avancé, inopérable. Son rire si dynamique, si plein de vie, si attachant, s'éteint à jamais le 8 février 1993.

Après RMC, ça bouge pour moi du côté de TF1 : le « Bébête Show » décale progressivement la tranche horaire de « La Roue de la fortune », nous faisant perdre du public. Étienne Mougeotte se met à considérer que cinq ans de Morin, ça suffit, et qu'il faut rajeunir les téléspectateurs pour la publicité…

Je propose néanmoins d'avancer « La Roue » à 18 heures ou 18 h 30, mais on lui accorde le créneau de 11 h 55, horaire de moindre audience… ce qui justifie *a posteriori* la déprogrammation initiale ! « Qui veut tuer son chien l'accuse de la rage », dit le proverbe. Je jette l'éponge et lâche « La Roue » début 1992, après mille six cents représentations, quelque huit mille candidats et tant de merveilleux souvenirs pour ma complice Annie et moi. En télévision, ne jamais l'oublier, on n'est pas propriétaire de l'émission que l'on présente à moins d'en être le producteur… Et ce ne sont ni le public ni les acteurs qui décident de son sort, mais la direction, ses humeurs, ainsi que, en toute logique, les sondages, en l'occurrence encore très bons – mais Dechavanne voulait le créneau.

Parmi les bons souvenirs de ces tournages, la venue de Patrick Sébastien, *incognito* parmi les candidats pour nous piéger Annie et moi pour son « Grand Bluff », comme il le fera avec Drucker et d'autres. Métamorphosé par une perruque, de fausses dents, des lunettes de vue et surtout des lentilles de contact colorées qui changeaient totalement son regard, flanqué en outre de deux comparses comédiens de la Ligue d'improvisation, notre faux candidat a attiré l'attention d'Annie dès les loges de maquillage… mais pas du tout parce qu'elle l'avait reconnu. Elle m'a simplement prévenu que l'un des candidats lui semblait du genre exubérant, et pour cause : il préparait son sketch ! Pendant l'enregistrement, l'imposteur se comporte en parfait emmerdeur, discutaillant de tout pour nous faire réagir ; lorsqu'il traite sa complice, la comédienne Isabelle Rougerie, *alias* Javotte, de « pouffiasse », je sens la moutarde me monter au nez. Je suis à deux doigts d'en venir aux mains. C'est à ce moment qu'il dévoile le pot aux roses, dans un éclat de rire général ! « Le Grand Bluff », à mon sens l'un des chefs-d'œuvre de Patrick, réunira dix-sept millions de téléspectateurs…

Août 1993 : TF1 songerait à de nouvelles cases pour moi, mais Patrick Le Lay comme Étienne Mougeotte restent fort vagues, et je sens bien qu'il ne faut pas trop tabler sur la concrétisation de ces projets. Puisque je n'ai plus ni émission de radio ni projet télé, je quitte la chaîne et, après une entrevue avec Hervé Bourges, à présent aux commandes de l'audiovisuel public, je rejoins France 2. Nous avons toujours entretenu des rapports cordiaux ; en outre, alors que c'est lui qui avait apporté « La Roue de la fortune » à TF1, cela l'amuse beaucoup d'en récupérer le présentateur au profit du service public !

France 2 va m'offrir deux chances : un jeu à 18 h 35 et un samedi de divertissement par mois, à 20 h 45. Dans le premier cas, je serai en concurrence avec Dechavanne et, dans l'autre, avec Patrick Sébastien ! Produit par Jacques Antoine, préparé par Jacques David et réalisé par Rémy Grumbach, ce jeu est une quasi-reprise de « La Tête et les jambes », que présentait naguère Pierre Bellemare. Ma partenaire dans cette aventure est Cendrine Dominguez, l'épouse de mon ami Patrice. Ensemble, nous orchestrons les épreuves sportives et les questions de culture générale, afin de pousser les candidats à se dépasser, sur un plateau de 700 mètres carrés, à Nanterre. Gros plan sur une balle de golf, vélo tournant toujours plus vite… L'équipe technique ne manque pas d'imagination. Il faut dire qu'après plusieurs années avec Drucker, puis Sabatier, Rémy Grumbach maîtrise remarquablement l'image de télévision.

Quant au divertissement du samedi soir, « Un air de famille », il me permet de faire équipe avec Pierre Tchernia. Le concept de l'émission est excellent : il s'agit de réunir, autour d'un invité, deux membres de sa famille de générations différentes. Dans le cas de notre premier invité, Michel Fugain, ce sont son père Pierre, médecin et ancien résistant, et sa fille Marie, comédienne. Chacun évoque ses souvenirs, sa mémoire sélective, les épisodes de l'histoire familiale qui l'ont marqué. On rit, tout le monde y va de son couplet nostalgique, rappelle des détails presque oubliés, et ces petits événements sont mis en parallèle avec les grands moments de l'histoire, grâce à Pierre Tchernia, mémoire vivante de la télévision et maître ès documents d'archives.

Le producteur délégué de ce projet, qui en deviendra aussi le fossoyeur, a très vite rejoint dans mon esprit la triste cohorte des Burnemauve. Ce maniaque du contrôle joue avec les nerfs de la productrice, Catherine Barma. L'enregistrement n'en finit pas. Michèle Morgan doit patienter pendant deux heures dans sa loge pour laisser la priorité à une chanteuse très connue – que je ne nommerai pas non plus – appartenant à l'écurie dudit Burnemauve, ce qui met Jean-Claude Brialy hors de lui (c'est la seule fois où je l'ai vu piquer une telle colère). Le réalisateur est lui aussi ravalé au rang de « petite main », tandis que Pascal Obispo, Patrick Timsit et Pierre Bachelet attendent également… Le tout pour 2,5 millions de francs, qu'il devra en définitive rembourser à France Télévisions. Car l'émission ne verra jamais le jour. Tout le monde repart dépité et surtout fatigué, et quand je dépose Pierre Tchernia devant chez lui, dans le 17ᵉ, vers 4 heures du matin, il a cette conclusion délicieuse :

— Tu vois, malgré ce con, nous, on n'est pas fâchés !

France 2 a récupéré ses fonds, mais a préféré renoncer – c'est bien dommage ! Le lendemain, j'ai fait porter des fleurs à Michèle Morgan, avec toutes mes excuses pour ce fiasco. Elle m'a très gentiment répondu : « Merci, cher Christian, pour votre mot charmant d'excuses. Vous n'êtes ni vous ni Pierre Tchernia responsables. Je vous embrasse tous les deux. Michèle. » Grâce à ce billet si réconfortant de la part de cette grande dame du septième art et à mon amitié pour Pierre, j'ai rapidement oublié cette mésaventure.

Fin 1993, Hervé Bourges passe le relais au nouveau président Jean-Pierre Elkabbach, qui se donne trois ans – soit la durée de son mandat ! – pour améliorer les scores des chaînes de télévision publiques. Engagé par son prédécesseur et ne m'étant jamais senti d'atomes crochus avec le nouveau, je préfère partir sur une dernière pirouette, pour présenter les Victoires de la musique avec Nagui.

À peu près à la même époque, Philippe Bouvard me propose de rejoindre pour un temps l'équipe des « Grosses Têtes », à la radio, mais aussi à la télévision, car TF1 diffuse l'émission, enregistrée à Bobino. Me voilà parti pour un an de rire, au sein de la troupe de Bouvard, auprès de Sim, Francis Perrin, Stéphane Bern, Amanda Lear, Guy Montagné, Thierry Roland, Pierre Bellemare, Jacques Maillot, Carlos…

Une année de sketches, avec costumes et répétitions (notamment un après-midi complet chez Sim, boulevard des Batignolles, pour mettre au point un duo burlesque de musiciens en queue-de-pie, inspiré d'un numéro anglais… désopilant !). Que de souvenirs, dont celui, aujourd'hui doux-amer, de discussions interminables autour de chopes de bière, boulevard Saint-Germain, à côté de chez Lipp, après l'enregistrement, avec Sacha Distel, Sim et Carlos… Souvenirs que je ne peux plus désormais évoquer qu'avec moi-même.

Comme dans toute carrière, la télévision vous réserve des hauts et des bas : des succès, des flops, des moments mémorables et d'autres que l'on préférerait oublier. Je vous en raconte quelques-uns.

Mon premier souvenir est lié à une très bonne émission que présentait Frédéric Mitterrand, « C'est votre vie », une sorte de mélange entre un « Grand Échiquier » en petit comité et « Avis de recherche ». Pour faire une surprise à l'invité principal Raymond Devos, je joue « Les copains d'abord » de Georges Brassens – grand ami de Devos –, accompagné d'une trentaine de jeunes clarinettistes d'une école de musique et grimé en clown blanc par Alexis Gruss ! Malgré mon déguisement, Raymond Devos me fait l'honneur de reconnaître le son de ma clarinette et notre échange est des plus amicaux, au travers quelques souvenirs communs. Le cirque, la clarinette, le goût partagé avec mon maître de l'humour… Mémorable.

Une expérience que je préférerais oublier : l'émission « Combien tu paries ? », qui a quand même duré plus de quatre-vingts numéros. Cela commençait mal : personne dans l'équipe ne comprenait ni le principe ni l'intérêt du jeu imaginé par Guy Lux. Moi le premier, chargé de présenter des séquences de caméra cachée toutes plus idiotes les unes que les autres, et sur lesquelles le public devait parier. Dès les premières minutes à l'écran, il était évident que cela ne fonctionnait pas. Je n'étais pas à l'aise, les candidats semblaient douter également… Et même le réalisateur, Massimo Manganaro, me demandait avec son accent italien : « É, mà qu'est-ce qu'il veut esattamente Guy Louxe ? »

Enfin, en spécialiste du jeu télévisé, je me suis retrouvé à animer l'émission « Cluedo » inspirée du jeu britannique, dont tout le monde connaît le colonel Moutarde et le professeur Violet ! Mais l'émission n'a pas accroché, sans doute parce qu'elle était un peu trop innovante en faisant interagir les spectateurs et téléspectateurs en direct et par Minitel. Le seul intérêt pour moi aura été de me retrouver avec une équipe de comédiens tels Bernard Menez, Andréa Ferréol, et surtout mon ami André Pousse. Quel bonheur de le voir évoluer sur le plateau, asséner ses répliques avec son ton si caractéristique de Parigot un peu roublard… Il ne manquait plus que Gabin !

Après vingt ans de bons et loyaux services (comme pour la radio), je clos mon chapitre « télévision ». Le moment est peut-être venu pour moi de me consacrer enfin à cette autre passion de jeunesse, la comédie.

5

Un entracte bien occupé

Un entracte bien occupé

Depuis ma plus tendre enfance, j'ai toujours été attiré par la scène, les feux de la rampe et ce fameux « quatrième mur », le noir de la salle duquel émergent par moment les spectateurs. Ma première expérience a été de chanter au Grand-Théâtre de Bordeaux à 8 ou 9 ans, avec ce souvenir marquant de la rampe éblouissante. Et puis, à 13 ans, *La Savetière prodigieuse* de Federico García Lorca. Ces jeunes expériences ont fait de moi un amoureux de théâtre. Mon test psychotechnique n'avait-il pas conclu : « Ce qui mobilise actuellement Christian pourrait être le théâtre… mais il n'a jamais encore eu l'occasion d'en faire ; nous lui conseillons de ne manquer aucune occasion d'éprouver ses tendances en ce sens » ?

Alors, entre les clubs de jazz et les cabarets où je jouais de la clarinette, les plateaux de télévision, les studios de radio, comme les rencontres personnelles, j'ai eu maintes fois l'occasion de côtoyer ce monde de saltimbanques qui m'attire tant.

C'est lorsque j'ai progressivement quitté la télévision que le théâtre, puis le cinéma et les téléfilms m'ont accueilli. En dilettante ? Pas vraiment, car j'ai appris au côté d'un des grands maîtres du théâtre, Jean-Laurent Cochet. Et puis j'ai écouté et assimilé les conseils de bien de mes amis comédiens.

Certaines pièces ont eu beaucoup de succès, d'autres moins. Mais, dans ce domaine de la comédie comme dans toutes les autres facettes de ma carrière professionnelle, j'ai appliqué la même méthode : travailler, travailler encore et m'amuser, m'amuser toujours.

Avant que je ne quitte la télévision, la comédie, justement, s'était effectivement déjà manifestée par bribes, via des réalisateurs s'inspirant de mon activité principale pour me confier des rôles d'animateur ou de journaliste. J'apparais ainsi avec mon micro dans des films comme *L'Associé* de René Gainville (1979), *Asphalte* de Denis Amar (1981) ou encore *Sweet Home*, un court-métrage de Denis Parent (1995) face à François Cluzet.

Faisant appel à plus de jeu d'acteur de ma part, le réalisateur Michel Favart m'a dirigé en 1983 dans un film de télévision *Un, deux, trois... soleil*. J'ai tourné auprès de débutants brillants : Sophie Barjac, Catherine Leprince, Michel Boujenah et André Dussollier.

« Vous avez d'beaux yeux, tu sais... »

Vers la fin de l'année 1985, je reçois un appel des bureaux du producteur Jacques Nahum : Danièle Thompson vient d'écrire *Le Tiroir secret*, une série de six épisodes pour la télévision, dans laquelle Michèle Morgan tiendra le premier rôle. Danièle a pensé à moi pour interpréter un animateur de radio, mais je lui réponds que j'aurais préféré un rôle plus consistant. Et de fait, je tiendrai un joli rôle, celui du gendre de Michèle Morgan... Le couple (ma femme est jouée par Tonie Marshall) multiplie les infidélités, ce qui incite leur fille à se réfugier chez sa grand-mère, Michèle Morgan. Comme Michèle adore plaisanter, nous échangeons chaque jour de bonnes histoires – mais je n'oublie jamais que j'ai en face de moi la légendaire interprète de *Quai des brumes* ! Si, dans le scénario, son personnage tutoyait le mien, nous nous vouvoyions dans la vie et, après chacune des prises d'une scène au cours de laquelle belle-mère et gendre réglaient quelques comptes, dont l'un s'achevait par un « pauvre con ! » bien senti à mon endroit (c'était avant Sarkozy au Salon de l'agriculture), elle se confondait en excuses... Ce qui nous faisait beaucoup rire, surtout quand elle ajoutait : « Oh, quand même, Christian ! Je suis désolée... mais, que voulez-vous, c'est le texte. » Un jour, Michèle s'étant légèrement éraflé une pommette contre le mur d'un couloir sombre, elle fut obligée de tourner de profil. Nadine Trintignant était aux commandes et nous préparions une scène un peu grave. Me voyant sourire, puis rire pendant que nous répétions, Michèle a aussitôt pensé que j'avais une nouvelle blague à lui raconter et elle s'est approchée. Là, je me suis permis de l'enlacer et, le regard ostensiblement braqué sur sa pommette un peu bleuie, j'ai susurré : « T'as d'beaux yeux, tu sais… » Elle a éclaté de rire, moi aussi, et je me suis fait gentiment sermonner par Nadine Trintignant devant l'équipe, qui s'est marrée à son tour. J'ai d'ailleurs tourné un autre téléfilm en 1987 avec Nadine, *Qui c'est ce garçon ?*, inspiré d'un roman de Nicole de Buron, avec Ingrid Held et Marlène Jobert : encore un rôle d'amant malheureux ! Quant à Michèle Morgan, je garde un souvenir tendre de cette grande dame, de sa simplicité, de son allure forçant le respect.

« Pourquoi je n'ai pas choisi la contrebasse ? »

J'ai bien conscience que, comme les Beaux-Arts, l'art de la comédie se travaille, or mes quelques apparitions dans des séries télévisées ne me semblent pas constituer une formation suffisante. Le metteur en scène Jean-Luc Tardieu me fait cette unique recommandation : « Bouffe du plateau, de la scène, va sur le terrain. » Dont acte… Par sécurité, je décide tout de même de commencer par un spectacle mêlant musique et saynètes de comédie. Le fil du spectacle est une histoire entre ma clarinette, la musique et moi. Françoise Dorin me donne quelques conseils pour ce spectacle et a surtout la bonne idée de faire parler la clarinette (c'est la comédienne Julie Marbeuf qui prête sa voix à l'instrument). Elle m'écrit une scène de jalousie de la clarinette envers une contrebasse dont j'ai eu le mauvais goût de vanter les courbes. Petit extrait :

LE CLARINETTISTE

Il y a des jours où je me demande pourquoi je n'ai pas choisi la contrebasse.

LA CLARINETTE

Moi aussi…

LE CLARINETTISTE

Pardon ? Qu'est-ce que tu dis ?

LA CLARINETTE

Vraiment, après toutes ces années…

LE CLARINETTISTE

Non, mais, je te rappelle que nous ne sommes pas seuls ! Qu'est-ce-qui te prend ? Tu ne vas pas recommencer à me faire une scène sur scène…

LA CLARINETTE

Ah non ! Christian, trop, c'est trop !

LE CLARINETTISTE

J'en fais trop sur la contrebasse ? Mais dis-moi, c'est de la jalousie ou je me trompe ? Je te rappelle ton aventure avec le gros cor d'harmonie des concerts Lamoureux l'été dernier au festival de Saint-Jean-de-Luz… Tu te souviens ?

LA CLARINETTE

Dans le genre, c'était plutôt brève rencontre.

LE CLARINETTISTE

Pas si brève que ça puisque votre aventure
A quand même duré plus de trente-deux mesures
Et que vous vous unîtes sur un *sol* langoureux
Les doigts tout courbatus et les lèvres en feu…
Je n'ai rien oublié de ce cor en action
Ni ses accents virils, ni son coup de piston…

Merci Françoise… En 1996, je m'installe donc pour trois semaines au théâtre de la Pépinière, près de l'Opéra, pour ce coup d'essai intitulé *Elle et moi*.

Mes amis viennent me soutenir : Françoise Dorin, bien sûr, mais aussi Sim et Annie Girardot (qui assistera trois fois à ma pièce !)… Un soir, Charles Aznavour me rejoint très gentiment en coulisse pour me donner les conseils du grand professionnel qu'il est. Je suis épaulé par un trio composé de la rythmique d'Ellingtonmania (alors l'une des meilleures de l'Hexagone), soit Philippe

Milanta au piano, Bruno Rousselet à la basse et François Laudet à la batterie. Chaque soir, après les saluts, rideau fermé, je réserve une petite surprise au public. Je sors en vitesse par les coulisses, me précipite dehors, clarinette à la main, et réapparais au fond de la salle pour interpréter « *Memories of You* », thème rendu célèbre par Benny Goodman ; je traverse ainsi toute la salle, tandis que les musiciens reviennent sur scène pour que nous finissions tous ensemble sur le plateau. Or, un soir, dans la rue sur laquelle débouche l'entrée des artistes, je tombe sur un couple charmant, qui n'a pas du tout l'air surpris de me voir me balader dehors, clarinette à la main. La dame voulait absolument un autographe et n'a sans doute jamais compris pourquoi j'avais pris la fuite. Qu'elle veuille bien me pardonner : j'étais attendu !

Pierre Tchernia a la gentillesse d'écrire un petit texte pour le programme :

> Il sait tout faire, ce Morin : dessinateur, animateur, clarinettiste, et voilà qu'il se révèle comédien. *Elle et moi* est irracontable, il faut y aller, c'est le plus simple. Comment pourrais-je vous raconter la délicieuse Sweet Sue, pourquoi le pompier de service est si timide, à quel point Françoise Dorin a de la finesse et le trio du talent ?
>
> Ajoutez un metteur en scène astucieux, une chanteuse ensorcelante, une clarinette jalouse, l'habileté des lumières et la gouaille de Christian. Et par-dessus tout

ça bien sûr, le charme de cette musique à laquelle ont collaboré, excusez du peu, un comte et un duc, messieurs Basie et Ellington.

Le succès d'*Elle et moi* me permettra de tourner à travers la France, avec mes trois comparses, pendant deux ans.

« Car il faut tout cela pour être homme amusable et lecteur indulgent »

À partir de 1996-1997, la comédie va vraiment prendre sa place. D'abord *Le Barbier de Séville*, dans un montage qui n'altère en rien l'œuvre de Beaumarchais. En effet, la première représentation de cette pièce, le 23 février 1775, fut un échec. Sans doute l'auteur avait-il voulu régler trop de problèmes personnels mêlés à l'intrigue, en cinq actes. Prompt à se corriger, Beaumarchais propose après trois jours et trois nuits de travail intense une version allégée, en quatre actes, dans laquelle il est revenu à l'essentiel. C'est un triomphe. Non seulement Beaumarchais a su « en trois jours se mettre en quatre », mais il a aussi trouvé le temps de rédiger une fort savoureuse explication, intitulée *Lettre modérée sur la chute et la critique du* Barbier de Séville. Un vrai bijou... à l'endroit de ceux qui démolissent gratuitement.

L'idée de Jean-Michel Adam, le metteur en scène, est la suivante : faire jouer *Le Barbier* dans son mouvement normal, mais en faisant intervenir Beaumarchais lui-même, au milieu des comédiens, pour justifier certaines scènes, en utilisant des extraits de la *Lettre modérée*. Évoluant parmi eux, Beaumarchais réécrit et corrige sa pièce au fur et à mesure, comme il l'a fait pendant ces fameux trois jours de 1775, allant jusqu'à se juxtaposer à son *alter ego* Figaro. Le découpage est si intelligemment fait que cela ne ralentit pas le rythme et ne rallonge pas la pièce. J'incarne Beaumarchais et Jean-Paul Bazziconi, Figaro. Nous jouons au Théâtre Montansier de Versailles pour la création, puis en tournée. En ouverture du spectacle, l'ancien ministre et académicien Alain Decaux accepte très aimablement de prêter sa voix si célèbre à une présentation de l'œuvre, qu'il replace dans son contexte historique en narrant quelques anecdotes – elles aident les spectateurs à entrer dans le vif du sujet dès le lever du rideau ; lorsque la scène s'allume, ils sont déjà plongés en plein XVIIIe siècle.

Parallèlement à mes activités de comédien, je retourne parfois en studio afin d'enregistrer ce que l'on appelle des « dramatiques » pour France Culture et France Inter : *Me faire ça à moi*, *Le Pays où l'on n'arrive jamais*, *Balzac* (avec Claude Dufresne) et enfin *Novecento*, réalisé par Claude Chebel, d'après le roman d'Alessandro

Baricco. J'y suis le narrateur, seul, et je choisis toutes les musiques qui m'accompagnent.

« Je tourne dans le coin. Qu'est-ce que tu fais demain ? »

Si je me considère encore comme un néophyte, l'esprit de troupe me rappelle agréablement mes années aux Beaux-Arts. Mon emploi du temps se partage désormais entre musique et théâtre, auxquels viendront s'ajouter quelques tournages de fictions télévisuelles et apparitions au cinéma.

Mais parmi toutes ces rencontres autour de la comédie, Pascal Thomas tient une place à part. D'abord dans la confiance qu'il m'a prodiguée et pour l'amitié qui s'est développée au fil du temps. Même si je n'ai pas eu de rôles principaux, ils m'ont permis d'incarner des personnages hors du commun, grâce à l'univers cinématographique sensible et foutraque de Pascal Thomas !

Tout avait débuté quelques années auparavant à la radio, avec une simple interview pour son film *Le Chaud Lapin*. À cette période, Pascal prépare activement le tournage de *La Dilettante*, avec Catherine Frot, et a l'idée de m'attribuer un personnage. Voilà comment je deviens, l'espace d'une journée – une scène de repas – l'ex-mari de Catherine Frot, papa de Barbara Schulz et remarié avec Marie-Christine Barrault.

Quelques années plus tard, en 2000, Pascal fait de moi un instituteur anarchosyndicaliste dans son très beau *Mercredi, folle journée*, tourné à Nantes, avec Vincent Lindon. Celui-ci se révèle un partenaire aussi généreux que talentueux.

Dix ans plus tard, tandis que je séjourne dans le Poitou, Pascal m'appelle :

— T'es à Paris ?

— Non, je suis dans le Poitou, chez ma frangine.

— C'est parfait ça ! Qu'est-ce que tu fais demain ? Je tourne dans le coin. Tu peux me dépanner pour un rôle de journaliste ?

Ce sera *Ensemble, nous allons vivre une très, très grande histoire d'amour*... dans lequel Julien Doré fera ses débuts au cinéma.

Puis il y aura, en 2014, *Valentin, Valentin*, pour plusieurs scènes en compagnie de Vincent Rottier, Marylou Berry, Marie Gillain, Isabelle Candelier, Géraldine Chaplin, François Morel, Agathe Bonitzer, Christian Vadim... et Victoria Lafaurie, la fille de Pascal et de Nathalie Lafaurie qui coécrit tous leurs films. En sortant le 7 janvier 2015, jour de l'attentat contre *Charlie Hebdo*, le film « ne rencontrera pas son public » comme on dit habituellement, tout le monde ayant cette horreur à l'esprit, et fuyant les salles obscures pour se réfugier chez soi.

Enfin, dans *À cause des filles..?* (2019), je reprends mon rôle d'homme de radio dont l'épouse (Audrey Fleurot) profite de mes passages à l'antenne pour me tromper allégrement avec Louis-Do de Lencquesaing.

Parmi tous ces rôles, il y en a deux pour lesquels j'ai l'impression d'avoir franchi le cap du débutant. Il s'agit du *Tiroir secret* avec Michèle Morgan et de *Mercredi, folle journée*, de Pascal Thomas. Un des réalisateurs de la série *Le Tiroir secret*, Michel Boisrond, m'a proposé un rôle important dans une série qu'il travaillait pour Antenne 2. Après quelques séances de travail prometteuses, nous avons essuyé un refus catégorique d'un des responsables de production de la télévision qui s'est opposé à ma présence au casting, car je n'étais qu'un animateur, et de surcroît un ancien de TF1 !

« Action !... Rideau ! »

L'avantage de ce métier de comédien, c'est qu'il nous offre la possibilité d'interpréter une multitude de personnages différents. Au fil des saisons, je serai un commissaire de police, cousin de Maigret (joué par le regretté Bruno Cremer), le temps d'un tournage à Prague ; un amant aux côtés de Ginette Garcin et d'Olivier Lejeune, pour une tournée de représentations de *Ciel, ma mère !* ; un majordome du XIXe siècle dans une adaptation théâtrale de la *Lettre d'une inconnue* de Stefan Zweig ; un garagiste véreux et violeur dans *La Peau du mulet*, un épisode de la série *Navarro*, aux côtés de Nicole Calfan et Roger Hanin ; un mari léger dans une pièce créée par Daniel Gélin, *SOS homme seul*, avec Bernard Menez. Puis, grâce à Jean Marbeuf, je me transforme en charcutier-volailler grivois, ma charcutière de femme étant Andréa Ferréol, pour *Le P'tit Curieux*, avec Jean-Claude Dreyfus, Sonia Rolland, Julie Marbeuf et Alain Bashung (nous dégusterons ensemble quelques bons bordeaux). Enfin, dans *Casablanca Driver*, Maurice Barthélemy, des Robins des Bois, fera de moi un présentateur télé ringard et emperruqué des années 1960.

Dans *Les Diplômés du dernier rang*, une pantalonnade potache de Christian Gion, avec Michel Galabru, Marie Laforêt, Henri Guybet, Charles Gérard et Patrick Bruel, j'interprète le ministre de la Culture venu assister à la remise des prix dans une prestigieuse école de droit dirigée de travers par Galabru et mise sens dessus dessous par ses étudiants. Ce nanar de premier rang s'achève sur une séquence de tartes à la crème, plus proche des soirées mousse des night-clubs que des films muets burlesques.

« C'est plein, ce soir ? »

Jacqueline Bœuf, la directrice du théâtre Tête d'or, à Lyon, me propose le rôle de Steve Bodley dans la pièce de Ray Cooney et John Chapman, *Le Vison voyageur*, adaptée par Jean-Loup Dabadie, lequel viendra nous rendre visite dans la capitale des Gaules… avant de faire son entrée à l'Académie française quelques années plus tard. Jacqueline Bœuf assure la mise en scène. Je suis fourreur et je travaille le vison afin de séduire ma maîtresse, Jane, interprétée par Dominique Mérot, avec l'aide de mon complice et associé Arnold Crouch, joué, lui, par un efficace et solide Michel Jeffrault. Nous sommes onze sur scène pour huit ou neuf représentations par semaine. Nous passerons deux mois et demi très agréables à Lyon ; je me réjouis chaque soir à la perspective de rejoindre mes complices sur le plateau. Ma « femme » (Valérie Gilles) et ma « maîtresse » s'entendent fort bien en coulisse comme à la ville, et avec tout le reste de la troupe. En outre, le théâtre Tête d'or est si efficacement piloté par Jacqueline Bœuf qu'il affiche complet pour plus de soixante-dix représentations. Nous effectuons ensuite une petite tournée. Dominique Mérot, qui vient du café-théâtre et qui a un temps fait partie du « Petit Théâtre » de Bouvard, m'aide beaucoup dans mon travail de répétition. Puis, au fil des jours, notre complicité se révélera plus tendre. Tout en charme, elle est aujourd'hui une très bonne amie, de même que son complice de chez Bouvard, Denis Souppe, avocat à la Chambre des propriétaires et lui aussi comédien passionné…

Chaque jour, je m'aperçois que je peux peaufiner davantage mon jeu. Qu'il s'agisse du travail du texte ou des déplacements, on peut toujours progresser. D'autant qu'au théâtre, rien n'est jamais gagné. Il n'y a pas de « bonne prise » qui ne puisse être améliorée. Bref, le métier de comédien s'apprend, comme tous les autres…

À Lyon, pendant que nous répétons, se joue *Doit-on le dire ?* d'Eugène Labiche, la pièce à laquelle nous devons succéder. Elle est mise en scène par un maître, Jean-Laurent Cochet, et jouée par sa troupe. Marcelline Collard, qui m'a aidé à apprendre mon texte, ancienne de la Comédie-Française, a été son élève et a travaillé avec lui. Elle me conseille de rencontrer Cochet de sa part. Mais après l'avoir vu sur scène, j'ose à peine l'approcher, tant j'ai pris conscience du chemin à parcourir avant d'espérer jouer dans la même cour…

J'ose cependant et il m'accueille avec simplicité, m'ouvre sa porte et écoute mes envies. Voilà comment, après Lyon, à 58 ans, je retourne deux fois par semaine sur les bancs de l'école pour suivre les cours que Jean-Laurent Cochet dispense à La Pépinière-Théâtre. J'ai demandé que le maître ne m'accorde aucun passe-droit. Me voilà donc au milieu d'apprentis comédiens qui ont pour la plupart entre 18 et 30 ans. Je suis le plus vieux des jeunes comédiens, mais cela ne me pose aucun problème ! Les années n'ont pas entamé mon enthousiasme.

Dans ces moments-là, je pense naturellement à mon père. Cette fois, c'est Hélène, ma mère, qui part trente-six ans après lui, à l'âge honorable de 94 ans, paisiblement, en s'endormant… Au théâtre, on meurt et on se relève aussitôt. J'aurais bien aimé que ce soit le cas pour elle. Ce 23 mars 2006, il n'y aura pas de rappel.

Après avoir passé mon « initiation » avec *Les Fables* de La Fontaine (« C'est le corbeau qui est perché ! Pas l'arbre ! » *dixit* Cochet), mon assiduité incite Jean-Laurent à me proposer, pour quelques festivals de l'été 2006, le rôle de Monsieur Rémy dans *Les Fausses Confidences* de Marivaux. Deux mois de répétitions avec ce virtuose qui décortique et explique la pièce, en rappelle le sous-texte, précise quand et comment respirer. Mon personnage, le procureur, est un homme rond aux emportements pressés. Moi, je ne suis pas rond.

— Tu le deviendras… le texte est là ! réplique Cochet.

Chaque instant est une leçon de théâtre. Notre metteur en scène ne nous en fait pas voir : il nous fait tout voir. À nous de jouer… à ses côtés.

Première représentation au Festival d'Anjou, en plein air, où Nicolas Besançon nous accueille. Une fois repérés le lieu, les entrées, la musique, les loges, je demande s'il y a du monde pour assister à ce qui sera mon vrai baptême du feu.

— C'est plein, me répond-on. Et c'est un public de connaisseurs, ici !

— Combien de spectateurs ?

— Mille quatre cents.

Mille quatre cents fins connaisseurs, ça fait peur. Mais Jean-Laurent me souffle que le trac, ça n'existe pas ! S'il le dit… Il me faut donc trouver moi-même un autre mot pour expliquer ce qui me noue l'estomac avant l'entrée sur scène. Cet exercice – celui du théâtre – est étrange : d'abord, on est dans l'appréhension, mais on se régale tant en jouant qu'une fois la représentation finie, on a hâte d'être au lendemain pour retrouver cette exaltation et corriger ce qui ne va pas tout à fait, s'il le faut… Et il le faut toujours, même un peu. J'adore. J'aurais dû commencer plus tôt !

Septembre nous entraîne à Aix-les-Bains pour la dernière des *Confidences*. La veille, le théâtre où nous devons jouer accueille une soirée « Hommage à Charles Dullin », et Jean-Laurent Cochet m'a demandé d'y jouer une pièce en un acte de Sacha Guitry, *Une lettre bien tapée*. Belle récompense de fin de saison ! Le lendemain, c'est l'heure des adieux : la famille qui s'est constituée autour de cette mise en scène de Marivaux se sépare, après moult embrassades ; c'est toujours un moment triste, de regrets et de flottement…

Par chance, une autre tribu m'attend, puisque je répète déjà depuis deux mois la pièce de Barillet et Grédy, créée par Jacqueline Maillan : *Lily et Lily*, avec Annie Cordy dans le rôle des deux Lily, qui sont jumelles. Nous partons pour cent vingt dates, dont cinquante à Lyon, de nouveau au théâtre Tête d'or. Une anecdote me revient au sujet de Jacqueline Maillan, qui fut à une époque ma voisine à Paris, avenue Paul-Doumer. Un jour, en promenant son chien dans l'avenue vide de passants, elle m'aperçoit parlant à ma voiture – en fait, Julien était assis à l'arrière et je lui faisais des mimiques à travers la vitre. Elle s'est discrètement approchée de moi :

— Christian, je ne dirai rien, mais ça vous fatigue, la télé… Parce que parler à sa voiture… tout seul, un dimanche matin…

Son inquiétude s'est muée en hilarité dès qu'elle a aperçu Julien, mais elle m'a avoué s'être vraiment dit, en me voyant de loin, que j'avais besoin de vacances ! Discrète, charmante et tellement drôle.

Revenons à *Lily et Lily*, qui s'annonce comme une autre belle aventure L'une des deux Lily est une comédienne-chanteuse un peu portée sur l'alcool et les hommes, tandis que sa jumelle est une bigote mariée à un pasteur. Moi, j'interprète le gigolo de la chanteuse, qui s'intéresse plus à son magot qu'à ses charmes. Nous emporterons ce spectacle en tournée pendant un an : un régal avec « Ninie » Cordy.

Cette femme est devenue au fil du temps une de mes plus proches amies du métier. Avec sa nièce Mimie, nous avons partagé des moments délicieux, tendres et surtout faits de rires et d'exigence professionnelle. Un amour.

Lorsque Annie s'en est allée, c'est un peu comme si quelqu'un de ma famille m'avait quitté…

En 2008, je deviens plus respectable dans une reprise de *Georges et Margaret*, une pièce britannique jouée dans les années 1970 par Danielle Darrieux et Jacques François, où j'interprète un lord écossais portant le kilt. Pour cette pièce mise en scène par Guillaume Bouchède et adaptée par Jean Franco, dans laquelle Séverine Ferrer est ma fille, nous investissons le TMR de Montreux, en Suisse, dont les directeurs Jacques et Sylviane sont, comme on dit en parler local, des « choux » !

Au cours de ce début de carrière de comédien, je suis mort trois fois et toujours sur France 3, la chaîne pour laquelle j'ai commencé à faire de la télévision en tant qu'animateur en 1975 ! D'abord sous les traits d'un professeur d'université pervers, bizarre, pour un téléfilm de Serge Ménard ; je péris assassiné par Jean-Pierre Lorit, d'un coup de cendrier en bronze. Puis, écrivain suffisant et arrogant dans *Le Commissaire Magellan* avec Jacques Spiesser, je meurs empoisonné, chutant d'une chaire en pleine cérémonie. Mon troisième décès, en 2007, a pour titre *Plus belle la vie*. Assez paradoxal, non ? Je finis noyé dans ma piscine après que ma tête a malencontreusement heurté une batte de base-ball manipulée par une ex, jalouse de mon mariage avec Charlotte (Hélène Médigue).

Pour clore ce chapitre, voici une anecdote qui montre que l'on peut rester « célèbre » en toutes circonstances ! Durant le tournage de mon épisode final dans le feuilleton *Plus Belle la vie*, nous devions faire ce que l'on appelle une « répétition mécanique », c'est-à-dire faire exécuter par les comédiens et figurants tous les déplacements afin d'ajuster éclairages et mouvements de caméras. Me concernant, mon jeu était simple : on retirait mon corps de la piscine, me mettait dans un sac plastique, les authentiques préposés des pompes funèbres de la ville m'emmenaient sur un chariot et, au moment de me mettre dans la fourgonnette, refermaient la fermeture éclair du sac mortuaire. Étant noyé depuis plusieurs jours, j'étais maquillé verdâtre, avec cloques et rougeurs – une horreur. Pendant que l'on tirait le chariot, un des brancardiers me dit avec l'accent de Marseille :

— Eh, monsieur Morin, s'cusez-moi, vous faites toujours de la clarinette ?

— Oui, oui, toujours.

— Putaing, parce que ma femme elle vous adore, elle a tous vos disques, on vous aime bieng à la maison. Ça fait drôle de vous voir comme ça… On pourra faire une photo après ?

— Oui, mais si ça ne vous ennuie pas, on va attendre le démaquillage…

— Ah ! oui, ça sera mieux.

ET MAINTENANT…

« On ne sait jamais »

Depuis cinq ou six ans, l'espace sonore de mon appartement est occupé par le jazz, RTL et des musiques de films. J'écoute de plus en plus une nouvelle venue sur les ondes : Radio Classique, dont l'univers musical va s'ajouter au mien. C'est au cours d'une journée portes ouvertes, lors de la fête de la Musique 2008, qu'en fidèle et curieux auditeur, je vais visiter les studios. Je rencontre alors le directeur de la rédaction, Donat Vidal-Revel, et le directeur des programmes, Sébastien Lancrenon (tous deux anciens d'Europe 1). Surpris de me trouver dans sa maison, ce dernier me tend sa carte en me disant : « On ne sait jamais… » C'est vrai, on ne sait jamais.

C'est en effet en juin 2010, après le deuxième Festival de Radio Classique, à l'Olympia, que Sébastien Lancrenon me téléphone pour me proposer un retour à la radio sur « ses » ondes, tous les matins de 9 h 30 à midi. Me revient alors en mémoire le bon moment de radio et de plaisir partagé lorsque Olivier Bellamy m'avait invité, un an plus tôt, dans son rendez-vous « Passion classique ». Une expérience qui avait éveillé en moi l'envie de refaire de la radio. Voilà comment j'ai repris le chemin des studios le 30 août 2010.

Mais là encore, « on ne sait jamais » : ma vie personnelle avait pris une tournure imprévue quelques jours plus tôt…

« Peut-être voulez-vous voir le menu ? »

Avec la perspective de la rentrée, j'ai le cœur léger. Mais il y reste encore de la place. Quelqu'un va venir s'y installer. L'été 2010 s'annonce plutôt agréable : il fait chaud, très chaud. Et le 21 août, jour anniversaire de Julien, je vais dîner avec un copain dans ce QG adopté depuis peu à Saint-Germain-des-Prés : le J'Go, restaurant du Sud-Ouest entre Gers et Landes. Christophe, sorte de maître d'hôtel avec accent et catogan, contribue à l'ambiance des lieux. Nous y croisons Édouard Baer, Jean Dujardin, quelques aficionados de rugby assis à des tables sur tonneaux, juste derrière le marché Saint-Germain. On se croirait à Bayonne.

Ce soir-là, au moment de l'apéritif, une jeune femme brune accompagnée d'une amie se penche pour jeter un œil sur le menu affiché sur le mur à ma droite et que je cachais un peu. Je me pousse et leur propose de prendre un verre avec nous. Nous commençons à discuter tous les quatre et finissons par dîner ensemble, alors qu'elles n'avaient aucunement prévu de passer la soirée au J'Go. Dégustation, conversation, puis, évoquant nos activités – elle dans la communication, moi radio, dessin et clarinette –, nous abordons naturellement le sujet du jazz. Elle me parle alors d'un ami qui vient de réaliser un livre-disque avec Cabu sur Cab Calloway : il s'agit de Jean-François Pitet (qui m'accompagne aujourd'hui dans le classement de mes souvenirs pour ce livre, et qui a également été mon complice pour mes deux ouvrages sur la musique classique et ses notes légères). Aucun de nous n'ayant envie de rentrer, nous prenons un dernier verre à côté de chez Castel. Nous nous quittons finalement vers 6 h 30 du matin, Paris s'éveille… J'ai très envie de la revoir, car je crois bien que j'ai un coup de cœur… Oui, c'est sûr, j'ai un coup de cœur. Mais faut-il encore le partager.

Trois mois de cour seront nécessaires pour une déclaration commune avant de partir pour Naples avec quelques amis fidèles, José, Paula, Franka, Patricia et leurs conjoints… La réponse de Bénédicte m'a été donnée au creux de l'oreille trois semaines auparavant, lors du concert d'Eddy Mitchell à l'Olympia : il a été témoin de notre histoire sans le savoir…

Elle m'offre une jolie place dans sa vie. Et très vite je découvre le potentiel d'amour et de gentillesse de Bénédicte. C'est une réalité quotidienne : à ses yeux, tout le monde doit être compris et chacun apprécie son empathie. À la fin d'une soirée, elle dit « au revoir » à tout le monde (vraiment tout le monde !) où que l'on soit, signe de bonne éducation. Elle est attentionnée, mais ne veut jamais gêner ni s'imposer. Avec moi, tout le contraire : elle ne me passe rien et me taquine toujours avec sourire et franchise (vraiment beaucoup de franchise !). Notre différence d'âge qui a pu nous préoccuper au début de notre relation est totalement assumée et intégrée dans le duo que nous formons. Elle a la délicatesse de me supporter avec mes habitudes, mon tempérament rêveur et indécis parfois : elle a tout accepté. Notre bien-être est partagé, c'est l'essentiel. Et en bonus, nous rions beaucoup.

Depuis quinze ans maintenant, Bénédicte m'apporte tout ce que j'avais toujours souhaité, mais que je n'avais pas su trouver : l'équilibre d'un couple, fait de complicité, de simplicité et d'amour. Je me dis que la vie m'a gâté, mais j'aurais tant aimé la rencontrer plus tôt. En un mot comme en cent, elle est la bonne personne de ma vie. Et comme disait Harry Belafonte, « on a encore de belles années devant nous… mais plus de temps à perdre ! » D'ailleurs, Bénédicte est devenue madame Morin le 21 mai 2022… Une jolie tribu nous entoure : de mon côté Julien et sa femme Shesna et, du côté de Bénédicte, sa fille Laurène avec son conjoint Paul-Hubert, et son fils Maxence en couple avec Anaïs. Et j'ai désormais deux beaux-frères formidables, Pascal et son mari Olivier.

Et puis, il y a le plus beau cadeau que la vie m'ait donné à l'âge de quarante ans : mon fils Julien. Bien évidemment, c'est le plus beau, c'est le meilleur – en toute objectivité de père de fils unique ! Mais je le pense car il y a chez lui une profonde bienveillance et sa disponibilité pour les autres. À tel point qu'en « padré » soucieux, j'ai tendance à le mettre souvent en garde contre ceux qui pourraient en abuser. C'est un artiste, ce qui n'enlève en rien son sérieux (sa rigueur) dans ses activités de musicien. Mon grand-père aurait dit « c'est un type au poil, un homme bien ». J'en suis fier.

« Tous classiques »

Revenons au 30 août 2010 : j'arrive sur Radio Classique et prépare mes émissions avec celui que j'appelle désormais mon « décorateur musical », Francis Drésel, directeur de la programmation, grand spécialiste et que l'on retrouve tous les soirs à l'antenne. C'est lui qui me met vraiment le pied à l'étrier, car j'avais prévenu que j'aimais bien la musique classique, mais en néophyte. Lancrenon voulait un ton chaleureux à l'antenne : ça, je sais faire, et j'ai en Francis le compagnon idéal pour relever ce nouveau défi dans un domaine où l'on ne m'attendait sûrement pas.

J'interviens en « homme de compagnie », heureux de partager agréablement ses matinées avec les auditeurs. Et je m'aperçois rapidement que, malgré mes années d'expérience en studio, tout le travail de théâtre au côté de Jean-Laurent Cochet me sert beaucoup dans la manière de m'exprimer à l'antenne : détente, respiration, improvisation et même silence – paradoxe radiophonique.

L'émission s'intitule « Tous classiques » et est d'abord réalisée par l'excellent Yann Lauvray. C'est aujourd'hui le tout aussi excellent Bertrand Dorigny qui est aux manettes.

C'est d'abord sept jours sur sept, de 9 heures à 13 heures, que j'entame la première saison. J'y retrouve une ancienne d'Europe 1, Claire Chazal, mais également Ève Ruggieri, que je connais depuis les années 1970 à l'époque de France Inter, Guillaume Durand, camarade d'Europe 1 et de La Cinq, ainsi que Philippe Tesson.

Et puis, le petit monde des médias réservant toujours des surprises et des retrouvailles, Étienne Mougeotte redeviendra mon patron pour trois saisons. Aujourd'hui, la radio est dirigée par Bertrand Dermoncourt, auteur de nombreux ouvrages sur la musique classique.

Au gré des saisons, je croiserai notamment en studio Laurence Ferrari, Élodie Fondacci et ses contes merveilleux pour enfants, le violoncelliste Gautier Capuçon,

Laure Mézan… Sans oublier mon ami Franck Ferrand, avec qui je croise le verbe lors de nos rituels passages d'antenne. Certains sont préparés, d'autres improvisés, mais c'est toujours un plaisir de se frotter avec humour et complicité à ce brillant homme de radio et historien médiatique.

Radio Classique est une famille, entre troupe de théâtre et orchestre de chambre, exempte de tout snobisme intellectuel au profit d'une élégance : celle de la musique. Ses programmes s'adressent à tous, néophytes ou connaisseurs.

Avec Radio Classique, je vais découvrir une nouveauté, moi qui étais habitué au téléphone ou au courrier des auditeurs. Désormais, c'est par écrans interposés que le « spectateur » de radio peut se manifester spontanément. Agréablement ou désagréablement. Mais le moindre faux pas (nom d'artiste écorché, prononciation erronée des grands maîtres ou des grandes œuvres…), au moindre trait d'humour qui déplaît à certains, et instantanément, c'est la révolution ! Le mail incendiaire arrive directement sur mon unique écran, en châtiment exemplaire, mais individuel. Ces Burnemauve 2.0 sont persuadés d'être des lanceurs d'alerte sur les réseaux sociaux.

À l'inverse, faisant partie de ces animateurs de radio reconnaissables dans la rue, il m'arrive souvent de croiser des auditeurs tous plus gentils les uns que les autres. Je me souviens qu'une fois, l'un d'entre eux m'avait avoué m'écouter chaque matin en prenant son bain. Je lui ai répondu qu'elle n'ait crainte pour la prochaine fois : je me retournerais.

Et puis, il y a une auditrice fidèle qui, après m'avoir entendu parler d'elle à l'antenne, m'a envoyé un joli courrier de sa main : Brigitte Bardot. Sachez qu'elle considère l'adagio du *Concerto pour clarinette* de Mozart comme la musique du paradis.

En 2022, sous l'impulsion de Jean-Francis Pécresse, alors directeur de la radio, mon jubilé est célébré au cours d'une soirée mémorable (en tout cas pour moi !) à l'auditorium du *Parisien*, en présence de Pierre Louette, directeur du groupe. Sous la houlette de Franck Ferrand, en plus des collègues de Radio Classique, les invités se sont succédé, d'Ève Ruggieri à Catherine Nay, en passant par Marie-Anne Chazel, Michel Leeb, Maryse Gildas, Jean-Paul Rouland, Michel Drucker, Laurent Gerra, Jean-Pierre Foucault, Philippe Berrod (1re clarinette de l'Orchestre de Paris) et mon fils Julien ! Il y a évidemment eu quelques ponctuations musicales avec le pianiste Pierre Christophe et le guitariste Hugo Lippi.

Comme dit la publicité, « Vous êtes bien sur Radio Classique ! » Et j'y suis bien… depuis désormais quinze ans.

« Bordeaux sera toujours Bordeaux ! »

Parmi les petits bonheurs vécus depuis mon arrivée à Radio Classique, les concerts de Noël de Bordeaux, que j'ai présentés au côté du chef britannique Paul Daniel à la tête de l'Orchestre national de Bordeaux-Aquitaine pendant six ans, tiennent une place privilégiée, du fait aussi de mes racines bordelaises...

À la demande du *Figaro,* j'avais imaginé un texte sur le vin dans le cadre de l'édition 2000 de Vinexpo. Le voici :

> Je suis né à Bordeaux voilà plus de deux siècles, dans ce port de la Lune où reposaient les tonneaux avant de s'embarquer. Vous pouvez imaginer combien j'ai rencontré de grands vins du Sud-Ouest, ce nectar des dieux, ce sang de l'Aquitaine, dont un certain Ausone de Burdigala vanta les qualités. Ma première table, je l'ai découverte en 1755 chez le gouverneur de Guyenne, le maréchal de Richelieu, qui m'a levé bien haut, a regardé et humé le vin qui était en moi, et puis l'a dégusté.
>
> Il en parla au roi, lui racontant tout ce qui était généreux dans ce vin que j'aimais accueillir, son bouquet, sa jambe, sa couleur, son mordant sombre et sournois, mais point désagréable ! C'est ainsi que nous nous sommes retrouvés à la table de Louis XV... Dès ce jour béni du XVIIIe siècle, l'engouement pour mes bordeaux bien-aimés n'a cessé de grandir, me faisant croiser ces moments merveilleux de convivialité où hommes et femmes me

levaient pour trinquer en refaisant le monde, à tour de mots, tout en ne changeant rien. J'en ai vu, des bordeaux, des plus grands aux plus humbles, tous récoltés et vinifiés avec ce même amour qui vous enrichit l'âme.

Aujourd'hui, pour célébrer 2000, on va me retirer de la vitrine où l'on m'expose, me raconter sur Internet, puis me photographier, m'honorer… Car je ne suis qu'un verre, un très vieux verre certes, mais un verre à bordeaux !

« Amateur de légèreté je suis et je reste »

Depuis toujours, j'ai eu la chance d'avoir un parcours riche en rencontres et en moments mémorables. Chaque personne que j'ai croisée a laissé une empreinte unique dans ma vie, comme une touche de couleur sur une toile. Ces échanges et ces expériences m'ont appris à apprécier la diversité et à m'éloigner des cases dans lesquelles on tente souvent de vous enfermer.

Il est vrai que j'ai développé une certaine aversion pour ceux qui se croient au-dessus du reste du monde. Quand j'étais un modeste adolescent venu du quartier populaire de Mériadeck pour jouer devant la petite bourgeoisie bordelaise, je ressentais cette différence sociale. Aujourd'hui, cela me fait sourire ou, mieux, je n'y prête plus attention. Peut-être est-ce dû à mes années aux Beaux-Arts, où la moquerie et la caricature étaient nos alliées. Là-bas, nous avons appris à ne pas nous prendre trop au sérieux et à célébrer l'authenticité plutôt que le faux-semblant.

La créativité sous toutes ses formes, c'est ce qui rend la vie si belle. Chacun de nous a sa propre histoire, son propre chemin, et rien n'est tracé à l'avance. Tout mon parcours, je l'ai fait en amateur, c'est-à-dire en aimant sincèrement ce que je faisais.

Finalement, ce que je chéris le plus, c'est cette capacité à se découvrir mutuellement, à rire ensemble, à partager des moments de joie et de légèreté et à apprécier les petites choses de la vie.

Alors, la prochaine fois que vous rencontrerez quelqu'un de nouveau, rappelez-vous de garder l'esprit ouvert et le cœur léger. Qui sait quelles belles histoires vous pourriez vous raconter ?

TABLE

Composition et mise en pages
Nord Compo à Villeneuve-d'Ascq

Impression réalisée par CPI BRODARD & TAUPIN
La Flèche (Sarthe), en avril 2025

Soucieuses de la préservation de l'environnement, les Éditions XO utilisent du papier issu de forêts gérées de manière responsable.

N° d'édition : 5393/01 - N° d'impression : 3061045
Dépôt légal : avril 2025

Imprimé en France